本系列图书由上海立信会计金融学院
学术出版专项资金资助

1928-2018

序伦财经文库

研发集群及知识溢出的区域创新效应研究

郭小婷 ⊙ 著

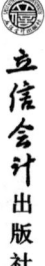
立信会计出版社

图书在版编目(CIP)数据

研发集群及知识溢出的区域创新效应研究/郭小婷著.—上海：立信会计出版社,2018.8
(序伦财经文库)
ISBN 978-7-5429-5949-2

Ⅰ.①研… Ⅱ.①郭… Ⅲ.①技术革新—影响—区域经济—国家创新系统—研究—中国 Ⅳ.①F127

中国版本图书馆 CIP 数据核字(2018)第 202637 号

策划编辑	窦瀚修
责任编辑	方士华
封面设计	南房间

研发集群及知识溢出的区域创新效应研究

出版发行	立信会计出版社		
地　　址	上海市中山西路 2230 号	邮政编码	200235
电　　话	(021)64411389	传　　真	(021)64411325
网　　址	www.lixinaph.com	电子邮箱	lxaph@sh163.net
网上书店	www.shlx.net	电　　话	(021)64411071
经　　销	各地新华书店		
印　　刷	江苏凤凰数码印务有限公司		
开　　本	710 毫米×1000 毫米	1/16	
印　　张	18.5	插　　页	1
字　　数	230 千字		
版　　次	2018 年 8 月第 1 版		
印　　次	2018 年 8 月第 1 次		
书　　号	ISBN 978-7-5429-5949-2/F		
定　　价	59.00 元		

如有印订差错，请与本社联系调换

序 一

2014年5月,习近平总书记在上海考察工作时明确要求,上海要加快建成具有全球影响力的科技创新中心。习近平总书记对上海提出了三个"牢牢把握"的要求:①要牢牢把握科技进步大方向,瞄准世界科技前沿领域和顶尖水平,力争在基础科技领域有大的创新,在关键核心技术领域取得大的突破;②要牢牢把握产业革命大趋势,围绕产业链部署创新链,把科技创新真正落到产业发展上;③要牢牢把握集聚人才大举措,加强科研院所和高等院校创新条件建设,完善知识产权运用和保护机制,让各类人才的创新智慧竞相迸发。由此,上海步入了全面创新驱动发展的新阶段。

2017年,上海还提出了建设"五个中心"的发展目标,其中就包括了建设科创中心。在这样的时代背景下,高校青年学者郭小婷博士能够在参与上海产业集群创新调研项目,广泛阅读相关报告文献的基础上,结合自身的教学科研工作,对研发集群及其知识溢出效应在区域创新发展中的影响作用进行研究,是值得鼓励和肯定的。

研发集群是区域创新发展中的重要特色之一。美国、爱尔兰、英国、德国、法国、以色列等国的创新成绩突出区域也是研发集群集聚的地区。我国对研发集群的系统性研究主要集中在区位选择的研究方向上。我们在对上海的产业集群系统调研中发现,部分园区存在"集而不群"的现象:虽然企业集聚在一个区域内,但是彼此之间缺乏有机互动;有些单位被园区作为龙头企业引进,希望能够起到带动和枢纽的作用,但是被引进企业仍然希望政府出面帮助建立企业之间的联系纽带和业务关系。这些现象的存在说明产业集群政策和产业园区的公共管理仍然需要提高和改进。

郭小婷能够在借鉴不同研究领域的研究成果基础上,从知识溢出效应的角度,对研发集群促进区域创新的战略性作用进行深入的分析和论证,在理论研究上,对现有的区域创新和集群研究有所补充和创新;在实践应用上,对产业集群政策与公共管理的设计和执行也有借鉴参考的意义。

葛伟民

上海社会科学院应用经济研究所研究员

2018 年 8 月

序 二

上海肩负着向科技创新中心发展的战略性、历史性使命。这个使命必然要求让创新驱动成为新的经济发展引擎。创新,要发挥出推动经济与社会发展的巨大作用,仍然需要开展大量的探索和实践工作。在这样的背景下,我院青年骨干教师郭小婷博士选择从全球研发集群的区位选择特点以及集群特有的知识溢出效应对集群所在地创新发展的影响这个视角,来探索区域创新发展的战略性路径,就尤为值得关注。

研发集群是跨国公司全球竞争战略升级的产物。研发集群的出现说明了当前全球竞争正在向以知识、技术以及研发实力竞争为焦点的格局演进。跨国公司扎堆设立研发中心,对知识溢出效应的渴望和重视是其中一个关键的因素。由于空间上彼此临近,知识技术生产者的交流与学习带来了智力碰撞、激发了创新灵感。这种溢出效应对推动地区整体创新效应的规模远远超出单个研究单位的贡献加总。这种正的外部性,恰恰是一个地区提速区域性创新的有效战略:通过吸引跨国公司研发集群的集聚,吸引研发要素的流入和集聚,激发和强化区域知识溢出效应,达到区域创新的加速发展和跨越式提升,成为创新发展先行者,实现科技创新中心的建设使命。

作为教学和科研工作者,我们以创造和传播知识为己任;以最大程度地让知识贡献于人类福祉为我们的追求;以看到一个尊重知识、得益于知识的社会为最大幸福。在为此而努力的道路上,《研发集群及知识溢出的区域创新效应研究》一书的意义也正在于此。

王晓光

上海立信会计金融学院工商管理学院

院长、教授(博士)

2018年8月

前　　言

　　全球产业竞争从生产要素配置效率的竞争逐渐向更高端的技术创新竞争领域转移。这是知识作为一种生产要素,在经济发展中发挥越来越重要作用的结果。企业为了增强研发创新能力而设立研发机构,布局全球研发网络。知识的空间粘性特征使一些具备良好知识存量基础的地区成为研发机构集聚的地区。这些地区得益于来自全球不同企业的研发机构的集聚,通过企业之间的分工与合作关系形成了以研发创新为核心的价值链,并进一步催生了研发集群的形成。知识溢出效应与研发集群的发展互为影响,推动研发集群创新规模和创新层次的提升。研发集群的创新能力及其知识溢出效应成为所在地区突出创新能力的基础,并且透过集群企业散布在全球的企业价值链影响全球的产业竞争,特别是产业价值链的分工和利益分配机制。

　　一批全球性科技创新中心因此受到更多企业的关注,来这些科创中心设立研发中心成为企业追踪产业技术发展前沿方向的重要战略。这种集聚效应促进了研发集群的扩张和发展,强化了知识溢出效应,为区域创新的发展和提升提供了源源不断的动力。

　　在跨国公司启动并推进的全球技术竞争背景下,主要发达国家明确提出了国家层面的创新驱动发展战略,力争通过政府的参与加快通过科技创新继续控制全球产业价值链治理权的速度。在这样的竞争背景下,我国明确了建设具有全球影响力的科技创新中心的战略性目标,在当前国际技术竞争的产业发展方向上,围绕产业链部署创新链,通过技术进步和产业应用来提升产业竞争力。①

本书以跨国公司海外研发投资为背景,研究如何利用这一趋势,通过研发集群的发展及其知识溢出效应,来带动区域整体研发创新水平。

以"研发集群—知识溢出—区域创新"为核心,本书从全球化背景下企业价值链的空间配置角度出发,通过"集群—知识溢出—区域创新"这个基于新增长理论、空间经济学和集聚经济学构建起来的理论框架,分析以设立研发中心和创业等形式将价值链上研发创新环节进行空间配置,通过空间集聚和价值链的关联,形成研发集群,产生知识溢出效应,知识溢出效应的本地化特征进一步促进了集群的发展和创新产出,最终使集群区域具有了突出的创新影响力,成为科技创新中心。

在大量的知识溢出研究基础上,本书进一步提出:企业研发机构的空间集聚动力来自企业的技术创新生产获得的高于其他地区的效率。我国要培育出创新能力突出的地区,战略性地实现创新成果产业化,建成科技创新中心,关键是要吸引企业研发机构的空间集聚,并通过战略性集群政策和创新环境的培育,使企业易于构建和管理以研发为核心环节的价值链,提高创新商业化的效率。

为了完善论证,本书的核心内容分为三个部分:

第一,研发集群及研发集群对区域创新的影响研究。这一部分主要研究研发集群形成的客观基础、形成的关键因素、集群发展的条件和影响因素、以及研发集群的特征。无论是内资企业还是跨国公司,价值链环节的空间分散配置是一种客观存在现象。这个现象

---

① 习近平. 当好全国改革开放排头兵 不断提高城市核心竞争力[N]. 人民日报,2014-5-25.

是研发集群形成的客观基础。基于专业化的分工与合作是研发企业集聚向研发集群转化的关键。研发集群的发展需要创新环境的配套,需要集群内分工合作关系的发展,需要创业和衍生企业的扩充等多种必要条件。

第二,研发集群的知识溢出效应及其区域创新的影响研究。这一部分通过文献综述和理论探讨,对知识溢出的客观存在性和产生机制进行系统性的总结归纳,研究重点是研发集群的知识溢出产生机制以及如何推动区域创新发展的研究。具体探讨了研发集群的知识溢出产生渠道,研发集群知识溢出的特征,以及知识溢出对区域创新的影响作用。知识溢出效应是"知识密集"型产业空间集聚的关键影响因素,也是研发集群能够对整个区域创新起到推动作用的核心因素之一。本书专门对我国研发集群的知识溢出特征进行分析研究,原因在于我国的创新基础薄弱,条件落后,自主研发能力与跨国公司差距很大。而跨国公司对我国一直实行技术封锁的策略,即便是跨国公司在我国设立研发机构,也是低水平的应用性研究。那么我国的研发集群的知识溢出效应到底如何产生,对区域创新发展有何作用,这些问题都具有独特性,不能简单地直接应用国外的研究结果。

第三,研发集群及其知识溢出效应对区域创新的影响作用研究。在以上两个部分的研究基础上,本书构建研发集群及其知识溢出效应对区域创新的影响作用计量模型,并对模型进行实证检验。本书分别对全国范围、东部地区、总部地区、西部地区、三大经济圈区域、非三大经济圈区域进行检验分析,从而全面地分析研发集群及知识溢出效应对我国区域创新发展产生的影响作用。

郭小婷
2018 年 8 月

目　　录

1 绪论 …………………………………………………………………… 1
　1.1 问题的提出 ……………………………………………………… 2
　　　1.1.1 研究背景 ………………………………………………… 2
　　　1.1.2 问题的提出 ……………………………………………… 21
　　　1.1.3 选题意义 ………………………………………………… 24
　1.2 相关概念的界定 ………………………………………………… 28
　　　1.2.1 研究与试验开发 ………………………………………… 28
　　　1.2.2 集群与集聚 ……………………………………………… 29
　　　1.2.3 价值链 …………………………………………………… 33
　　　1.2.4 区域创新 ………………………………………………… 33
　1.3 研究内容与技术路线 …………………………………………… 34
　　　1.3.1 研究内容 ………………………………………………… 34
　　　1.3.2 研究思路与技术路线 …………………………………… 36
　　　1.3.3 结构安排 ………………………………………………… 38
　　　1.3.4 研究的创新与难点 ……………………………………… 40
　　　1.3.5 研究方法 ………………………………………………… 43

2 理论基础与相关研究综述 …………………………………………… 46
　2.1 理论基础与国外研究综述 ……………………………………… 46
　　　2.1.1 知识溢出理论及研究综述 ……………………………… 46
　　　2.1.2 研发投资国际化理论 …………………………………… 62
　　　2.1.3 价值链理论 ……………………………………………… 63

2.2 国内研究综述 ………………………………………………… 66
　2.2.1 知识溢出与集群研究 ………………………………… 66
　2.2.2 区域创新研究 ………………………………………… 69

3 研发集群、知识溢出的区域创新效应分析框架 ……………… 72
　3.1 研发集群的研究 …………………………………………… 72
　　3.1.1 研发集群的概念界定 ………………………………… 72
　　3.1.2 研发集群的特征分析 ………………………………… 80
　　3.1.3 研发集群的发展模式 ………………………………… 107
　3.2 研发集群的知识溢出研究 ………………………………… 114
　　3.2.1 研发集群的知识溢出机制分析 ……………………… 114
　　3.2.2 研发集群内的知识溢出渠道 ………………………… 122
　　3.2.3 开放环境下的知识溢出 ……………………………… 131
　　3.2.4 知识溢出效应的影响因素 …………………………… 133
　3.3 研发集群、知识溢出的区域创新效应理论分析框架 …… 140
　　3.3.1 研发集群的区域创新效应 …………………………… 140
　　3.3.2 知识溢出的区域创新效应 …………………………… 142
　　3.3.3 理论分析框架的建立 ………………………………… 144

4 研发集群对区域创新发展影响的现状研究 …………………… 147
　4.1 我国区域创新的现状分析 ………………………………… 147
　　4.1.1 我国创新增长的周期性波动 ………………………… 147
　　4.1.2 我国区域创新的地区分布特征 ……………………… 148
　　4.1.3 我国区域创新的依赖度特征 ………………………… 158
　　4.1.4 区域创新成果转化的投入规模与产出 ……………… 161
　　4.1.5 区域创新成果商业化的依赖度 ……………………… 164
　　4.1.6 区域创新的国际竞争力 ……………………………… 167
　　4.1.7 区域创新特征的总结 ………………………………… 169
　4.2 研发集群带来的创新要素的空间集聚效应 ……………… 170

　　　4.2.1　研发人力资本要素的集聚 …………………………… 170
　　　4.2.2　研发资本要素的集聚 ……………………………… 175
　　　4.2.3　专业科技中介的形成 ……………………………… 179
　　　4.2.4　我国各地区的创新投入比较分析 ………………… 180
　4.3　我国区域创新的环境分析 ……………………………… 183
　　　4.3.1　所有制的制度环境 ………………………………… 183
　　　4.3.2　市场开放度的影响 ………………………………… 183
　　　4.3.3　产学研合作的规模 ………………………………… 186
　4.4　价值链视角下的研发集群与区域创新 ………………… 194
　　　4.4.1　研发集群与创新资源集聚 ………………………… 194
　　　4.4.2　研发集群的价值链系统与区域创新发展 ………… 195
　　　4.4.3　研发集群与区域创新环境 ………………………… 196

5　研发集群的知识溢出对区域创新的影响分析 ……………… 198
　5.1　知识溢出对区域创新发展的影响 ……………………… 198
　　　5.1.1　累积因果效应 ……………………………………… 198
　　　5.1.2　规模经济与范围经济 ……………………………… 199
　　　5.1.3　跨国公司全球研发网络下的区域创新案例 ……… 200
　5.2　研发集群的知识溢出效应测算 ………………………… 213
　　　5.2.1　知识溢出效应 ……………………………………… 214
　　　5.2.2　四种知识溢出效应的测算 ………………………… 216

6　研发集群与知识溢出对区域创新发展影响作用的实证分析 …… 225
　6.1　计量模型说明 …………………………………………… 225
　　　6.1.1　知识溢出的理论模型类型 ………………………… 225
　　　6.1.2　计量模型的构建 …………………………………… 227
　6.2　变量的选取、数据来源及统计特性 …………………… 229
　6.3　关于数据选择的局限性说明与可行性解释 …………… 231
　　　6.3.1　知识溢出研究的相关指标选择 …………………… 231

  6.3.2 区域样本空间尺度的选择与处理 …………………… 232
  6.3.3 高技术产业的产业层面数据选择的解释与局限性
    说明 ……………………………………………………… 235
 6.4 实证结果的说明与分析 ………………………………………… 236
  6.4.1 模型的检验 …………………………………………… 236
  6.4.2 检验结果 ……………………………………………… 238
  6.4.3 对检验结果的说明和解析 …………………………… 238

7 研究结论与建议 ……………………………………………………… 246
 7.1 研究总结 ………………………………………………………… 246
  7.1.1 研究分析具体结果 …………………………………… 247
  7.1.2 分析总结 ……………………………………………… 249
 7.2 研究建议 ………………………………………………………… 250
  7.2.1 研发集群建议 ………………………………………… 252
  7.2.2 产业发展建议 ………………………………………… 259
  7.2.3 区域创新发展建议 …………………………………… 261

参考文献 ……………………………………………………………………… 264

后记 …………………………………………………………………………… 277

图 目 录

图 1-1　基于省域尺度的外资在华研发机构地图 …………… 8
图 1-2　日本各州县府道研发机构的地区分布地图 …………… 9
图 1-3　美、日、中在技术价值链上的分布（2003 年） …… 17
图 1-4　美、日、中在技术价值链上的分布（2007 年） …… 18
图 1-5　研究的技术路线图 ………………………………… 37
图 2-1　研究的理论渊源 …………………………………… 47
图 2-2　波特企业价值链示意图 …………………………… 64
图 3-1　研发集群的价值链体系 …………………………… 75
图 3-2　研发集群价值链体系的核心关系 ………………… 76
图 3-3　研发集群的主体构成及其影响因素 ……………… 78
图 3-4　研发集群的价值链结构 …………………………… 79
图 3-5　北京中关村移动互联网集群 ……………………… 100
图 3-6　我国新一代信息技术产业本土领导企业与高校研发的技术分布 …………………………………………… 101
图 3-7　全球领先跨国公司的技术研发热点 ……………… 102
图 3-8　研发产业的环境影响因素 ………………………… 107
图 3-9　技术价值链分工（2003 年） ……………………… 117
图 3-10　技术价值链分工（2007 年） ……………………… 118
图 3-11　价值链中高端转移路径 …………………………… 118
图 3-12　研发集群内知识溢出的阶梯型扩散特征 ………… 122
图 3-13　日立集团海外研究基地地图 ……………………… 126
图 3-14　美国交通工具制造业集群空间区位 ……………… 129

图 3-15	美国信息技术产业集群空间区位	129
图 3-16	研发集群以及知识溢出对区域创新的影响关系示意图	144
图 3-17	理论分析框架	145
图 4-1	全国创新增长的周期性波动	148
图 4-2	我国区域创新的空间集聚	170
图 5-1	新能源汽车产业中、美、日、韩、欧专利申请动向图	202
图 5-2	新能源汽车技术主要目标国家(地区)全球专利申请趋势图	204
图 5-3	新能源汽车技术主要原创国家(地区)全球专利申请趋势图	205
图 5-4	我国新能源汽车产业主要省市技术分布图	207
图 5-5	新能源汽车产业全球创新前六强跨国公司的创新技术分布	208
图 5-6	"十二五"规划期前本土企业创新的技术分布与外资企业创新的技术分布对比	209
图 5-7	2015年本土企业创新的技术分布与外资企业创新的技术分布对比	210
图 5-8	至2015年国内新能源汽车产业重点创新企业和高校的技术热点分布	211
图 5-9	至2015年全球新能源汽车产业领导型跨国公司的创新技术热点分布	212
图 5-10	四种溢出效应指数特征图	224

表 目 录

表 1-1	华为公司的全球研发网络	3
表 1-2	苹果公司研发机构的全球布局	4
表 1-3	世界城市群与创新城市的区域分布	10
表 1-4	硅谷企业名单与成立时间	13
表 2-1	知识溢出研究的相关指标选用及实证方法总结	61
表 3-1	主要技术创新中心的企业集聚	81
表 3-2	2014年外资企业在华研发机构的地区分布	83
表 3-3	2014年我国高技术产业五大行业的地区集聚	85
表 3-4	我国各地区高新技术企业的空间集聚	89
表 3-5	我国研发集群及其所在园区	91
表 3-6	2014年我国外资企业开设研发机构的产业分布	93
表 3-7	高技术产业和战略新兴产业的代表性研发集群	95
表 3-8	生物医药行业国家级创新集群及所在园区	96
表 3-9	全球领导型跨国公司名单及排名(1995—2015年)	102
表 3-10	我国新一代信息技术产业在华主要申请人排名与申请量(1995—2015年)	110
表 3-11	集群政策与其解决的对应问题	133
表 4-1	我国创新的区域集中度指数	150
表 4-2	我国专利产出主要地区排名	151
表 4-3	我国各地区企业、高校与科研机构的专利贡献度	154
表 4-4	我国各地区创新主体的贡献	156
表 4-5	我国各地区创新发展的三个依赖度指标比较	159
表 4-6	我国各地区新产品经费投入和销售收入占比	162

表 4-7	2014 年我国各地区创新商业化发展的三个依赖度指标	164
表 4-8	2011—2014 年我国各地区新产品的国际市场竞争力比较	168
表 4-9	我国各地区研发人力资源的密度	172
表 4-10	我国各地区研发人力资源的地区集聚度	173
表 4-11	我国各地区研发资本存量	177
表 4-12	我国各地区研发资本要素的集聚指数	178
表 4-13	我国各地区研发资源分布	181
表 4-14	我国各地区所有制的制度环境指数	184
表 4-15	我国各地区市场对外经济联系度	187
表 4-16	KMO 和 Bartlett 的检验	189
表 4-17	公因子方差	189
表 4-18	初始特征值	190
表 4-19	成分矩阵	191
表 4-20	2014 年我国 31 省（自治区、直辖市）产学研合作规模主成分综合得分	191
表 5-1	新能源汽车产业国内申请人中国专利申请区域分布表	206
表 5-2	新能源汽车产业中国主要申请人排名与申请量	209
表 5-3	我国各地区高技术产业的专业化溢出效应指数	217
表 5-4	我国各地区高技术产业相对多样化溢出效应指数	219
表 5-5	我国各地区高技术产业的 Porter 溢出效应指数	221
表 5-6	我国各地区国际知识溢出效应指数	222
表 6-1	实证分析变量说明	230
表 6-2	描述性统计	231
表 6-3	知识溢出研究的相关指标选用及其实证方法	232
表 6-4	区域的划分	234
表 6-5	实证检验的统计分析结果	239
表 6-6	平稳性检验的统计分析结果	240

1 绪 论

　　研发集群主要集聚在欧、美、日等经济发达国家和地区的科技创新中心或创新城市。研发集群的形成与发展始于跨国公司构建全球研发网络推动的知识全球化。跨国公司自20世纪中后期开始进行对外研发投资,投资规模不断扩大。研发海外投资成为全球化的重要内容,直接结果是研发集群的形成以及研发集群集聚地区演变为科技创新中心。

　　全球产业竞争从生产要素配置效率的竞争逐渐向更高端的技术创新竞争领域转移。这是知识作为一种生产要素,在经济发展中发挥越来越重要的作用的结果。企业为了增强研发创新能力而设立研发机构、布局全球研发网络。知识的空间粘性特征使一些具备良好知识存量基础的地区成为研发机构集聚的地区,这些地区进而得益于来自全球不同企业的研发机构的集聚,通过企业之间的分工与合作关系形成了以研发创新为核心的价值链,并进一步催生了研发集群的形成。知识溢出效应与研发集群的发展互为影响,推动研发集群创新规模和创新层次的提升。研发集群的创新能力及其知识溢出效应成为所在地区突出创新能力的基础,并且透过集群企业散布在全球的企业价值链影响全球的产业竞争,特别是产业价值链的分工和利益分配机制。一批全球性的科技创新中心因此受到更多企业的关注,来这些科创中心设立研发中心成为企业追踪产业技术发展前沿方向的重要战略。这种集聚效应促进了研发集群的扩张和发展,强化了知识溢出效应,为区域创新的发展和提升提供了源源不断的动力。

　　在跨国公司启动并推进的全球技术竞争背景下,主要发达国家明确提出了国家层面的创新驱动发展战略,力争通过政府的参与加快通过科技创新继续控制全球产业价值链治理权的速度。在这样的竞争背景下,我国明确了建设具有全球影响力的科技创新中心的战略性目标,在当前国际技术竞争的产业发展方向上,围绕产业链部署创新链,通过技术进步和产业应用来提升产业竞争力。①

如何发展区域创新?怎样战略性地建设科技创新中心?

本书将跨国公司研发的空间布局、区位选择研究与知识溢出理论相结合,对当前研发集群的特征进行深入分析和归纳,并在此基础上分析知识溢出的产生渠道,以及研发集群和知识溢出对区域创新发展的影响和作用。本书在以上分析基础上提出:我国发展区域创新、建设科技创新中心,研发集群的发展及其知识溢出效应是区域创新得到发展以及实现我国主要产业向全球价值链中高端转移的重要影响作用和贡献性因素。

本章将对本书的选题背景、选题意义进行详细的论述;对本书研究中涉及的关键概念进行界定;将本书的研究技术路线和结构安排进行说明与归纳,并探讨本书研究的重点、突破与创新、难点与不足。

1.1 问题的提出

1.1.1 研究背景

1.1.1.1 跨国公司全球研发网络的形成

研发集群的形成与跨国公司全球研发网络的布局有关。跨国公司价值链的全球布局呈现空间离散状态,我国的本土企业在国内也普遍性地将价值链环节配置在不同的区域。② 有学者将跨国公司价值链

---

① 习近平. 当好全国改革开放排头兵 不断提高城市核心竞争力[N]. 人民日报,2014-5-25.
② 详见本书第 2 章的全球价值链研究综述部分。

上研发环节的空间离散定义为"全球研发网络"。[①②] 全球研发网络是从跨国公司区位选择的角度对其研发机构的空间布局特点进行的特征性概括。

以我国一家企业的全球研发网络布局为例(见表1-1):华为公司是一家以代理程控电话为起点的公司,目前已经发展成为年利润369亿元、年销售额3 950亿元的科技公司(2015年年报),在智能手机和运营商网络设备市场均跻身市场前三甲。华为成立于1987年,1990年开始自主开发并销售程控交换机,其全球价值链上的研发环节被配置在全球相关技术核心区,而这些核心区本身也是同类跨国公司研发机构集聚的地区。

表1-1　　　　　华为公司的全球研发网络

研发中心建立时间	研发中心地点、数量及特点
1999年	在印度班加罗尔设立研发中心,该研发中心分别于2001年和2003年获得CMM4级认证、CMM5级认证
2000年	在瑞典首都斯德哥尔摩设立研发中心
2001年	在美国设立4个研发中心
2006年	与摩托罗拉合作在上海成立联合研发中心,开发UMTS技术
2012年	持续推进全球本地化经营,加强了在欧洲的投资,重点加大了对英国的投资,在芬兰新建研发中心,并在法国和英国成立了本地董事会和咨询委员会
2013年	作为欧盟5G项目主要推动者、英国5G创新中心(5GIC)的发起者,发布5G白皮书,积极构建5G全球生态圈,并与全球20多所大学开展紧密的联合研究,目标是构建无线未来技术发展、行业标准和产业链
2014年	全球研发中心总数达到16个,联合创新中心共28个。在全球9个国家建立5G创新研究中心

资料来源:整理自华为技术有限公司官网公布信息。

---

① 祝影. 全球研发网络[M]. 经济管理出版社,2007.
② 张战仁,占正云. 全球研发网络等级分工的形成——基于发达国家对全球生产的控制转移视角[J]. 科学研究,2016,34(4):512-519.

又如,美国的苹果公司通过在全球科技创新城市布局其研发机构(见表1-2),通过将某一技术的全球核心地区纳入其研发网络,来加强关键技术上的研发能力和领先地位。

表1-2　　　　　苹果公司研发机构的全球布局

研发中心所在地(国家、城市)	研发中心的主要研究领域
美国佛罗里达州	芯片开发中心
美国西雅图	软件工程研发团队
美国波士顿	Siri(智能手机语音控制功能)研发团队
英国剑桥90 Hills Road	综合技术研发
日本横滨市	材料科学、交通以及医疗健康研究
法国格勒诺布尔	新材料
以色列荷兹利亚赖阿南纳、海法	储存空间、处理器以及通讯芯片
加拿大渥太华 美国旧金山	车载软件系统(自动驾驶软件)
意大利那不勒斯	iOS应用开发
中国深圳、北京	未公布

资料来源:整理自苹果设立研发中心的相关新闻资料。

从跨国公司的布局动机角度出发,研发机构的全球网络化布局的根本动力是知识技术的全球化。这个趋势在20世纪末就已经开始显现,有研究者整理了2009—2015年全球大型公司的研发资金投向,发现发达国家企业表现出了强烈的海外研发投资趋势:2009年大型跨国企业的50%的研发资金投向海外市场,这50%的海外研发资金中的72.5%流入了发展中国家;2010年全球1 000家大型跨国公司的研发资金总计为6 200亿美元,其中超过55%的研发资金投资地区为总部所在地以外的其他国家,"中国、印度和南美地区等新兴经济体是2010年研发资金主要的流入地"。2014年前后北美约有11%的公司把25%以上的研发预算用在了新兴市场。①

---

① 王建华,卓雅玲. 全球研发网络、结构化镶嵌与跨国公司知识产权保护策略[J]. 科学学研究,2016(7):1017-1026.

作为亚洲的发达经济体,日本的大型企业与欧美的跨国企业一样,也采取建立全球研发网络的战略来巩固和提升竞争力。例如,日本的日立集团1989年便开始构建海外研发网络。其研发网络布局以美国的汽车城底特律为起点,先建立与汽车相关的研发中心用以跟踪美国汽车行业先进的技术和市场动向。底特律研发中心至2008年金融危机前拥有研发人员100名左右,主要研究新一代HDD应用软件。随着汽车行业的发展以及新技术的应用趋势愈来愈明显,日立在美国西海岸的圣克拉拉建立研发中心进行车载信息系统和宽带无线通讯系统的研究开发。同时,日立继续扩张其全球研发网络,在英国的剑桥和爱尔兰的都柏林分别设立了拥有30名研发人员的研究所,重点研究量子通信、有机电子学、有机电子以及汽车核心技术。在亚洲,日立选择在新加坡建立了一家小规模研发机构,主要研究磁气软盘。

从苹果、日立、华为的全球研发网络的分布与特征可以总结出,跨国公司为了能够整合全球各个地方的知识技术,形成能够更快更经济地进行市场导向的研发创新竞争力,为跨国公司在新的以技术和创新为竞争核心的产业价值链上继续把握分配权,已经普遍性采取"研发走出去"的战略。跨国公司的第一次全球化战略发生在生产加工环节。为了获得各个地区廉价的劳动力和资源,跨国公司将工厂搬到东南亚和东欧等地区。这个战略让跨国公司在制造环节获得了绝对的优势。同时,也让中国成为了"世界工厂"。

现在,各国都在技术创新方面进行竞争,技术创新不仅仅是为了开发新产品,更重要的是将改变制造环节的成本结构。这种革命性的研发活动组织形态,将对全球产业价值链的分配格局产生深远的影响。在各国都竞相进行技术创新发展的大前提下,跨国公司只有将研发环节进行全球布局,才能及时了解并影响各地区的技术创新发展。

因此,跨国公司继生产环节的全球化之后,进一步构建全球研发网络。这是市场竞争的要求,是全球化发展程度的深入:从生产要素的全球化到知识技术的全球化。这是我国进行区域创新发展的重要背景。

1.1.1.2 企业研发机构布局的空间集聚特征

空间集聚是研发活动的重要区位特征,这是研发集群形成的重要基础,也是知识溢出效应产生的必要条件。企业作出的选择结果是客观的证据。通过文献研究发现,大部分的技术创新主体,①无论是跨国公司,还是新成立的小型技术企业,都选择集聚在某一个鼓励创新活动的地区进行研发创新(Fujita 和 Thisse,2002;②,1994a,1994b;③ Audretsch 和 Feldman,1996;④ Anselin L,Varga A 和 Acs Z J,1997,2000a,2000b;⑤~⑦王缉慈,2001;梁琦,2007,2014a,b⑧~⑩),这些地区成为了跨国公司研发网络上的结点地区,最终演变为了科技创新中心。

被纳入跨国公司研发网络的结点区域会成为跨国公司研发机构的集聚地。这些地区集聚了众多技术领先企业,这种集聚吸引了同类企业的继续进入,最终通过空间的邻近、近距离的接触和业务的联系等形成了根植于本地的研发集群。在西欧、美国东部和西部的沿海地带、加拿大与美国的五大湖地区,以城市为中心地带的研发创新集群由于彼此邻近,从大区域看,形成了创新研发集群群。⑪

---

① 为了叙述的简明,本书用"技术创新主体"来指代所有技术开发与创新行为的商业化主体,因此,"技术创新型企业"包括:进行技术研发创新的独立企业,跨国公司的研发部门,或者是一家大型企业中负责研发的分公司、子公司、企业的研究中心等。
② FUJITA M, THISSE J-F. Economics of Agglomeration: Cities, Industrial Location, and Regional Growth[M]. Cambridge: Cambridge University Press. 2002.
③ FELDMAN M P. Knowledge Complementarity and Innvoation[J]. Samll Business Economic. 1994a,6(5):363-372.
　The geography of innovation. Boston: Kluwer Academic Publishers,1994b.
④ AUDRETSCH D B, FELDMAN M P. R&D Spillovers and the Geography of Innovation and Production[J]. The American Economic Review,1996,86(3):630-640.
⑤ ANSELIN L, VARGA A, ACS Z J. Local Geographic Spillovers between University Research and High technology innovations[J]. Journal of Urban Economics,1997,42:422-448.
⑥ ANSELIN L. Geograghic Spillovers and University Research: A spatial econometric Approach[J]. Growth and Change,2000a,31(4):501-515.
⑦ ANSELIN L. Geographic and Sectoral Characteristics of Academic Knowledge Externalities [J]. Papers in Regional Science,2000b,79(4):435-443.
⑧ 梁琦. 高技术产业集聚的新理论解释[J]. 广东社会科学,2004(2):46-51.
⑨ 梁琦,黄利春. 要素集聚、产业时空变动与城市层级体系[J]. 城市与环境研究,2014(2):13-24.
⑩ 陈强远,梁琦. 技术比较优势、劳动力知识溢出与转型经济体城镇化[J]. 管理世界,2014(11):47-59.
⑪ 集群群是葛伟民研究员在上海创新创意产业集群化发展的调研研究中提出的新概念。

研发集群是在研发创新主体空间集聚的基础上发展起来的具有内部分工与合作关系的创新价值链体系。研发集群之间也存在空间集聚的特征,形成了集群群,这是更大空间范围内的集聚。集聚是空间经济学从区位选择的角度出发对某一空间内高度密集的一类企业或者经济活动的描述。而集群是产业经济学对彼此之间存在联系,空间上又彼此邻近且属于同一地理区域的经济活动主体群的称谓。因此,集群不仅包含了空间上的集聚特性,还包含了联系与交流以及价值链上的分工合作与协同关系。

研发集群的存在吸引其他研发创新主体不断进入集群,集群内的业务联系与知识溢出对于群内企业提高研发创新效率、追踪行业最新的技术发展方向至关重要,只有进入这个群体,才能受益于研发集群特有的"知识溢出"福利。

研发集群的形成为跨国公司提供理想的研究环境和研究基础,正如跨国公司选择的海外生产基地一样,这些生产主导的基地里通过衍生企业和周边企业的参与进一步分工协作,为跨国公司的生产提供了高效率的生产体系,使整个地区成为了集聚了大量参与各个环节生产制造主体的"大车间"。

研发集群通过技术创新能力上的专业化分工与合作,使集群内企业获得更高水平的创新产出。分工与合作是经济学最早加以论证的理论,是财富产生与积累的根本原因之一。专业化分工与合作不仅能使生产制造这样的劳动密集型产业提高资源配置效率,对高技术产业这样的知识密集型产业同样有重要的影响。

专业化分工与合作以及这种联系中的知识溢出效应决定了研发集群的形成发展以及空间区位选择。

以我国为例,在华的跨国公司设立有专门的研发机构,这些研发机构集聚在广东、福建、江苏、浙江、北京、天津、上海等地区,在空间区位选择上呈现出明显的集聚特征,且地区之间存在明显的差异。

从图1-1中可以清晰地看到,外资企业在我国的研发机构呈现出十分明显的地区集聚特征。北京、广东、上海、江苏是外资企业设立研发机构的首要选择地区。因此,外资在华的研发机构形成了"四点一带"的格局:"四点"即为北京、江苏、上海、广东这4个高度集聚地,"一带"即为从北京开始依次沿东南沿海向南直至广东省连接而成的研发集聚带。在这个"带"上的地区也成为外资企业设立研发机构的首选区域。

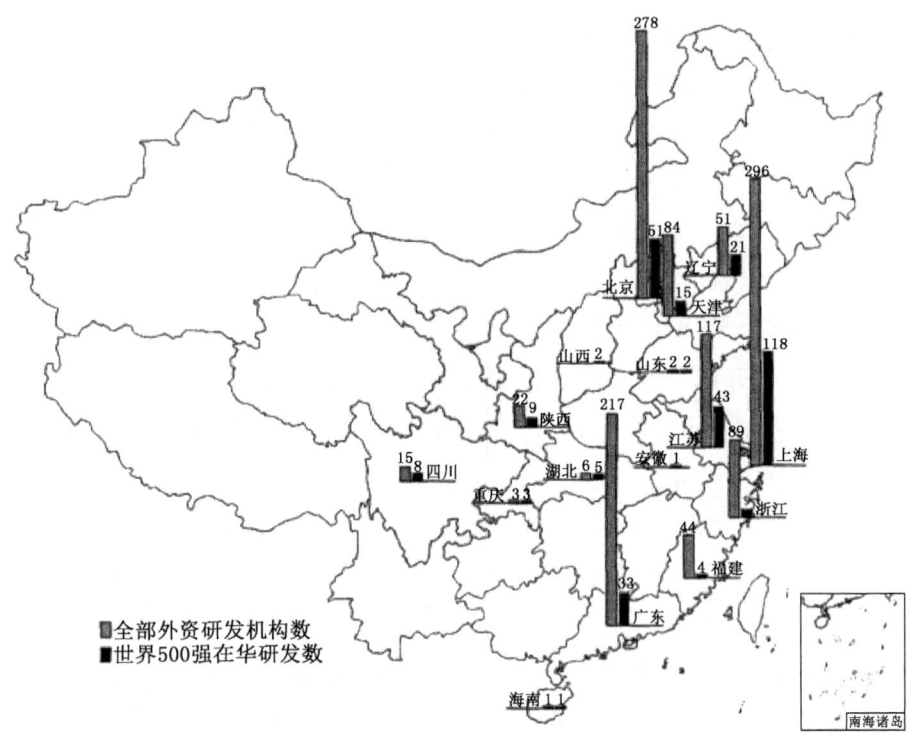

资料来源:盛垒(2004),第49页。

图1-1 基于省域尺度的外资在华研发机构地图

"四点一带"之外的地区,向东即为大海,而向西的区域则基本属于空白区域。中西部地区唯一较为突出的是四川省和陕西省。这与两个地区是我国科研机构集聚、高校数量较多、拥有雄厚的研发基础设施有特殊关系。

再如,日本也同样具有企业研发机构(包括研发中心,企业技术中心等)空间高度集聚的特征。①

从日本企业设立研发机构的区位选择结果分析(见图1-2):首府东京都、核心城市大阪府和名古屋市是日企研发集群高度集中的三大地区。东京集聚了499家研发机构,占全国的1/7;以东京为核心的辐射地区包括神奈川县有研发机构382家,大阪府集聚了300家研发机构、埼玉县设立了208家研发机构、爱知县设立176家。集聚度较低的地区如兵库县、千叶县、茨城县和静冈县研发机构一般在100家。因此,日本企业的研发机构主要集聚在关东地区,半数以上的研发机构都坐落于此,这个集聚区域是以东京都为核心向外围辐射并呈现减弱的趋势。此外,以爱知县为中心的日本中部地区、以大阪府为中心的近畿地区又构成了一条研发集聚带,从广岛县、山口县、北九州的福冈县延伸,沿太平洋沿岸延伸。②

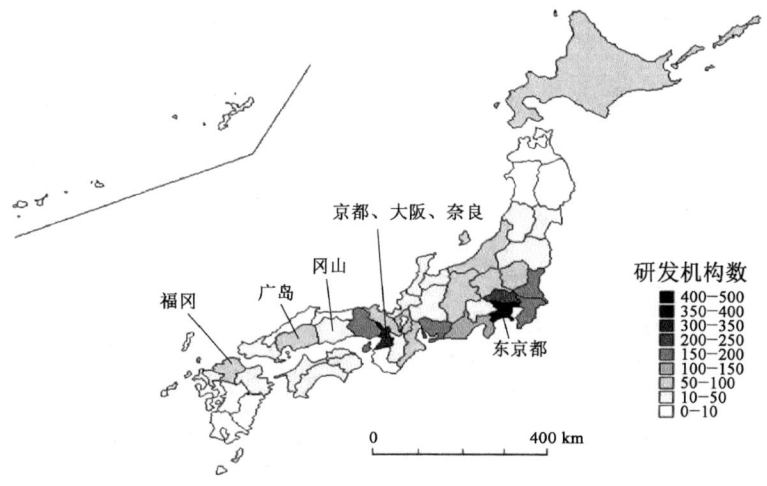

资料来源:王承云(2010),第389页。

图1-2 日本各州县府道研发机构的地区分布地图

---

① 王承云.日本研发产业的空间集聚与影响因素分析[J].地理学报,2010,65(4):387-396.
② 同上。

大量的研究对美国和欧洲的企业研发机构的区位选择也做出了同样的结论:高度的区域集聚。①~③

研究机构设立的区位选择特点对集聚地区的创新发展起到了重要的推动作用,一批全球科技创新中心也因此而发展起来。

1.1.1.3 全球科技创新中心的形成

在企业研发网络的区位选择以及研发集群的空间集聚特征的共同作用下,全球目前已经形成了一批"全球性的科技创新城市"。④其中大部分城市本身已经是获得共识的六大世界性大城市群中的组成城市。⑤这些创新城市在地理上相对集中在七个大的地理区域,从世界地图上看,构成"创新城市群"。这七大创新区域⑥如表1-3所示。

表1-3　　　　世界城市群与创新城市的区域分布

世界主要城市群区域	全球科技创新中心100强的创新城市群分布及2015年排名(括号内数字为排名)
美国东北部大西洋沿岸区域	纽约(6)、波士顿(4)、华盛顿(29)、费城(38)、纽瓦克(81)、里士满(83)、巴尔的摩(97)
美国西海岸旧金山-圣迭戈城市群	旧金山-圣何塞(硅谷)(2)、洛杉矶(21)、圣迭戈(50)、圣塔安娜(93)

---

① 祝影. 全球研发网络:跨国公司研发全球化的空间结构研究[D]. 上海:华东师范大学,2005.
② FELDMAN M P. The geography of Innovation. Boston: Kluwer Academic Publishers, 1994b.
③ AUDRETSH D B, FELDMAN M P. R&D Spillovers and the Geography of Innovation and Production. The American Economic Review, 1996,86(3):630-640.
④ 全球科技创新中心:美国《Wired》杂志2000年评选了46个全球技术创新中心 Global Hubs of Technological Innovation)。名单详见联合国开发计划署:《2001年人类发展报告:让技术为人类发展服务》,中国财政经济出版社2001年版;或参考杜德斌《全球科技创新中心-动力与模式》,上海人民出版社2015年版,第24页;2011年,澳大利亚2thinknow开始发布《Innovation Cities™ Index 》(http://www. innovation-cities. com)。2015年最新创新城市名单中包含了47个支配型城市(nexus city),89个中心城市(hub city),178个节点城市(node city),86个影响城市(influencer city),32个成长城市(upstart city)。在前100个创新城市中,美国26个,加拿大5个,英国4个,奥地利1个,荷兰3个,法国8个,德国10个,丹麦1个,瑞典1个,芬兰1个,挪威1个,以色列1个,西班牙3个,俄罗斯2个,比利时1个,意大利3个,爱尔兰1个,捷克1个,瑞士2个,匈牙利1个,波兰1个,葡萄牙1个,韩国3个,新加坡1个,日本4个,澳大利亚3个,中国3个,中国香港,中国台湾,印度1个,马来西亚1个,新西兰1个,阿联酋2个,土耳其1个。
⑤ 杜德斌. 全球科技创新中心——动力与模式[M]. 上海:上海人民出版社,2015.
⑥ 同上。

(续表)

北美五大湖区域	加拿大:多伦多(11)、魁北克城(62) 美国:西雅图(13)、芝加哥(16)、温哥华(35)、蒙特利尔(41)、明尼阿波利斯-圣保罗(69)、匹兹堡(79)
英国城市群	伦敦(1)、曼彻斯特(26)
欧洲西北部区域	西部地区: 巴黎(9)、阿姆斯特丹(7)、慕尼黑(12)、斯图加特(24)、法兰克福(37)、布鲁塞尔(46)、杜塞尔多夫(55)、科隆(59)、鹿特丹(76)、卡尔斯鲁厄(80)、汉诺威(92)、维也纳(3)、柏林(14) 北部地区: 哥本哈根(15)、斯德哥尔摩(17)、赫尔辛基(25)、奥斯陆(28)
日本的太平洋沿岸城市群	东京(10)、京都(36)、大阪(32)、神户(66)
中国城市群	长三角:上海(20) 珠三角:深圳(75) 京津冀:北京(40)

注:城市名后括号内数字为全球创新城市排名。
资料来源:①http://www.innovation-cities.com,②杜德斌(2015),第52页。

全球科技创新中心,或者科技创新城市,实质上是一个聚集了相当规模的能用新技术、新知识影响甚至引领全球产业发展的企业和研究机构的地区(Fujita 和 Thisse,2002;Feldman,1994a,b;Audretsch 和 Feldman 1996;Anselin L,Varga A 和 Acs Z J,1997,2000a,2000b;王缉慈,2001;梁琦,2007,2014a,2014b)。

从空间特征看,科技创新中心是一种集聚现象。但从产业经济学的角度出发,科技创新中心的产生与变化取决于产业发展与演变的需要。Dicken 在讨论全球产业转移和地理集中过程时,特别强调由于产业联系(基于产业链的分工)的存在导致产业的地理集中,并且指出一旦出现产业的空间集聚,集聚地区的产业集群就会受累积因果关系的支配,进行自我强化,集群不断强大且形成集聚吸引力。①这个论述透彻地解释了科技创新中心形成的关键性原因:集聚通过价值链上的分

---

① 隆宏贤,姚楚君.珠三角区域研发产业空间集聚及影响因素研究[J].科技管理研究,2014,34(7):185-190.

工与协作形成了具有有机关系的集群,并进一步加强集聚。

由于价值链的存在,企业之间在各个环节都建立了联系。同时,集群还具有衍生的功能,新企业不断出现,扩大了集群的规模。而研发集群往往都集中在知识流动性好、基础设施与创新条件优越的城市。所在城市集聚的大量热衷于技术创新的企业,成为了技术创新的起源地。科技创新中心里的企业能够推出各种创新成果,推进并引导产业发展,使整个地区具有了突出的创新能力和全球产业链治理的话语权。

例如,英国以剑桥大学为核心构建了剑桥集群,这是一个典型的研发集群。集群由来自全球的科技公司的研发部门集聚而成,形成了剑桥集群[①](Cambridge cluster)。90 Hills Road 是美国苹果公司海外研发中心所在地,该地址与微软和索尼研发总部很近,中国的华为公司已经确定在剑桥开发建设研发园区。自 1998 年以来,有 2 100 家科技公司在剑桥建立办公室,19 万人在此地工作。微处理器制造商 ARM 和无线通讯公司博通等公司还在该地设有校园。剑桥集群不仅仅是集聚了主要创新型大企业的研发机构,同时还鼓励创业和衍生企业的发展。创业企业与衍生企业成为这个集群里最富活力的细胞,不断地为集群提供创新的思想和技术。剑桥集群内的研发创新主体通过与剑桥大学及其他企业的合作联盟或者研讨等活动建立紧密的联系,使这个地区被称为"硅沼",与美国的"硅谷"相呼应。

爱尔兰是对全球科技创新有重要影响力的国家,其首都都柏林有多个科技园区为研发创新机构提供针对性的环境和条件。其中的 limerick 国家科技园是爱尔兰一个重要的研发集群所在地,也是世界著名的科技园区,集聚了全球锐意创新和拓展的企业及其研发机构,其中也包括中国的华为公司、工商银行等。

现在,爱尔兰属于软件技术的输出地,软件的技术含量可与美国相比。究其根本原因是爱尔兰通过组合政策成为了高技术企业的欧洲总部、研发中心和数据中心集聚地,微软公司、苹果公司、亚马逊公

---

① 数据来自:http://www.camclustermap.com/#?&coll=%7B%22company-type%22%3A%22cambridge_based%22%7D。

司、脸书公司均在爱尔兰设立了技术与数据处理机构。随着集聚企业的本地化运营加深,集群的特征越来越清晰,高技术企业以在爱尔兰设立总部为起点,逐渐建立起了完整的价值链:运营总部、研发中心、数据中心、配套服务,这些最终促进了爱尔兰的技术创新发展,特别是软件业的发展和国际市场竞争力。

再以美国的硅谷地区为例,1930年以来在硅谷创办的公司如表1-4所示。

表1-4　　　　　　硅谷企业名单与成立时间

公司名称	成立时间	起源地	公司名称	成立时间	起源地
惠普	1939	帕洛阿图	思科	1984	圣何塞
瓦里安	1948	帕洛阿图	贝宝	1988	圣何塞
乔氏商店	1958	蒙罗维亚	IDEO	1991	帕洛阿图
杜比实验室	1965	旧金山	英伟达	1993	圣塔克拉拉
盖璞	1969	旧金山	雅虎	1994	桑尼维尔
嘉信理财	1971	旧金山	网飞	1997	洛斯埃尔托斯
太阳微系统	1981	圣塔克拉拉	谷歌	1998	山景城
信条软件	1981	山景城	安捷伦科技	1999	帕洛阿图
硅图	1981	山景城	潘多拉电台	2000	加州奥克兰
美国艺电公司	1982	红木城	领英	2002	山景城
赛普拉斯半导体	1982	圣何塞	特斯拉汽车	2003	帕洛阿图
塞门铁克半导体	1982	库比提克	Instagram	2012	旧金山

资料来源:杜德斌(2015),第99页。

硅谷经过近百年的发展,集聚了对世界最先进技术发展有开拓性作用的企业。从计算机、信息技术到目前的新能源技术等,对全球产业最有影响力的企业基本都集聚在硅谷。

这些企业的创始人、经营者和员工学缘上根叶相连,又选择在同一地区创办企业。这种集聚最终让一个地区获得了不断增强的创新力和经济发展动力。而这些企业由于改变了全球产业价值链,甚至是创造了一个新的全球产业价值链,使企业集聚的这个区域成为全球产业发展的影响力中心。例如,全球性的互联网金融创新以及围绕智能手机应用的各种软件开发,主要以美国为原始创新中心进而扩散到世界各地。

1.1.1.4 我国确定了创新发展方向和向产业链中高端转移的战略目标

跨国公司为了提升核心竞争力而布局全球研发网络,客观上促成了全球科创中心在产业分工体系与价值分配机制中的影响力。在此背景下,2014年5月,习近平总书记在上海考察工作时明确要求上海加快建成具有全球影响力的科技创新中心,并明确了三个战略性方向:①要牢牢把握科技进步大方向,瞄准世界科技前沿领域和顶尖水平,力争在基础科技领域有大的创新,在关键核心技术领域取得大的突破;②要牢牢把握产业革命大趋势,围绕产业链部署创新链,把科技创新真正落实到产业发展上;③要牢牢把握集聚人才大举措,加强科研院所和高等院校创新条件的建设,完善知识产权运用和保护机制,让各类人才的创新智慧竞相迸发。① 中共上海市委、上海市人民政府于2015年5月正式发布《关于加快建设具有全球影响力的科技创新中心的意见》。2016年1月22日,《国家税务总局关于支持上海科技创新中心建设的若干举措》印发,出台10项举措,提出要将上海发展为科创中心,并且建立张江国家自主创新示范区,通过与自贸区的协调发展,实现区域的科技创新发展。2016年4月12日,国务院公布了上海科创中心方案:建设张江综合性国家科学中心,并印发了《上海系统推进全面创新改革试验加快建设具有全球影响力的科技创新中心方案》。2016年5月19日,中共中央国务院印发了《国家创新驱动发展战略纲要》。

《国家创新驱动发展战略纲要》将我国目前发展创新驱动面临的问题总结为:许多产业仍然处于全球价值链的中低端,一些关键核心技术受制于人;适应创新驱动的体制机制亟待建立健全,企业创新动力不足,创新体系整体效能不高。有利于我国推动创新驱动发展的条件和基础是:科技基础不断强化,自主创新能力快速提升;我国拥有庞大的市场规模、完备的产业体系、多样化的消费需求;我国社会主义制

---

① 习近平. 当好全国改革开放排头兵 不断提高城市核心竞争力[N]. 人民日报,2014-5-25.

度能够有效结合"集中力量办大事"和"市场配置资源的优势",这是实现创新驱动发展的根本保障。

基于国家创新驱动战略的宏观目标,《上海系统推进全面创新改革试验加快建设具有全球影响力的科技创新中心方案》①是以上海为先行的区域创新发展的具体战略部署。上海的区域创新发展分两步走:第一阶段是在2020年前我国形成区域科技创新的框架体系,并且具有一定的竞争力;第二阶段是在2030年前发展培育出科技创新区域的核心功能。

围绕建设具有全球影响力的科技创新中心的总体目标定位,具体确定了四大重点任务领域:①建设张江综合性国家科学中心;②建设关键共性技术研发和转化平台;③实施引领产业发展的重大战略项目和基础工程;④推进建设张江国家自主创新示范区,加快形成大众创业、万众创新的局面。

完成这四大任务,目前提出的六大措施是:①建立符合创新规律的政府管理制度;②构建市场导向的科技成果转移转化机制;③实施激发市场创新动力的收益分配制度;④健全企业为主体的创新投入制度;⑤建立积极灵活的创新人才发展制度;⑥推动形成跨境融合的开放合作新局面。

其中,第6项措施的具体实施方案中,明确提出了"积极发挥外资研发机构溢出效应——大力吸引外资研发中心集聚,鼓励其转型升级成为全球性研发中心和开放式创新平台。鼓励外资研发中心与上海市高校、科研院所、企业,共建实验室和人才培养基地,联合开展产业链核心技术攻关。在确保对等开放、保障安全、利益共享的前提下,支持外资研发中心参与承担政府科技计划,强化相关成果在本地转化的机制"。② 同时,"加强国内外创新交流服务平台建设。鼓励国内知名高

---

① 国务院. 国务院关于印发上海系统推进全面创新改革试验加快建设具有全球影响力科技创新中心方案的通知[EB/OL]. 中华人民共和国国务院公报,2016-4-30. http://www.gov.cn/gongbao/content/2016/content_5066595.htm.

② 同上。

校、科研机构、企业与上海市相关单位开展科技创新合作,支持本土跨国企业在沪设立和培育全球研发中心和实验室,加强联合攻关,进一步发挥上海市对长江经济带的辐射带动作用。探索允许国外企业、机构、合伙人或个人参照《民办非企业单位登记管理暂行条例》在自贸试验区内设立提供科技成果转化、科技成果输入或输出以及其他相关科技服务的非企业机构。鼓励上海市高科技园区创新国际科技合作模式,与重点国家和地区共建合作园、互设分基地、联合成立创业投资基金等,利用两地优势资源孵化创新企业。用好中国(上海)国际技术进出口交易会等国家级科技创新交流平台,吸引全球企业在上海发布最新创新成果"。[①]

国家的整体创新驱动发展规划与区域创新发展的战略部署中明确指明:创新驱动的关键着力点是"企业的研发与创新"与"创新成果的转化",目的是推动具有经济促进作用的核心产业能够获得分配全球价值链中高端价值的竞争力,并且培育出具备创新能力的企业和集群,通过"实现创新体系的高效协同,创新链条有机衔接,创新治理更加科学",最终能够"打破我国科技追踪的整体局面,实现战略领域的并行和领跑"。

1.1.1.5 我国企业迫切要求增强全球产业链价值分配话语权

推进区域创新、建设科技创新中心是提高我国全球产业分工地位的关键。我国企业长期处于全球价值链的中低端,分配到的价值极低。众多的实业界经营管理者、产业链及产业升级研究人员已经对此进行了深刻的现象描述与分析。我国企业目前采取的提升价值链分配地位的战略包括:自主创新、ODM、OBM等,但是每一个战略都存在客观的困难。

企业自主创新面临的客观困难是显而易见的。由于目前的各种创新机制尚未成熟,自主创新中的资金缺乏、风险承担能力差、研发创新周期与商业周期不同步造成的"缺口困境"等,都是企业面临的实际障碍。同时,我国的中小企业在获得资源方面面临的困难更多。因此,通过企业自主创新来实现我国主要产业向全球产业链中高端转移存

---

① 国务院. 国务院关于印发上海系统推进全面创新改革试验加快建设具有全球影响力科技创新中心方案的通知[EB/OL]. 中华人民共和国国务院公报,2016-4-30. http://www.gov.cn/gongbao/content/2016/content_5066595.htm.

在诸多的障碍:我国的企业在研发与创新方面技术起点低、价值链管理水平差、普遍缺乏企业价值链的全球管理协同经验。如果依靠自主创新从落后到追平发达国家,就类似于自然生长,不仅时间周期长,而且困难极大,成本极高。

ODM 是目前电子信息企业嵌入全球产业链并且向中高端转移的一种模式,相比于 OEM,ODM 中的知识智能要素含量更大,因此是一个明显的进步。但是,一些学者也指出了在创新价值链上,我国企业在 ODM 中从事的工作仍然是技术价值链上的低端工种。我国的研究人员构建了全球研发网络价值链区位分布的模型(见图 1-3、图 1-4)来说明跨国公司研发创新价值链上的细分,以及主要国家和地区在这些环节上的分工。①~④

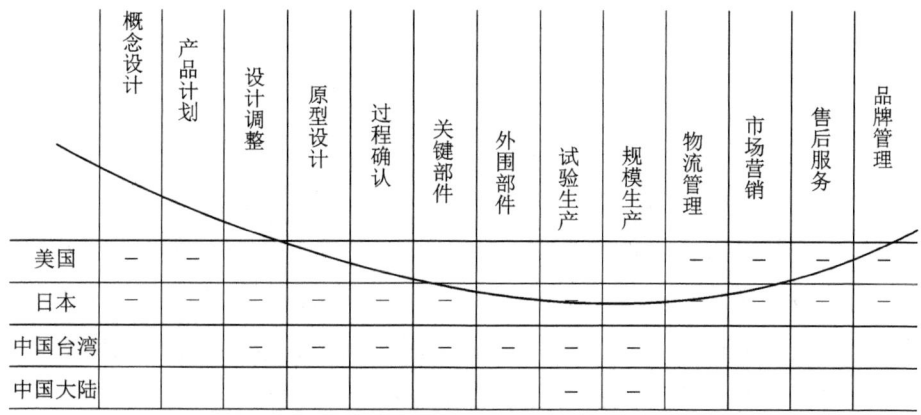

注:"—"表示该研发环节在某类经济体有布局。
资料来源:范兆斌,苏晓艳(2008),第 12-17 页。

图 1-3 美、日、中在技术价值链上的分布(2003 年)

---

① 王建华,卓雅玲. 全球研发网络、结构化镶嵌与跨国公司知识产权保护策略[J]. 科学研究, 2016(7):1017-1026.
② 范兆斌,苏晓艳. 全球研发网络、吸收能力与创新价值链动态升级[J]. 经济管理,2008(11):12-17.
③ 张战仁,占正云. 全球研发网络等级分工的形成-基于发达国家对全球生产的控制转移视角[J]. 科学研究 2016(4):512-520.
④ 张战仁,杜德斌. 全球研发网络嵌入障碍及升级困境问题研究评述[J]. 经济地理,2016(8):1-7.

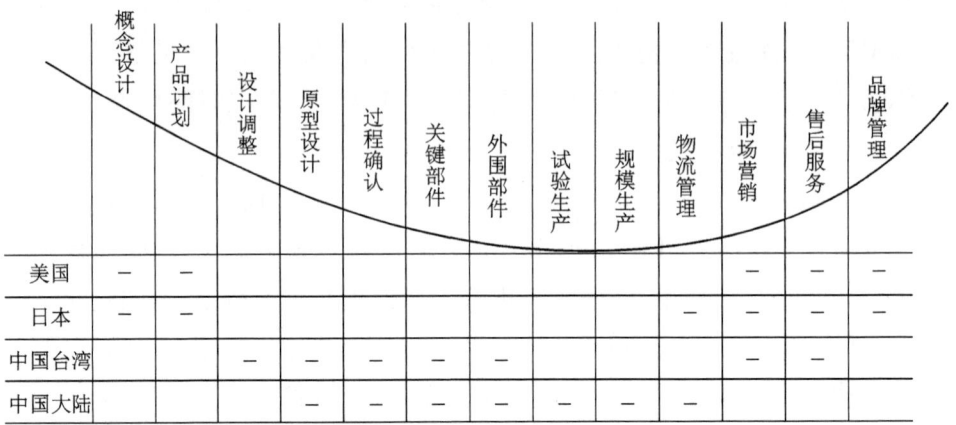

注：" — "表示该研发环节在某类经济体进行了布局。
资料来源：范兆斌，苏晓艳(2008)，第12-17页。

图 1-4　美、日、中在技术价值链上的分布(2007年)

通过构建的创新价值链可以清楚地看到各国在研发活动上分工的内容与合作的核心基础。张战仁与杜德斌用"嵌入障碍"与"低端锁定"来描述和总结我国企业在研发环节上面临的困境。

发展就是一个不断面对问题、解决困难的过程。我国企业在实践中面临各种困难的根本原因是我国企业自身的研发创新能力还不够参与更高端的研发活动。因此，我国近年来已经开始通过研发中心申请与认定来政策性地支持企业设立研发中心、技术中心。

1.1.1.6　我国鼓励企业设立研发中心

鼓励企业设立研发中心和技术中心在一定程度上是鼓励企业层面的资源向研发环节配置。企业层面的研发资源配置是区域创新发展的微观基础。企业内部资源的配置重点决定了企业的基本战略导向。企业关注研发创新，以研发创新为发展基础，才有形成研发集群的客观条件，研发集群及其溢出效应才能推动整个区域的整体创新发展。

自20世纪90年代开始，企业设立研发中心或者研发机构是作为高新技术企业认定的一个必要条件。随着我国对企业技术创新能力的重视，鼓励企业设立研发中心这一政策开始普遍化。政策首先关注的是大型企业和企业集团,出台的政策有《鼓励和支持大型企业和企业集团建立技术中心暂行办法》(国经贸〔1993〕261号)。该政策目前主要有国家科技部、商务部、发改委等部委从各自主管领域加以推进。①

国家的"十二五"建设中,企业设立研发中心成为实现产业升级、提升企业竞争力的重要措施,并且在国家、省、市甚至是更基层的县、区级别开展:我国有国家级企业研发中心认定、省级企业研发中心(机构)认定、市级认定和县区级认定。

政策鼓励的对象企业也从最早的高新技术产业和战略新兴产业扩展至各行业大中型企业和中小企业。因此,企业研发中心、技术中心等以新技术、新工艺等研发创新为核心的专职机构的设立,已经覆盖了全产业、全规模、全区域的企业。

2006年2月《国家中长期科学和技术发展规划纲要(2006—2020年)》(国发〔2006〕6号)中明确提出:"发挥经济、科技政策的导向作用,使企业成为研究开发投入的主体。加快完善统一、开放、竞争、有序的市场经济环境,通过财税、金融等政策,引导企业增加研究开发投入,推动企业特别是大企业建立研究开发机构。"② 2007年出台了《国家认定企业技术中心管理办法》(2007年第53号令)。

《中共中央 国务院关于深化科技体制改革加快国家创新体系建设的意见》③(2012年9月23日)是十二五期间出台的重要文件,明确了由企业作为产业技术研发创新的核心主体的原则。根据这些政府管理文件的核心思想,原有的企业技术中心认定办法(2007年版)也被修订,制定了《国家企业技术中心认定管理办法》,该办法自2016年4月1日起生效。

2016年4月1日起实施的《国家企业技术中心认定管理办法》新

---

① 国务院.国家企业技术中心认定管理办法[EB/OL].中华人民共和国国务院公报,2015-5-25.http://www.gov.cn/xinwen/2016-03/24/content_5057350.htm.
② 李国强.浅谈我国企业技术创新能力及其提高途径[J].江苏商论,2011(36):69-69.
③ 国务院.国家企业技术中心认定管理办法[EB/OL].中华人民共和国国务院公报,2015-5-25.http://www.gov.cn/xinwen/2016-03/24/content_5057350.htm.

修订版对企业技术中心的定义为:是指企业根据市场竞争需要设立的技术研发与创新机构,负责制定企业技术创新规划、开展产业技术研发、创造运用知识产权、建立技术标准体系、凝聚培养创新人才、构建协同创新网络、推进技术创新全过程实施。①

各省、直辖市、地级市也均根据《国家企业技术中心认定管理办法》(2007年)制定了省级、市级企业技术中心的认定管理办法。

例如,山东省根据中央和省委、省政府关于"十二五"规划期间要加快发展方式转变、努力提高企业核心竞争力的要求,自2011年起为进一步提高中小企业技术创新水平,在鼓励中小企业创新发展方面,仿照日本的"一社一专有技术"的经验,实施"一企一技术"研发中心认定工作,并重点培育和建设一批中小企业"一企一技术"研发中心,培育企业的技术优势,发展中小企业的研发和技术创新能力。制造业大省广东省2011年出台了《关于省级企业技术中心的管理办法》。

中小企业和民营企业经济发达的浙江省于2010年颁布《关于印发浙江省企业技术中心管理办法的通知》(浙经信技术〔2010〕142号),其地级市杭州市2007年颁布了《关于印发杭州市企业技术中心认定和评价管理办法的通知》(杭经技术〔2007〕105号)。

上海市浦东新区科学技术委员会印发《浦东新区企业研发机构认定办法》(沪浦科〔2016〕46号)的通知。该办法对企业研发机构的定义解释为:企业从事自然科学及相关领域研究开发和实验发展(包括为开发活动服务的中间试验),或从事企业内部的技术开发、产品开发、工艺开发和有关技术服务的机构。② 企业研发机构的形式为独立法人的研发机构(公司),非独立法人的以研发为主的分公司或分支机构,或设在企业内部的研发部门。

目前各个级别的企业技术中心或者研发中心的认定主要是通过

---

① 山东省经济和信息化委员会.关于印发《山东省企业技术中心认定管理办法》的通知[EB/OL]. 山东省人民政府公报,2016-9-13. http://www.sdetn.gov.cn/articles/ch01860/201609/ab0fc2e4-4450-44d1-8114-1c659f7ce82b.shtml.

② 赵新华.论我国国家创新体系企业研发中心建设[J].科技管理研究,2009(7):1-3.

税收优惠政策来推动的。理论上,企业为获得市场竞争力而建立研发中心,才能真正地实现企业的创新驱动。

因此,跨国公司的研发机构是其核心竞争力的重要组成部分,我国一些大型行业龙头企业的研发中心也已经为企业的国际市场竞争力提供了强有力的支持。然而,大部分企业的研发中心在构筑企业的竞争力以及对地区创新的贡献方面仍然需要继续提高。这也是本书重要的研究意义:如何通过跨国公司的研发网络、通过研发集群的知识溢出,来真正地提升地区企业的研发创新实力。

从以上企业研发中心建立的鼓励政策发展历史看,我国通过鼓励各种规模企业以及各个级别研发中心的建立,加速鼓励企业进行研发创新的实践工作,并从国家层面至地方层面,对大中型企业和中小企业都进行了相应的政策设计,通过建立研发中心来政策性地引导企业将研发创新活动作为一个独立的价值链环节,促进我国的产业整体竞争力。然而,企业设立研发中心或者研发机构这一实践行为,目前并未受到学术研究的普遍关注。在中国知网上进行搜索,关注于这一政策的文献极少,这是本书提出的"研发集群"的重要背景。

1.1.1.7 研究背景总结

本书将所研究问题的提出背景总结为:跨国公司通过在全球技术创新城市建立研发中心,并构建有利于提升其研发竞争力的全球研发网络,这是继生产网络全球化之后的知识技术全球化,是全球化的升级,也是新竞争格局的突出特点。

在这一趋势中,跨国公司研发网络节点地区因为研发集群的溢出效应发展成为科技创新中心。在全球经济竞争向着更高层次的技术层面的竞争推进的潮流中,我国发展区域创新能力、建设科技创新中心、实现创新驱动发展提升我国经济竞争实力已经提上议事日程。

1.1.2 问题的提出

分布在发达国家的科技创新中心、创新城市、创新区域,也是研发集群密集分布的地区。研发集群及其知识溢出效应不仅促进了地区的整体创新发展,还继续吸引着新兴经济体的研发投资和创新参与。①

国际区域创新发展经验说明对区域创新发展有关键性影响的不是一般性的企业集群,而是研发集群。我国目前采用多种政策培育研发集群,但是关于研发集群的特征、研发集群的发展模式、研发集群的知识溢出效应、研发集群对我国区域创新的影响等一系列问题缺乏相关研究。

研发集群形成的微观基础是企业保证对研发创新环节优先配置资源。研发中心是企业层面创新资源配置落实的必要条件。不同企业的研发中心集聚在一个空间区域,实质上是创新资源的集聚,企业研发中心或者研发型企业的集聚本身还不能称为研发集群。研发集群是集聚的微观主体之间因为专业化而产生了分工与合作,因为企业"术业有专攻",在一项复杂的创新中就形成了共同参与、彼此合作才能推进创新进程的企业集合。基于专业化的分工与合作能够提高生产价值链的整体效率。

一家企业的核心竞争优势有限,不能够覆盖创新产品所需要的全部技术与产品零部件领域。通过分工合作,企业能够获得各个技术与产品部件生产领域专业化水平最高的企业的补充。分工合作的整体效率和效果就大于一家公司独自创新开发整个产品或技术的效率和效果。这种协同创新、优势互补的关系提高了这个地区的整体创新效率。知识溢出效应进一步带动了区域创新的发展速度和发展水平,也促进了其他集群和产业的创新发展。

企业的实际情况是在多个地区建立研发机构,特别是有实力的大、中型创新型企业,会选择到本行业技术高地地区建立研发中心。而研发中心或者研发创新型企业在创新成果转化中还需要价值链的其他环节的配合,高校与科研机构的研究成果一般也要借助企业价值链才能落实经济价值。

价值链存在的根本原因是劳动的分工与合作可以提升生产效率。

---

① 例如,我国的一些行业龙头企业如华为、海尔等纷纷在海外科技创新中心建立研发机构。

企业内部存在分工,形成了由不同的部门组成的企业价值链。研发作为企业内部分工中一个具有战略性价值的分工环节,是当前科技飞速发展前提下企业的生存保障。企业进行的研发与创新已经极大程度地决定了企业在全球产业链上的地位和价值分配权。拥有较强技术研发与创新能力的企业,在全球产业链上能够拥有更强的谈判能力,决定分工内容,决定价值分配;而技术研发与创新能力弱的企业,由于没有核心竞争力,只能从属于有竞争力的企业,接受价值回报低的分工。

比起企业的价值链,产业价值链的影响范围更大,决定了一个行业的工作内容与收益水平,甚至是一个国家的工作内容与收益水平。而主导和影响全球产业链和各国产业链的主要是重视研发创新的跨国公司和不断涌现和壮大的创新型企业。

全球科技创新中心和创新城市引起人们的关注和兴趣,是因为这个地区集聚了大量的可以决定和改变这个分配机制的研发集群。这些集聚了大量拥有突出技术创新能力企业的地区成为了全球科技创新中心。创新中心集聚的这些企业中,有的是创新中心在尚未形成之时土生土长的(start-ups),也有随着该地区的发展移居来此,还有的是从大企业脱离出来独自发展的衍生企业(spin-offs)。这些企业的集聚,加强了地区的技术创新能力,借助该地区的创新基础,进一步巩固了企业在全球产业价值链上的地位。因此,科技创新中心实质上是这里的企业所掌握的技术能够控制全球各种产业价值链价值分配,换言之,技术创新中心就是拥有产业竞争优势和全球产业价值链决定权的地区,这里的创新能够决定地球上另一些人的劳动内容和收入水平,因此显得特别重要,从而受到重视。

然而,价值链环节即可以与研发主体在同一区域,也可以分散在不同区域。跨国公司的价值链环节就普遍处于空间分散状态。发达国家的研发集群内的企业也存在这样的价值链环节空间离散分布特征。

因此产生了两组问题:

第一组问题:研发集群如何产生并发展起来?研发集群促进区域

创新发展有哪些模式与路径？什么因素决定了企业的研发机构空间布局区域选择？为什么这些被称为创新中心的地区，能集聚到如此大规模的创新企业和研发机构？为什么美国、欧、日等发达国家拥有几乎90%以上的能够影响全球产业价值链的技术创新城市，而拥有市场和制造优势的新兴国家却没有因为土地、资本和劳动力的优势而吸引高水平创新企业的集聚，没有获得区域创新能力，从而更无法发展出有战略意义的技术创新中心呢？

第二组问题：研发集群的知识溢出效应如何产生？知识溢出效应对区域创新发展如何发挥作用？研发集群是如何提高企业的技术创新效率，如何实现研发与其他价值链环节的协调管理，如何实现对全球产业价值链的治理？

为了找到这些问题的答案，本书尝试从分析企业配置价值链环节的角度，按照"什么因素吸引企业将价值链上的研发与创新环节配置到某一地区"这一思路，来分析研发集群的形成与发展、研发集群的知识溢出效应产生机制与渠道、研发集群及其知识溢出效应如何推动区域创新发展等问题。

基于以上原因，本书选择以"研发集群、知识溢出与区域创新——基于价值链视角的研究"为主题开展研究。

1.1.3 选题意义

我国的区域创新发展，实质意义在于其对我国参与全球分工体系的地位与经济回报水平产生的影响作用。我国的经济发展，外有发达国家主导的全球产业技术竞争，内有劳动力成本上升、资源过度开采使用效率低下、生态环境破坏程度加剧的现实短板。内外压力均要求经济发展模式有所转变，即以廉价劳动力和粗放的资源利用方式参与全球分工体系，获得的经济回报难以继续支付环境与社会承担的成本。

企业以技术和创新为核心竞争力是新经济发展模式的基础。如何在我国现有实际情况下实现企业创新竞争力目标？结合知识溢出理论研究和国外的区域创新发展经验，研发集群及其知识溢出效应在推动区域创新发展方面具有影响作用。本书选择对研发集群及其知识溢出效应进行研究,并结合价值链理论、研发海外投资等研究成果,探索两者对区域创新的影响。

研究的意义体现在:

首先,研发集群的特征研究对于探索区域创新发展战略有重要意义。从全球产业链的角度看,目前企业普遍的战略是将产业链的各个环节配置在不同的空间区域,获得最大的经济回报率。从有影响力的国际型企业如苹果、GE等,到国内正迅速成长的企业如华为、比亚迪等,均根据自己所在行业的特点,将产业链的各环节配置在不同的空间区域,即生产加工、研发、营销等核心环节分别配置在不同的地区。

企业的研发是市场和竞争主导的,研发成果必须通过商业转化才能获得经济回报,支持企业继续进行研发和发展。研发集群与制造生产集群在空间与环境要求、要素要求、配套政策体系要求、社会服务体系要求等各方面都存在差异。研发集群的集聚特征、生产活动特征、管理模式等也显然不同于制造生产型集群或者是商贸集群。但是,受我国经济发展水平和发展阶段的影响,我国关于研发集群的特征研究远远落后于对制造生产集群和其他经济活动主体构成的集群的特征研究。这也是本书研究的意义之一:弥补我国在研发集群研究方面的薄弱。

其次,研发集群的知识溢出研究对深入了解研发集群的战略意义有重要的作用。集群以及集群的集聚,即集群群,会产生知识溢出效应,知识溢出效应是地区知识积累的重要途径,是企业提升提高内部知识与外部知识的关键性因素之一,简言之,研发集群的知识溢出对区域创新发展有促进作用。这个理论已经获得了经济学研究的认可。而且,目前出现了新情况,集群已经不仅仅是普通意义上的企业集群,还出现了基于研发集聚而形成的研发集群,是知识技术高度密集体系,且有明确的空间边界。研发集群在知识密集的高技术产业尤为普遍。研发本来是企业价值链上的一个环节,但是,大型的跨国公司构建全球研发网络,中小型企业在研发集聚地设立研发机构,通过各种联系形成了根植于当地的研发集群。研发活动比其他经济生产活动更倾向于空间的集聚。研发集群与企业其他价值链环节的联系模式，对于一个地区形成有利于创新成果转化的政策体系与市场机制有不可忽视的积极作用；对地区企业提升研发管理与创新转化管理水平有重要的推动作用。同时，研发集群不仅仅包含现有企业，也包括新成立的创业型企业和衍生企业。创业型企业、衍生企业是重要的新产业链形成来源。

由于研发机构只是企业价值链上的一个环节，研发成果通过企业的价值链资源整合才能成为产品，进而对市场产生影响。整合过程中，研发集群不可避免与当地企业价值链建立联系，产生了研发管理、研发创新市场化、资源整合与跨价值链协作等方面的知识溢出。这些溢出对于本地企业在短时间内获得管理水平的提升十分重要。

企业开展研发与创新需要基础、条件和环境，也需要一个有秩序的知识技术市场。高校、科研机构、为研发活动提供服务的各种服务型企业本身存在研发成果商业化、产业化的短板。当一个地区集聚了大量企业研发主体，才能形成对高校、科研机构以及服务型企业的研发的规模需求；通过研发合作、部分研究活动的外包、租用借用试验室等硬件、研讨会、科研人员的项目参与与讨论咨询等形式参与企业的研发活动，形成企业、高校及科研机构、创新服务型企业创新能力的流通和商业化的通道。这个通道的形成，既提高了企业研发的效率，也实现了高校和科研机构创新成果的产业化，并根植于当地创新体系。

从历史的角度看，科学活动中心会发生转移。①~③ 因此，我国培育出具有突出创新能力的区域，甚至是具有世界影响力的创新中心，是具备可能性的。从当代发达国家推动技术创新中心形成与发展的过程中所使用的各种政策手段和实践经验看，区域创新能力的培育发展

---

① 贝尔纳.历史上的科学[M].伍况甫,译.北京:科学出版社,2015.
② 汤浅光朝.解说科学文化史年表[M].张利华,译.北京:科学普及出版社,1984.
③ 赵红洲.科学能力学引论[M].北京:科学出版社,1984.

存在大量战略性引导的成功先例。

借鉴价值链理论来解析研发机构空间集聚以及研发集群的特征。研发集群的集聚,很多文献已经发现了这个现象。但是,相关研究多从空间经济学角度来描述这种现象,并未深入研究研发集群本身的特征。本书借鉴价值链理论、分工合作理论来分析研发集群的形成与发展,分析企业建立研发中心、通过集聚和分工合作形成研发集群的内在动因和经济意义,这为研究和理解创新成果产业化中面临的协同问题以及知识溢出渠道提供了新的视角和思路。

因此,借鉴这些先例,通过将空间经济学、区位选择研究、价值链理论对研发集聚研究与知识溢出理论下的区域创新研究相结合,深入分析当前研发集群的特点、知识溢出的特征,以及两者对区域创新的影响,对于找到建设我国具有产业影响力的科技创新中心的战略性措施是极为有意义的。

我国企业一直通过各种努力提升竞争力,争取获得更大的全球产业链价值分配的话语权。本书将研究思路定位在:如何利用由跨国公司主导的研发集群提升我国创新能力和创新成果转化;如何战略性地实现我国企业嵌入全球产业链中高端价值区;如何提高我国企业参与产业链的地位、如何提高企业价值链整合效率;如何从价值链体系的整体性视野推进区域创新政策体系、改善区域创新环境、建立有效的区域创新市场机制。

本书研究目标明确:研发创新的最终目的是为了我国产业能够向全球产业链中高端转移。通过分析并阐述研发集群如何通过知识溢出效应对区域创新产生影响,有利于对于我国区域创新发展战略进行深入的分析和思考,即如何吸引跨国公司研发机构的区域集聚;如何鼓励本地企业建立研发机构;如何通过价值链上的横向研发合作、ODM、联盟,参与纵向的创新成果转化的管理,形成研发集群;如何借助研发集群的知识溢出效应,加速本地企业的研发效率和规模,加速本地企业价值链,进一步实现创新成果的产品化,最终实现区域创新的发展目标。

1.2 相关概念的界定

1.2.1 研究与试验开发

研究与开发简称研发,对应的英文为 Research and Experimental Development,英文缩写形式为 R&D。经济合作与发展组织(Organization for Economic Co-operation and Development,OECD)对研发的定义为:为了增加包含人类的、文化的和社会的知识存量而系统性开展的创造性工作,以及发现这些知识存量的新应用领域的工作。①

美国工业协会认为技术创新是一种过程,是一个以实际应用新的材料、设备和工艺,或是某种已经存在的事物以新的方式在实践中的有效使用为直接目的,承认并探索新的需要,寻找或确定新的解决方式,发展一个在经济上可行的工艺、产品或服务,并最后在市场上获得成功的完整过程。清华大学傅家骥教授等认为:"当一种新思想和非连续的技术活动,经过一段时间后,发展到实际和成功商业应用的程序,就是技术创新。"②

OECD 对技术创新的定义为:技术创新行为是指所有科学、技术、组织、财务和商业步骤(包括对确实导致或者有意实现新技术实施或者产品流程改进的新知识的投资)的活动。研究与试验开发仅为以上活动中的一类,在创新流程的各阶段均可开展。研发不仅是发明想法的来源也是想法直至实施过程中解决问题的手段。

关于研发的主体,我国的技统计年鉴中将其分为:企业、高校以及科研机构三大类。OECD 将研发的主体分为五类:企业、政府、非盈利

---

① OECD(2002b):Proposed Standard Practice for Surveys on Research and Experiment (Frascati Manual),p30:Research and experimental development (R&D) comprise creative work undertaken on a systematic basis in order to increase the stock of knowledge, including knowledge of man, culture and society, and the use of this stock of knowledge to devise new applications.

② 董本云,李海峰. 浅析技术创新与制度创新[J]. 工业技术经济,2004,23(1):37-38.

私人机构、高校以及海外。其中企业是核心主体,私人企业是企业主体的绝对主体。基于以上研发主体的认定,本书界定的研发主体包括:企业(国有、民营、外资三类)、高校及科研机构(本书将我国的部分科研机构视为政府部门)。

我国对企业的研发中心、技术中心有明确的定义。

企业研发中心是指企业从事自然科学及相关领域研究开发和实验发展(包括为开发活动服务的中间试验),或从事企业内部的技术开发、产品开发、工艺开发和有关技术服务的机构。企业研发机构的形式为独立法人的研发机构(公司),非独立法人的以研发为主的分公司或分支机构,或设在企业内部的研发部门。①

企业技术中心是指企业根据市场竞争需要设立的技术研发与创新机构,负责制定企业技术创新规划、开展产业技术研发、创造运用知识产权、建立技术标准体系、凝聚培养创新人才、构建协同创新网络、推进技术创新全过程实施。②

1.2.2 集群与集聚

产业集聚和产业集群两个概念,既有联系又有区别。

产业集聚是产业生产要素在某一空间相对集中,并且伴随着吸引更多资源汇聚的现象。空间经济学研究者如 Fujita 认为,要素、活动的空间聚集都是集聚(agglomeration),并著有《集聚经济学》(Economics of Agglomeration)一书。

产业集聚问题的研究始于 19 世纪末,马歇尔在 1890 年就开始关注产业集聚这一经济现象,并提出了两个重要的概念,即"内部经济"和"外部经济"。马歇尔之后,产业集聚理论有了较大的发展,出现了许多流派。比较有影响的有:韦伯的区位集聚论、熊彼特的创新产业集聚论、E·M·胡佛的产业集聚最佳规模论、迈克尔·波特的企业竞争优

---

① 赵新华. 论我国国家创新体系企业研发中心建设[J]. 科技管理研究,2009(7):1-3.
② 上海市浦东新区科学技术委员会. 国家企业技术中心认定管理办法. 2011-8-25. http://kjw.pudong.gov.cn/Article/2014/201413672.shtml.

势与钻石模型等。①

产业集群(industrial cluster)由美国学者迈克尔·波特在20世纪90年代提出。1990年迈克尔·波特在《国家竞争优势》一书首先提出用产业集群一词并对产业集群现象进行分析,②1998年又在其专著"Clusters and the New Economics of Competition"中做深入的分析论述。波特研究认为,区域的竞争力对企业的竞争力有很大的影响,通过对10个工业化国家的考察发现,产业集群是工业化过程中的普遍现象,在所有发达的经济体中,都可以明显看到各种产业集群。③

由于"产业集聚"与"产业集群"目前并没有权威的区分与界定,因此研究者们既有采用"集聚—知识溢出—创新"为题开展研究,也有采用"集群—知识溢出—创新"为题开展研究。

虽然大部分文献并未对集聚的概念进行专门的说明,但是也有一些文献对集聚和集群的概念进行了区分。郑江淮、高彦彦、胡小文(2008)通过对开发区企业从扎堆到产业集群产生进行研究认为,众多没有任何联系,仅仅落户于同一地区,是"扎堆"现象,也是集聚的最初状态;由于其中一些领头企业(如外资企业)进入该区域后需要整合当地资源提高自身效率,于是产生了领头企业之间、领头企业与本地企业之间的劳动力和资本的联系,并形成了业务关系,这时,扎堆在一起的众多企业才产生了"集聚效应","集聚效应"提升了区域的经济效益、企业绩效,稳固高效的经济关系建立,产业集群由此而产生。④

尽管两个概念在研究中存在交叉重叠,但是这两个概念存在的差别也是显而易见的。

如果是从经济地理学领域出发,采用空间计量经济学方法,一般采用"集聚"概念。因为这类研究更重视距离、区位、空间差异对经济行

---

① 杨梦丹. 中原广告产业园品牌建设初探[D]. 郑州大学, 2013.
② 李铭. 株洲国家高新技术产业开发区产业发展问题及对策研究[D]. 国防科学技术大学, 2009.
③ 同上。
④ 郑江淮,高彦彦,胡小文. 企业"扎堆"、技术升级与经济绩效——开发区集聚效应的实证分析[J]. 经济研究,2008(5):33-46.

为的影响,即通过距离对知识溢出效应的影响,来研究空间距离对集聚产生的知识溢出的影响作用的存在以及具体的距离数值(王文翌,安同良 2014;①范剑勇,2006;②吴玉鸣等,2004③)。

从产业集群提出的研究背景分析,迈克尔·波特(1990)明确提出了产业集群概念的研究是围绕"竞争力从何而来"这个主题开展的,因此,他提出的产业集群概念强调了企业之间在分工上由于彼此协调而产生了高效率的生产,其外在表现即为竞争力。因此,产业集群侧重强调社会网络、价值链关联、多角色分工协同的存在和作用,简言之,强调集聚群体中的系统性,是一个形成了网络的"群"的概念。因此,迈克尔·波特(1998)解释产业集群是某一特定领域内互相联系的、在地理位置上集中的公司和机构的集合。而且产业集群包含了影响竞争的所有主要关联实体:同行业企业、上下游关联企业、客户、替代品、政府和中介机构等。

按照概念提出的时间,Cluster 在 Aggregation 和 Agglomeration 这些概念之后进入经济学术研究视野。而马歇尔、韦伯、屠能等古典经济学家、区位经济学家采用的更多的是 Aggregation 和 Agglomeration。

产业集群从时间上是产业集聚概念的继承,同时又突出强调了"基于价值链的业务关联和由此产生的竞争优势"这一内涵。国外的集群政策(cluster policy)研究也说明产业集群在主体构成、关系网络、业务联系上的突出特征。

基于以上对两个概念在研究中的实际情况和概念的产生渊源,本书认为产业集群与产业集聚并不矛盾,也不彼此对立,更不能简单地进行非此即彼的区分。这两个概念的提出,有各自的历史背景。不同的历史阶段经济发展存在明显的差异,因此,马歇尔看到的产业集聚与波特看到的产业集群既有相同之处,又有差异。

---

① 王文翌,安同良. 产业集聚、创新与知识溢出——基于中国制造业上市公司的实证[J]. 宏观经济研究,2014(4):22-30.
② 范剑勇. 产业集聚与地区间劳动生产率差异[J]. 经济研究,2006(11):72-81.
③ 吴玉鸣,徐建华. 中国区域经济增长集聚的空间统计分析[J]. 地理科学,2004,24(6):654-659.

从研究的核心内容上看,产业集群侧重研究在特定区域中,具有竞争与合作关系,且在地理空间上集中的由交互关联性的企业、专业化供应商、服务供应商、金融机构、相关产业的厂商及其他相关机构等组成的群体,群体内有相互依赖性和协同发展性。[①] 不同产业集群的纵深程度和复杂性相异,代表着介于市场和等级制之间的一种新的空间经济组织形式。许多产业集群还延伸至销售渠道、顾客、辅助产品制造商、专业化基础设施供应商等,政府及其他提供专业化培训、信息、研究开发、标准制定等的机构,以及同业公会和其他相关的民间团体。[②]

总结目前对于集聚与集群区别的论述,可以归纳出关于这两个概念差别的三个观点:

第一,产业集聚突出了企业在空间的汇聚和地理上的集中,特点是"聚",而产业集群的核心特征是分工协作,突出了"网络化关系"和"群生"的内涵。

第二,产业集聚是有空间上的约束,而产业集群则侧重关系,在现在的网络时代,部分产业集群突破了地理空间的约束。

第三,空间上的集聚是产业集群形成的一个前提条件,集群的形成还需要其他条件,并非所有产业集聚都必然发展成产业集群。

本书在对集聚与集群的概念产生以及原著在使用这两个概念时的研究对象和论述重点进行了梳理后,采用"集群"的概念。创新的主体不仅仅是企业,产业是实现创新成果市场价值的依托,同时区域创新体系(Regional Innovation System,RIS)中还包括高校、科研机构、中介机构。社会网络被证实对区域创新主体的知识生产效率有显著的影响。因此,"集群"概念即能够概括以上所有主体与要素的空间分布特征,也说明主体之间存在联系。这是知识溢出产生的重要基础,也是一个地区进行创新发展的基础。

---

① 衣晓利. 清远市侨兴产业园空间布局策略研究[D]. 北京建筑大学, 2013.
② 同上。

1.2.3 价值链

价值链的本质是分工,分工发生在各个层面,具体生产活动层面、企业层面、产业层面均有分工。分工形成价值环节,整合形成价值链。

企业价值链是企业为了完成从原材料到最终产品销售的一些列活动。价值链能够反映各种类型企业的核心生产环节。

产业价值链是指一个产业从上游企业到下游企业通过采购、销售等经济联系形成了彼此依存和竞争的关系,这种关系决定了相关企业的经济效益、价值分配和竞争状态,形成为一个链条。

企业价值链与产业价值链这两个概念在本书中有不同的意义。

企业是决定企业价值链上活动的空间区位选择的主体。微观经济学理论论证企业的生产决策是依据效率和效益做出的。本书在解释跨国公司为什么会构建全球研发网络这一客观现象时,从企业决定其价值链上关键环节的区位安排角度出发,能够较为清楚地解释研发网络的形成原因。

而产业价值链,在本书中主要说明价值链环节上的属于不同分工的企业能够获得的价值利益。由于"微笑曲线"理论说明处于产业价值链底端的制造环节获得的价值分配最少,而两端的研发与销售和品牌管理获得的价值分配最大,因此,企业若想改变其在全球产业价值链上的地位,必须依靠研发和创新。

1.2.4 区域创新

区域创新的研究通常是从网络、系统、环境、能力、要素这些更具体的角度进行。归纳而言,区域创新是一个综合的概念,包含了进行创新资源分配的系统、投入创新的要素、要素的产出能力,还有决定系统效率与要素流向的创新环境与区域创新产出。

各部分之间存在不可分割、不可替代的关系。区域创新环境主要由两个部分组成:创新系统和创新要素。区域创新系统是创新主体以及主体之间的关系构成。① 区域创新要素是指专门用于创新的资本、资金和人力资本。创新系统与创新要素都包含硬件与软件,两者一起塑造了区域创新环境的主要部分。区域创新环境也包括地区的交通、气候、经济基础、产业机构等,但是它们是更加外围的组成部分。

区域创新环境整体上具有"不可复制、搬迁转移,只能学习、模仿、借鉴"②的特点,这是由于区域创新环境的核心是区域创新主体构成的创新系统,这个系统具有地域根植性;但是区域创新环境中的创新要素具有流动性,创新要素总是流向回报率更高的创新区域。

区域创新概念的第四个组成部分是指在环境约束下,创新系统内的要素产出能力,这是区域创新发展水平的客观反映。

本书主体是研究"研发集群"及其"知识溢出效应"对区域创新的客观发展、即产生能力产生的作用。按照相关研究的惯例做法,取专利数据作为区域创新的产出评价指标。

1.3 研究内容与技术路线

1.3.1 研究内容

本书以跨国公司海外研发投资为背景,研究如何利用这一趋势,通过研发集群的发展及其知识溢出效应来带动区域整体研发创新水平。

以上述问题为核心研究内容,本书从全球化背景下企业价值链的空间配置角度出发,通过"集群—知识溢出—区域创新"这个基于新增长理论、空间经济学和集聚经济学构建起来的理论框架,分析以设立研发中心、创业等形式将价值链上研发创新环节进行空间配置,通过空间集聚和价值链的关联,形成研发集群,产生知识溢出效应,知识溢

---

① 国内研究者普遍认为区域创新系统是由英国的 Cooke 教授最先提出。
② 李湛. 谈区域创新要素论与区域创新环境论的区别于联系. 上海社会科学院应用经济研究所,2017-2-17.

出效应的本地化特征进一步促进集群的发展和创新产出,最终使集群区域具有了突出的创新影响力,成为创新中心。

知识分为可编码转移的显性知识(explicit knowledge)和无法编码的意会知识,也有翻译为隐性知识、缄默知识(tacit knowledge)。① 隐性知识与知识的空间粘性特征使知识溢出具有区域局限性,即知识溢出的本地化(localized spillovers)。知识溢出的本地化解释了为什么大部分创新发明是在企业和产业集聚地产生的,也解释了为什么企业和产业有空间区域集聚的倾向。而且对知识的依赖度越强的行业,越表现出空间集聚的倾向和地理特征,创新产出也主要发生于集聚地区。

因此,本书要论证的核心问题就是"研发集群—知识溢出—区域创新"。在大量的知识溢出研究基础上,本书进一步提出:企业研发机构的空间集聚动力来自企业的技术创新生产获得比在其他地区更高效率。我国要培育出创新能力突出的地区,战略性地实现创新成果产业化,建成科技创新中心,关键是要吸引企业研发机构的空间集聚,并通过战略性集群政策和创新环境的培育,使企业易于构建和管理以研发为核心环节的价值链,提高创新商业化的效率。

为了完善论证,本书的核心内容分为三个部分。

第一,研发集群及其对区域创新的影响作用研究。这一部分主要研究研发集群形成的客观基础和关键因素,集群发展的条件和影响因素,以及研发集群的特征。无论是内资企业还是跨国公司,价值链环节的空间分散配置是一种客观存在现象。这个现象是研发集群形成的客观基础。基于专业化的分工与合作是研发企业集聚向研发集群转化的关键。研发集群的发展需要创新环境的配套,需要集群内分工合作关系的发展,需要创业和衍生企业的扩充等多种条件的具备。

第二,研发集群的知识溢出效应及其对区域创新的影响作用研

---

① 迈克尔·波兰尼.科学、信仰与社会[M].王靖华,译.南京:南京大学出版社,2004.

究。首先通过文献综述和理论探讨,对知识溢出的客观存在性和产生机制进行系统性的总结归纳。这一部分的研究重点是研发集群的知识溢出产生机制以及如何推动区域创新发展的研究。具体探讨了研发集群的知识溢出产生渠道,研发集群知识溢出的特征,以及知识溢出对区域创新的影响作用。知识溢出效应是"知识密集"型产业空间集聚的关键影响因素,也是研发集群能够对整个区域创新起到推动作用的核心因素之一。本书专门对我国研发集群的知识溢出特征进行分析研究,原因在于我国的创新基础薄弱,条件落后,自主研发能力与跨国公司差距很大。而跨国公司对我国一直实行技术封锁的策略,即便是跨国公司在我国设立研发机构,也是低水平的应用性研究。那么我国的研发集群的知识溢出效应到底如何产生,对区域创新发展有何作用,都具有独特性,并不能直接应用国外的研究结果。

第三,研发集群及其知识溢出效应对区域创新的影响作用研究。在以上两个部分的研究基础上,本书构建研发集群及其知识溢出效应对区域创新的影响作用模型,并对模型进行实证检验。本书分别对全国范围、东部地区、总部地区、西部地区、三大经济圈区域、非三大经济圈区域进行检验分析,从而全面地分析研发集群及溢出效应对我国区域创新发展产生的影响作用。

1.3.2 研究思路与技术路线

本书要研究的问题是"研发集群—知识溢出—区域创新",研发集群及其知识溢出效应是否对区域创新产生影响作用。

本书以集聚经济学中的"知识溢出—集聚—区域创新"为基本理论分析框架,结合国际贸易领域的全球价值链理论的研究成果,提出:一般性企业的集聚并不能推动区域创新的发展。在企业价值链分散布局的背景下,只有企业研发创新价值链环节的集聚和研发集群的形成才能推动地区创新的发展。

本书研究的技术路线如图1-5所示,研究核心由三个主要部分组成:

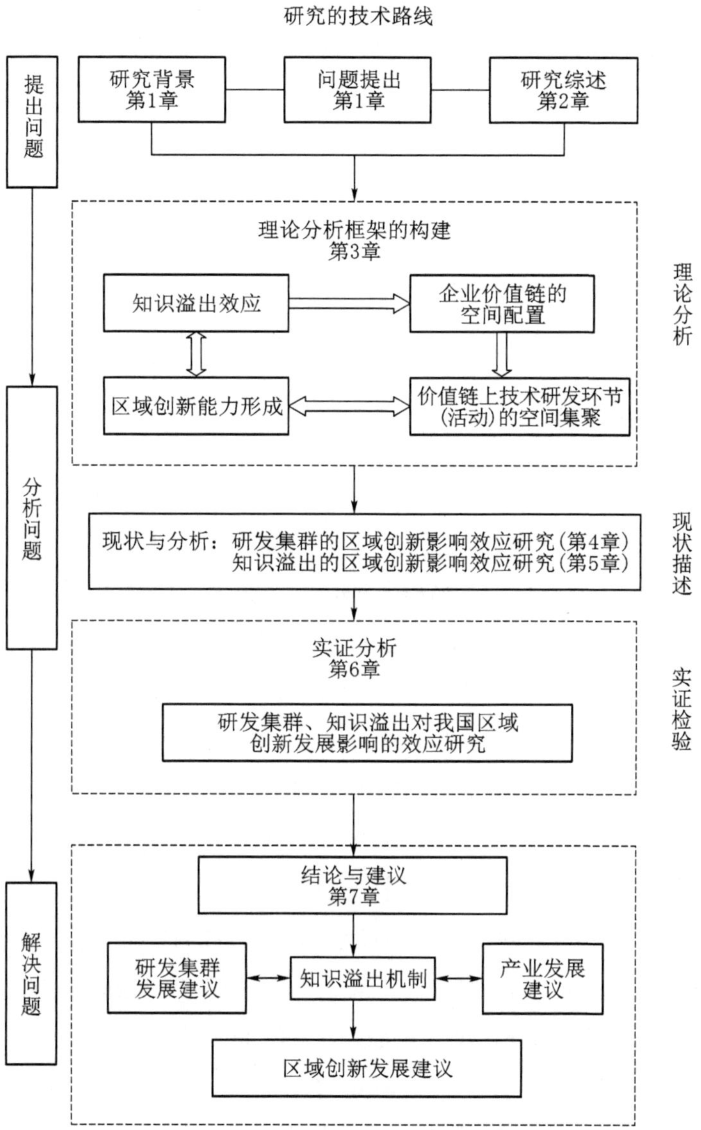

1 绪 论

研究的技术路线

图 1-5 研究的技术路线图

第一部分：介绍和论述本书研究的背景、研究的意义、相关研究的综述、概念的界定。本部分包含第 1 章绪论和第 2 章相关研究综述。

第二部分：建立理论分析框架。包括框架的构成要素：知识溢出、产业链的空间配置、研发集群与区域创新能力；还包括对四要素之间的关系的论证分析。在理论框架的指导下,对我国的区域创新发展的现状进行深入分析。本部分包含第 3 章、第 4 章和第 5 章。采用实证分析和案例分析的方法,对我国的区域创新发展的现阶段特征进行分析说明。

第三部分:在上两部分的基础上,对研发集群及其知识溢出对我国区域创新产出能力发展的影响作用进行实证检验。通过实证分析,验证集群—知识溢出理论在我国的实际作用,并提出相应的建议。该部分包含第 6 章和第 7 章。

1.3.3 结构安排

第 1 章是绪论。这一章的内容是对本书做全面而扼要的说明。首先,阐述本书的选题背景和意义,对本书要研究的核心问题进行阐明。其次,对本书的研究思路和分析逻辑框架进行说明,并对本书的章节安排以及每一章的核心内容进行概述。最后,说明本书采用的研究方法,并就本书可能进行的创新,以及本书研究中的不足之处进行概括解释。

第 2 章是理论基础与相关研究综述。文献综述分为三个部分:①知识溢出的研究综述;②研发投资国际化理论综述;③全球产业价值链与企业价值链理论的研究综述。

这一章的核心是对与本书研究主题相关的研究工作进行梳理归纳和总结评论。本书的研究是在前人的研究基础上的进一步探索,因此,了解本书研究主题的研究现状、已有的研究发现、研究方法、研究的不足或者空白等十分重要。文献综述也能够清楚地勾勒出本书研究主题的发展脉络,从而更清楚本书的研究背景和意义。

第 3 章是研发集群、知识溢出的区域创新效应分析框架。这一章是本书的重要组成部分,主要阐述"研发集群—知识溢出—区域创新"的框架构建的理论依据。理论分析框架的依据是相关经济理论研究成果和案例研究成果。理论基础和实证案例研究的成果是框架成立的坚实依据。特征框架本身是本书研究的成果和创新,对于论证特征框架的成立和合理性有重要的作用。具体而言,本章首先对研发集群的概念及内涵进行了系统的界定和阐述,并详细阐述研发集群的特征。对研发集群空间区位特征以及研发集群本身的系统特征进行了归纳、概括与详细的分析。在此基础上,对研发集群内知识溢出效应的产生机制进行系统分析和研究,包括知识溢出效应的扩散特征、价值链与知识溢出机制的形成、知识溢出的影响因素以及开发环境下的知识溢出。

第4章是研发集群对区域创新发展影响的现状研究。具体研究内容包括:

(1) 我国区域创新现状。通过相关指标 HHI、E-G、空间基尼系数、CR4 等指数对我国的区域创新的现状进行深入详细的描述和分析。

(2) 创新成果的产业化现状。通过我国各地区新产品的相关数据和案例资料,对我国的创新成果产业化的现状进行分析。

本章从集聚效应的角度出发,从研究要素集聚和创新环境改善的角度来分析研究研发集群给区域创新带来的影响。本章先通过计算区位熵指数,对我国区域创新的现状进行说明。再从创新资源集聚与创新环境两个方面对研发集群产生的直接效应进行研究。并在此基础上讨论研发集群如何通过资源集聚与创新环境对区域创新产生影响。

第5章是研发集群的知识溢出对区域创新的影响分析。本章对理论分析框架中的知识溢出效应的发生和发展进行系统的论述,并通过数据的实证分析与案例分析的方法,对企业价值链上创新环节的集聚进行研究分析。

(1) 本章的重点是讨论研发集群的知识溢出效应,并从"企业价值链的空间分散配置"角度通过选择代表性的产业的案例,来讨论跨国公司全球研发网络的构筑对集聚地区的知识溢出作用。本章以高技术产业作为观察对象,进行全面分析。选择高技术产业是因为该产业本身是比传统产业更加依赖知识与创新的产业,因此,也是知识溢出研究中,众多研究者在测算一个地区知识溢出对当地创新能力或绩效的影响程度时,普遍选择的观察对象。本章对我国的 31 个地区的高技术产业和传统产业的技术创新区位熵、新技术产业化区位熵进行综合比较,作为进一步了解我国目前的产业集聚和各地区的创新的重要内容。

(2) 本章还采用案例分析法,对研发集群及知识溢出对我国新能源汽车产业发展的影响作用进行阐述和分析。

(3) 借鉴相关研究的做法,对知识溢出效应进行分类,并进行实证计算公式的建立。

第 6 章是研发集群与知识溢出对区域创新发展影响作用的实证分析。在构建的理论分析框架下,通过第 4 章和第 5 章详细深入地分析我国区域创新的现状。本章将就三方面内容进行实证研究。这一章是对观察到的现象和提出的问题的检验。在已建立起来的理论分析框架下,采用 Eviews 9.0 软件对动态面板数据分析,来检验"研发集群—知识溢出—区域创新"之间的影响关系。

第 7 章是研究总结与建议。本章从研发集群发展、产业发展以及区域创新发展三个方面提出建议,认为知识溢出机制及溢出效应在推动区域创新发展中起到了杠杆的作用。知识溢出效应可以增强集群的创新能力;有知识溢出效应推动的产生集群创新能力要大于单独企业简单相加的创新之和。知识溢出效应对集群创新的影响作用正如蜜蜂传播花粉的作用:在建立知识溢出机制的基础上,推动研发集群的发展、推动产业的整体创新,有利于战略性地实现区域创新。这是本书提出建议的中心思想。

1.3.4 研究的创新与难点

1.3.4.1 突破与创新

有关我国区域创新的研究和知识溢出的研究,主要集中在 4 个研究方向:促进经济发展;产业结构和发展效率;空间分布特征;区域创新的影响因素。

现有的相关研究有 3 个明显的空白环节：①现有的相关研究没有关注到"企业将价值链环节在国内和国际进行空间分散配置"的现实；②未将在研发集聚基础上形成的研发集群与区域创新之间的关系进行分析、归纳和提炼；③没有对跨国企业构建全球研发网络这一行为对我国的知识溢出效应以及区域创新发展的影响进行探讨。

针对以上的研究不足和空白，本书的突破和创新主要包括：

本书从科技创新中心以及创新城市的典型特征是"研发集群的集聚"这一现象出发，在价值链环节的空间分散配置以及跨国公司构建全球研发网络的现实背景下，以如何提高区域创新能力，建设科技创新中心和创新成果产业化为最终研究目标，在跨国公司的海外研发投资战略背景下，将研发集群及其知识溢出效应与区域创新三者结合起来进行研究。

在此研究基础上，本书提出跨国公司海外研发投资与全球研发网络的形成是我国获得全球知识密集型产业知识溢出的重要机会。但是，这个机会并不是外资跨国公司的主观意愿，恰恰相反，是跨国公司继制造全球化之后，在更高层次竞争环节上的新战略——知识全球化。知识全球化的本质就是通过全球研发投资获取各地的技术溢出，目的是加强跨国公司的核心竞争力；同时通过专利等手段在目标国设置技术壁垒，保护其知识垄断优势。

跨国公司是全球化的主体，其普遍推进的知识全球化影响未来的竞争格局和竞争重点。我国的高技术产业以及其他知识密集型产业的集群化发展仍然处于初级阶段，整体技术创新水平与市场竞争力仍然与发达国家差距明显。根据知识溢出理论，跨国公司的研发网络与节点地区集聚会产生知识溢出效应，但是目前还没有人专门探讨这种知识溢出的特点以及对我国区域创新发展的作用，这种知识溢出是否能够直接推动我国的区域创新，我们是否需要采取一定的措施，才能将知识全球化转化成有利的机会。

本书的突破与创新在于对该知识溢出效应是否对我国的区域创新发展起到的促进作用和特征进行针对性的研究与分析，并在此基础上讨论我国如何才能把握好知识全球化的契机推进科技创新中心的建设,推动区域创新发展,最终实现创新驱动的发展。

本书不仅在主要研究内容上有所突破和创新,还对产业集群的新现象进行了深入研究,这是在已有研究基础上的突破。国内的相关研究在按照"产业集聚—知识溢出—区域创新"理论框架进行研究时,并没有对产业集群进行深入的分析。本书从现实出发,将企业价值链环节的空间配置这一普遍现象作为研究的切入点,对产业集群进行深入的分析和区别,并在此基础上提出了"研发集群及其知识溢出效应"这一客观存在,为现有研究开拓了新的视角和研究方向。

1.3.4.2 研究中的难点

本书的研究存在的难点主要表现在以下几个方面。

首先,测量上的技术难题。本书选择"知识溢出"理论研究框架,虽然是一个有丰富相关研究作为基础的研究方向,而且知识溢出本身得到了理论界的认可,但是由于缺乏直接的可以量化的客观数据,目前的实证分析仍然存在缺陷:采用间接数据来研究知识溢出,或者通过空间计量研究方法进行实证分析。无论是间接的实证研究还是空间计量方法,在论证本书的观点上都存在了缺陷,这也是本书实证研究中突出的不足之处。

其次,研究样本的微观数据难以获得,全面的数据仅能从产业层面获得。在现有理论和研究结论的基础上构建一个新的分析框架,需要严密的逻辑分析能力。本书虽然尽力构筑了扎实的框架构建的理论基础和依据,但是框架本身仍然存在不足之处,还有需要推敲的地方。这是本书不可回避的不足之处。

再次,本书的案例分析主要是通过企业对外公布的信息整理而成。一些跨国企业体系庞杂,公布的信息并不能全面地反映该企业的整体面貌。因此,对于从不同角度了解这个企业的研究者,在阅读本书的案例资料时,容易产生质疑。特别是本书的案例主要是关于企业如何分散配置其价值链上的各个环节的,不同学科的研究者会从不同角度对"价值链环节"和"研发创新环节"这些概念提出异议。例如,"研发创新环节就一定没有制造、没有营销活动？研发是否一定和制造、营销等活动是分离的？有些行业,研发与制造必须是在一起的？"等来质疑本书的观点。这是本书无法回避的问题。

最后,虽然本书研究的核心内容是"研发集群—知识溢出—区域创新",但是,是将区域创新作为最核心问题,即如何建设科技创新中心。本书的研究方法和研究结论是否能够在理论上为这个问题提供支持,是容易受到质疑的。由于个人条件所限,未能做大量的实地调研,而且仅以国家各部门公布的统计数据作实证,这无疑也让实证的有效性和解释现实的有力性有所降低。为了弥补这个不足,本书尽量用多种实证分析方法,从多个角度来进行论述和验证,通过多角度的研究和深入的分析,来增加论证的研究价值。

1.3.4.3 研究的不足

本书的研究存在不足之处,主要体现在:①研发集群的研究以二手数据为依据,缺乏系统的全面的实地调研,缺少与集群各类主体的直接接触。这使研发集群的研究不能进一步发现其规律和特点。②实证研究采用的是间接验证,对于知识溢出效应的直接检验,还没能找到更好的方法。③采用的实证数据是高技术产业层面数据,尽管本书通过数据论证高技术产业是研发集群最多的产业,但是,数据本身仍然存在很多的缺陷。

本书存在的这些突出的不足之处,将敦促作者本人继续学习和提高自己的研究能力,进一步改进和完善该领域的研究。

1.3.5 研究方法

1.3.5.1 定性研究与定量研究

定性研究方法是通过对事物性质和变化规律的描述、界定和分析来发现和确定内在逻辑和因果关系的方法。使用定性的研究方法就是以普遍承认的公理、演绎逻辑和大量的历史事实作为分析基础,从事物的规律、性质出发,描述和阐释所研究的事物。定性研究的核心就是依据理论和经验,直接抓住事物的主要特征,略去次要的差异和特征。本书主要采用定性研究与分析的方法,构建区域创新发展路径的特征框架。

定量研究方法主要用观察、试验、调查和统计等方法进行研究,对研究的严密性、客观性、价值中立都有严格的要求,以便得到客观事实的方法。定量研究一般采用数据分析的形式,通过演绎来预见理论,并通过收集数据评估和检验预想的模型、假设或理论。定量研究是一种先有假设,再用数据来检验论证的研究。本书在对我国的区域创新发展进行分析时,构建计量模型来进行检验和论证。

本书采用定量研究的工具包括:

（1）主成分分析法。主成分分析是数学上对数据降维的一种方法。其基本思想是将原来众多的具有一定相关性的指标重新组合成一组较少个数的互不相关的综合指标。在对我国区域创新发展的特征进行分析时,采用主成分分析法,从众多指标中找出影响力最突出的公共因子,并计算我国各个地区的综合得分。

（2）指标分析法。本书采用区位熵、HHI、E-G、区位基尼系数等测量集聚度、专业化、多样化的指标,来描述和论证我国的创新现状。

（3）面板分析方法。面板分析是截面数据和时间序列数据的结合型数据的分析。本书采用 Eviews 9.0,对我国区域创新的面板数据进行检验分析。

1.3.5.2 实证分析与规范分析

实证分析方法是指超越价值观,从可以用事实存在的客观证据来验证观点和理论的前提出发,来分析研究对象的方法。实证分析的特点是客观性,回答的是"是什么"的问题。本书在构建"知识溢出—技术研发环节集聚—区域创新发展"的理论分析框架下,主要采用实证分析的方法对我国区域创新发展进行分析。

规范分析方法是对研究对象"应该是什么"进行回答的研究论证方法。这个方法主要的原则和出发点是一种价值观和理念取向,目的是找到实现某一价值观和理念目标的方法和步骤。本书在讨论我国区域创新发展的路径选择(第6章、第7章)的研究内容部分,采用了规范分析与实证分析相结合的研究方法。

1.3.5.3 案例分析

案例分析法也称作个案研究法,最早源自哈佛大学,主要作为一种教学与研究法,来培养高级经理和管理精英。其主要的特点是结合文献资料对单一对象进行分析,发现事物一般性、普遍性规律的方法。本书在研究构建理论分析框架(第3章)和我国区域创新的现状分析(第4章、第5章、第6章)中采用了案例分析方法。

2 理论基础与相关研究综述

知识溢出、跨国公司研发国际化以及用以理解研发集群内在机制及知识溢出效应十分重要的价值链理论在发达国家有丰富的研究和长期的积累,这与发达国家跨国公司全球扩张的发展背景相吻合。而我国对这些问题的关注时间上相对较晚,研究上主要是采用国外的研究方法和理论来对我国实际情况进行分析和探索,这与跨国公司在我国的阶段性发展与投资经营模式的调整相吻合。本书绘制了研究的理论渊源图(见图2-1),用以系统地将与"研发集群—知识溢出—区域创新"这个核心研究内容有关的相关理论关系梳理清楚。

由于本书研究的理论依据起源于国外,因此,本书将理论基础与国外相关研究综述作为第1节内容,第2节集中进行国内相关研究综述的工作。

2.1 理论基础与国外研究综述

2.1.1 知识溢出理论及研究综述

2.1.1.1 知识溢出理论的提出

知识溢出(knowledge spillover)的本质是知识的外部性(Lucas,1988;Romer,1986;Arrow,1962)。知识不仅对于知识生产者和所有者具有经济价值,对社会也产生积极的作用和价值。社会免费地获得知识产生的积极作用和正面价值,而这些价值远远超越了所有者或者生产者的个人经济收益。

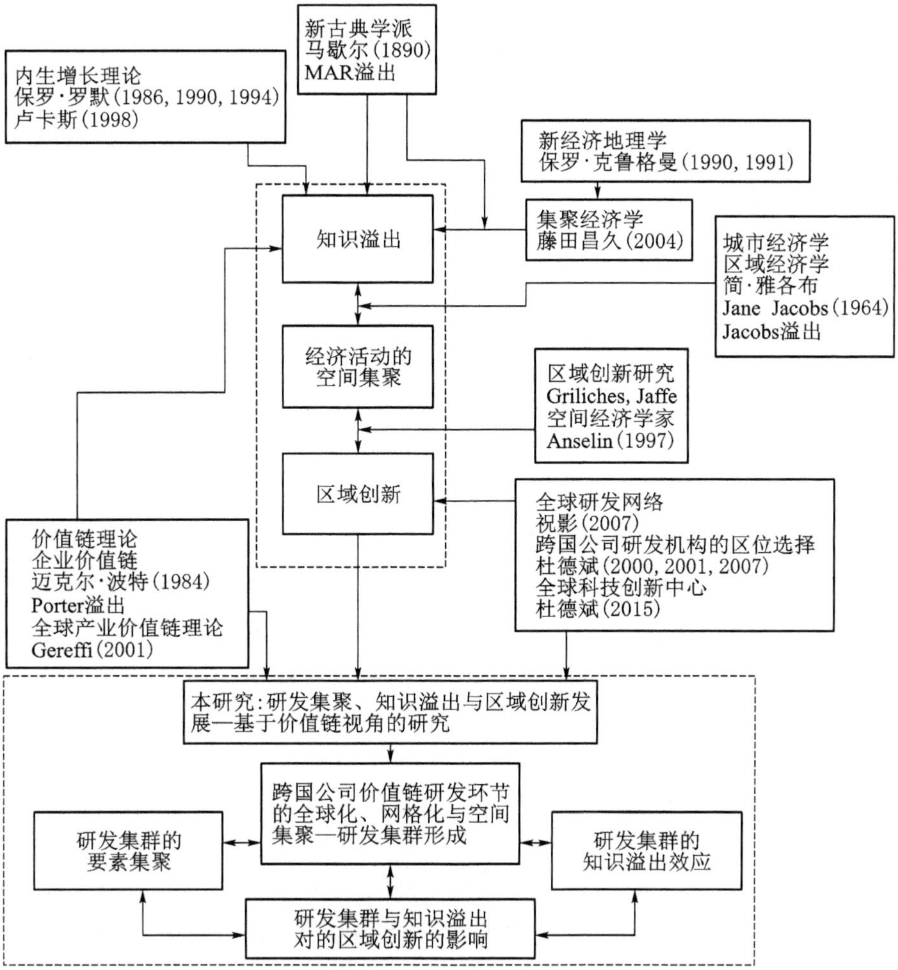

2 理论基础与相关研究综述

图 2-1 研究的理论渊源

例如,学者、作者的著作虽然通过版权保护获得了经济回报,但是他们的著作在社会传播中引发的社会进步的价值远远超越了作者个人所得,而社会中所有人都免费享有了进步的文明。再以同行之间的交流为例,同行在正式交流或者非正式交流中的思想交换,总是能够激发出新的思想,这种新思想,或是管理技巧,或是新产品概念,或是市场信息,或是新技术概念和研究方向,不一而足。同行从交流中获得这些新思想在成本上微乎其微,或是为了坐下来交流而购买的一杯咖啡的价格,或是参加正式交流会支付的会议费用,或是为了参加交流支付的交通费。而新思想创造的整体价值难以估量:学习来的管理技巧改善了企业的运营效率,甚至是整个地区的管理水平都会随之提高;新产品概念和市场信息带动的是一个产业的发展;新技术概念推动了地区和行业的创新。由于个人或者局部产生的知识能够引发全社会的进步,并且这种进步为全社会的成员分享,所以,知识溢出的现象值得研究。

人类具有观察、学习、思考、创新和追求超越的天性。马歇尔[1]在1890年出版的《经济学原理》中系统地论述了人们在这种天性的引导下,无时无刻不在努力从各种渠道获得知识(技术),进行改良和创新,从而实现改善自己的生存状态,提高自己社会地位,获得更多就业机会,享受更高质量生活的发展目标。这种天性让人们最终聚集在某一地区生活工作,为的就是能够更经济地获得最新和最有价值的关键性知识和信息,提高自己的生产能力,强化自己的工作技能,从而获得更高的经济回报。马歇尔系统地描述了知识溢出的发生和发展,以及对经济的影响,为后来知识溢出成为一个专门的研究对象奠定了基础。

20世纪早期的一些研究者对知识在经济发展、生产效率提高方面的作用进行了深入的分析。Abramovitz对知识在经济发展水平中的作用进行了论证。Wright T P 则从飞机机身的生产数据中发现了知识的积累和生产效率提高上的作用,提供了具体的系数。Solow[2][3]则在其经典的新古典经济增长模型(也称索罗模型)中将知识作为内生变量引入生产函数,打破了一直为人们所奉行的"资本积累是经济增长的最主要的因素"的理论,向人们展示:长期经济增长除了要有资本

---

[1] ALFRED MARSHALL, Principles of Economy, 1890, 1st edition, 1920, 8th edition. Book IV. Chapter X (Industrial organization, Continued. The Concentration of Specialized Industries in Particular Localities).

[2] SOLOW R M. Technical Change and the Aggregate Production Function[J]. Review of Economics and Statistics, 1957, 39(3): 312-320.

[3] SOLOW R M. A Contribution to the Theory of Economic Growth[J]. The Quarterly Journal of Economics, 1956, 70(1): 65-94.

2 理论基础与相关研究综述

以外,更重要的是靠技术的进步、教育和训练水平的提高。①

在以上关于知识在提高生产效率和推动经济发方面的观察和实证分析的基础上,1962 年 Arrow J K 在发表的论文"The Economic Implications of Learning by Doing"中,对"知识积累对生产效率提高的贡献以及经济影响"进行了针对性的系统理论分析,构建了理论分析框架。Arrow 从一般性的劳动与资本的科布—道格拉斯固定规模收益生产函数,推导出一个规模收益递增的生产函数,以此论证人们是通过学习而获得知识的,技术进步是知识的产物、学习的结果,而学习又是经验的不断总结,经验来自行动,经验的积累就体现于技术进步之上。② Arrow 的文章在知识积累对经济发展的研究方面的贡献是搭建起了一个可供修正的理论模型,推动了对知识(技术)在经济发展中的关键性作用开展进一步的研究。

技术进步对经济发展的巨大贡献作用在 20 世纪 80 年代已经显而易见。经济发展的实际情况进一步推动了对知识(技术)在经济发展中的作用的研究。

Richard Nelson (1986)探讨了创新为什么是经济发展的引擎。Nelson 论证知识具有双重经济特性:私有性特征和公共产品特性。私有性激发了知识创新者的创新动机,但是知识的私有性有时效,仅仅在一个很短的时间内存在;而知识的公共产品特性则成为了大范围知识进步和创新的基础。这两种特性都推动了社会经济的发展。

Paul Romer(保罗·罗默)(1986,1990,1994)把外部性引入生产函数,探讨了与技术相关的知识效应对生产的外在影响。Romer 建立并改进了内生经济增长模型,把知识完整纳入到经济和技术体系之内,使其作为经济增长的内生变量。Romer 认为新思想的产生取决于用于研究的资本和劳动的数量,即创新的产出取决于创新的投入,尤

---

① 刘进宝,张延君,方少勇,等. 河北省贫困县县域经济增长要素实证分析[J]. 河北北方学院学报:社会科学版,2012,28(5):74-79.
② 张勇. 基于生态学的奥运科技集群创新动力机制研究[D]. 北京工业大学,2008.

其是经费的投入以及人员的投入。① 在此思想基础上,Romer 提出了四要素增长理论,即新古典经济学中的资本和劳动(非技术劳动)外,又加上了人力资本(以受教育的年限衡量)和新思想(用专利来衡量,强调创新)。②

Robert Lucas(罗伯特·卢卡斯)(1988)则在其构建的新古典增长模型里对技术变革(technological change),通过教育获得的人力资本累积(human capital accumulation through schooling)和通过"干中学"获得的专业化人力资本累积(specialized human capital accumulation from learning-by-doing)三个内生因素对经济发展的作用分别建立模型进行对比分析。

Marshall(马歇尔),Arrow(阿罗)和 Romer(罗默)研究的共同之处是:认为作为内生变量的知识(技术)提高了生产率,通过学习和经验获得的知识促进了专业化水平的提高。因此,Edward Glaeser,Hedi Kallal,Jose Scheinkman 和 Andrei Shleifer 在 1992 年发表的文章中,将以上研究者的研究结论归纳为知识溢出研究中的一个重要概念——MAR 溢出效应(MAR Spillovers):通过学校教育、"干中学"等途径累积的知识促进了地区经济的专业化水平,提升了经济效率。

Jane Jacobs(简·雅各布)是城市经济学家,在其 1969 年出版的《城市经济学》里,雅各布分析了底特律的支柱产业是如何从以面粉出口演变为以造船业为主,后来又因为研究船用发动机获得了技术,为后来的汽车产业奠定了基础。她认为,一个地区产业多样化的促成原因是知识溢出。由于城市聚集了不同专业技术背景的人,这些人的交流和相互影响激发了新思想的产生,鼓励企业家开发新产品,改进生产工艺,从而带动了一个城市产业的更迭和多样化。雅各布的研究部分地继承了马歇尔用知识来解释经济发展和城市形成的思路,结合实际的城市发展案例,最终形成了知识溢出研究中的 Jacobs 溢出效应

---

① 郭嘉仪,张庆霖. 省际知识溢出与区域创新活动的空间集聚——基于空间面板计量方法的分析[J]. 研究与发展管理,2012,24(6):1-11.
② 宋成业. 高新技术企业人力资源会计研究[J]. 财会通讯,2011(33):38-40.

2 理论基础与相关研究综述

(Jacobs Spillovers),即知识溢出导致产业多样化,推动了城市经济的发展。

Gene Grossman 和 Elhanan Helpman(1991)在其《国际经济中的创新与增长》一书中,集中论证了创新是具有远见和追求利润的公司通过投资研发而有意识地取得的技术进步。著作第一章即开宗明义,提出"技术创新是经济长期增长的驱动力"。① 该书通过系统论述技术如何提高产品质量,激发产品的多样化,促成要素的集聚,构建了一个技术促进全球经济长期增长的分析框架。

以上研究是从经济增长的动因角度来分析知识(技术和创新)的存在和作用,是内生经济增长理论范式下的重要研究成果。

马歇尔关于经济的空间集聚与知识在集聚中的重要角色的深刻观察,启发了一些学者对空间经济现象的研究。David 和 Rosenbloom(1990)将马歇尔要素纳入到产业区位选择的研究中,论述外部性对经济要素和经济活动的空间集聚的影响。Krugman(克鲁格曼)(1991)是新经济地理学的开创者,在解释经济活动的集聚和城市的形成的经济动因方面,克鲁格曼也受到马歇尔研究的启发,将城市的形成(各种经济活动的空间集聚)原因总结为规模报酬递增导致经济活动的集聚。其中,知识溢出是规模报酬递增的三大根本原因之一。由于在某一个地区人们可以近乎免费地获得更多的思想交流和碰撞,从而产生更多的新思想,这些新思想(包括出色的生产经验、新工艺理念、对需求的分析等)投入到生产中,整体上产生了更大规模的经济效益。由于知识(技术、经验、思想和理论知识)的交流在人们集聚的地方就像"空气"一样(见马歇尔的描述)无所不在,这样的环境导致了传统的生产要素劳动和资本的回报率规模递增,吸引了更多的经济单位的集聚。集聚扩大了知识溢出,知识溢出强化了集聚,激发了空间范围内的创新程度,

---

① GENE M G, ELHANAN H. Innovation and growth in the global economy[M]. Cambridge: MIT Press, 1991:18. "This book casts the industrial innovation as the engine of long-run growth. We study the evolution of technology that results from investments made by forward-looking, profit-seeking agents."

推动了经济发展,而经济上的发展又吸引更多的人才,出现更多的企业机构,扩大的集聚继续产生更强的知识溢出,如此循环往复,城市成为了技术创新中心和经济中心。

以上,既是对知识溢出研究的起源和理论基础构成的概述。

2.1.1.2 知识溢出研究的发展与现状

由于20世纪80年代的内生增长理论、空间经济学理论和空间经济学计量模型的发展和推动,知识溢出逐渐成为了一个专门理论被学者加以研究。围绕知识溢出这个基本概念,逐渐构成了一个相对完整的理论研究体系。

2.1.1.2.1 知识溢出的研究方法和研究对象

知识溢出的研究以主要研究方法区分,可以分为两个基本方向。一个方向是通过创新主体的知识生产(研发创新)投入与地区或者地区产业的创新产出角度来研究知识溢出;另一个方向是通过空间经济学理论与计量模型应用的角度来研究知识溢出效应,如知识创新主体对区域产业发展或区域经济发展的知识溢出效应。这两个方向并不完全彼此独立,仅是研究同一问题的方法和研究视角不同,当然不同方法的理论基础有所差别:投入—产出视角则主要是采用知识生产函数来间接验证知识溢出的存在和效应程度;而空间视角的研究是应用了空间经济学理论,采用空间计量经济模型从经济行为的空间性来研究知识溢出效应。

以研究对象来归纳,无论是投入—产出视角,还是空间视角,研究对象主要为以下几类:①研究某一类经济主体,如企业、大学的知识技术创新研究活动对所在地区的产业结构以及高技术产业群的产生和发展的溢出效应研究;②创新主体的知识(技术创新)溢出对当地经济发展、就业、收入水平的影响;③一个地区的创新对周边地区的知识溢出影响。

1) 创新主体的研发(知识生产行为)对第三方主体生产能力的影响

早期的研究者从实践现象观察入手,提出企业家精神是知识溢出

2 理论基础与相关研究综述

产生的重要原因(Daniel Shimshoni,1966;P Teplitz,1965;Herbert Wainer,1965)。企业家是知识商品化、市场化的重要推动群体。在20世纪60年代的战后复苏期,企业家在开发新产品、提高生产效率、开拓市场、定义市场规则等一系列的经济活动中,起到了巨大积极的作用。因此,企业家寻找技术、应用技术、赞助研发等行为,最终激发了全社会的知识淘金热潮。

随着技术在经济发展和竞争力构成中扮演了更加重要的角色,知识生产主体在推动高技术产业的产生和发展,在推动本地经济发展中的溢出效应和贡献作用成为了知识溢出研究的热点。

Adam B Jaffe(1989)以州级时间序列数据研究了大学研究对商业企业创新的影响,发现大学的研究对于企业的专利有显著影响,特别是某些知识密集型产业的企业,影响效应尤其突出;同时,大学的研究引导当地产业加大了研发投入,间接地影响了当地的创新。

Zoltan Acs(1992,1994)通过采用美国国家统计局的专门数据,对不同规模企业的创新产出及影响因素进行了实证分析,发现创新产出与企业的研发投入和市场结构有明显的相关性。

Feldman(1994a,1994b)认为创新并非是大企业才有,而熊彼得的研究视角只看到了大企业的创新。实际情况是,20世纪80年代美国的小企业是重要的创新主体。通过采用知识生产函数,Feldman从知识溢出的角度发现,小企业创新所需的资源主要来自于外部的研究机构。

Fujita 和 Thisse(2002),Fujita(2007)则从知识创新与扩散的基本原理出发,研究了知识分子的区际移民以及由此带来知识创新部门的集聚现象。研究结果表明,创新知识等要素的集聚会形成力量强大的循环累积因果式的"知识关联",使知识创新部门产生突发性的集聚。①

2)集群—知识溢出—创新

20世纪80年代是科技飞速发展的年代,是新的高技术产业蓬勃

---

① 郭嘉仪,张庆霖. 省际知识溢出与区域创新活动的空间集聚——基于空间面板计量方法的分析[J]. 研究与发展管理,2012,24(6):1-11.

发展的黄金时期。当发达国家大量地出现区域科技中心,如硅谷、波士顿 128 公路,德国、英国以大学为核心形成的区域性产业集群现象后,大学、企业与区域创新中心的形成之间存在什么样的关系,如何产生影响等问题成为了知识溢出研究的关注对象。

知识溢出的相关研究为这种突出的区域创新的现象研究提供了分析框架和研究视角。由于区域创新的真正主体是集聚在这个区域的企业和研究者,因此,对区域创新的研究就聚焦在是什么原因促成了集聚,什么原因激发了区域内的企业及其他集群主体的创新动力(Jaffe,1986;Jaffe 和 Henderson,1993;Freeman 和 Soete,1997;Grilliches,1991,1998)。

Nancy Dorfman(1983)在观察了波士顿 128 公路在 20 世纪 70 年代中期开始的高技术企业集群现象后,从知识溢出的研究视角,发现高科技产业集群与附近的大学和顶尖实验室以及技术基础设施是高技术产业集群的形成的重要原因,有计划的政策性措施并没有起到明显的作用,从大公司分离出来新的小公司,聚集在大公司周围,他们或提供专业化的辅助性业务,或为了商业化运作一项新的技术,最终形成了一个不断扩张的产业聚集带。

由于大学是最为重要的知识生产主体(Malecki,1986;Florax,1992),而发达国家的大学也往往与产业集群相关联。知识溢出研究者于是通过各种角度对大学的知识溢出效应以及效果进行实证研究。

Adam Jaffe(1989)主要探讨大学研发活动的知识溢出——通过研发成果的商业化——对产业集聚和发展的影响,实证结果证实了大学的研发活动和成果商业化的确产生知识溢出,特别是对知识密集型产业的发展和升级有明显的影响效果。

Acs Z J,Fitzroy F R 和 Smith I(1999)专门探讨了大学和政府资助的研发产生的知识溢出对于当地高技术产业和就业的影响。大学和政府资助的研发活动对高技术产业的就业有明显的促进作用,但是这种影响存在一个较长的时滞。

Anselin L,Varga A 和 Acs Z J(1997,2000a,2000b)也实证证明

了大学的研发和政府资助的研发部门对地区的知识溢出和高技术产业的发展存在明确的影响。

Zucker和Brewer(1998)从集聚经济学理论和隐性知识理论都共同研究的知识溢出的本地化(localized spillovers)出发,来研究科研人员(掌握核心技术的)、高校科研活动、政府的科研资助这三个主要的知识溢出来源在生物技术公司的繁荣发展和生物技术的广泛应用这两个产业发展中的作用。实证研究结果说明,科研人员的技术商业化行为是推动生物产业这样一个新兴高科技产业蓬勃发展起来的关键因素。而一般性的大学研发活动和政府资助对于高技术产业的发展没有明显的相关性。该研究对围绕知识所有者(个人、高校、项目等)产生的知识溢出效应进行了进一步的甄别:哪一类知识生产主体的知识溢出真正地推动了经济产业的发展。该研究对探讨科研人员知识成果转化的理论研究提供了重要的参考。

Storper和Venables(2004)从更加微观的面对面(face-to-face)交流这个知识信息传播途径来探讨知识溢出的产生机制,深入分析了当面交流中信息的种类及特征,并论证当面交流产生的知识溢出在促成劳动力与企业的空间集聚上的作用。

高技术产业集聚产生知识溢出,知识溢出推动了地区创新能力的发展(Audretsch D B和Feldman M P,1996,2005a,2005b)。

知识溢出对企业集聚的影响效应分析上,Klaus W试图将地理距离因素与技术差距因素同时纳入到分析框架里,试图以此说明企业在集聚中,不仅地理距离还有企业间的技术差距都会直接作用在知识溢出效应的大小上,并进一步对集聚倾向产生影响。

在以上相关研究的基础上,"集群—知识溢出—创新"最终成为了知识溢出的一个重要的研究范式。

3) 国际知识溢出

跨国公司的投资和全球营销行为也被认为是技术的国际扩散和国际知识溢出的重要媒介。在全球化的推动下,跨国公司的全球营销活动和海外投资是否也是发达市场先进知识溢出到目标市场国的渠道,成为了一个专门的研究领域。从知识接受国角度来研究一国吸引海外投资,参与国际贸易,是否能够获得来自发达国家和市场的知识溢出(Caves,1974;Findlay,1978;Helpman,1995;Fujita M P,Krugman 和 Venables A J,1997;Hoffmaister,1999)。Blomstrom M 和 Kokko H(1998),Barro 和 Sala-i-Martin(1997)探讨了跨国公司的海外经营行为带来的知识溢出。与以空间为观察对象,探讨外商直接投资(Foreign Direct lnvestment,FDI)和进出口为本地带来的知识溢出的角度不同,Blomstrom 和 Kokko 从跨国公司这个微观主体的角度研究国际经营为本国和目标市场国家(地区)带来的知识溢出,并提出前向联系和后向联系成为知识溢出的主要渠道。知识溢出在目标市场带来的人力资本技能提升、产业结构提升、市场竞争能力改善上都产生了积极的作用。另外,进行海外投资的国家是否也能获得反向知识溢出。Wang 和 Blomstrom(1992)则通过研究论证了吸引海外投资的东道国要提高本地企业的学习能力,才能更好获得来自发达地区的知识溢出。B Xu 则发现美国的跨国公司对发达国家的知识溢出效应明显,而对欠发达地区的溢出效应不明显,这与各国人力资本是否达到最低门槛值(minimum human capital threshold level)有关。

4) 知识溢出对当地经济发展的贡献

Lucas(1988)明确提出城市的形成和经济发展中,知识溢出与规模经济一起起到了关键性的作用。Black 和 Henderson(1999)在探讨城市增长问题时,认为城市由于集聚了多样化的技术、知识和创造力,因此带来了城市经济的发展,这是知识溢出本地化的经济贡献:集聚带来的人力资本的聚拢促进了经济的内生型增长。单个城市的规模随着人力资本的集聚和知识溢出而扩大,收入提高,城市的数量也逐渐增多。因此,研究建议本地政府应该不遗余力地扩大教育的覆盖面,强化知识溢出本地化效应,实现内生经济增长。随后,知识溢出作为地区经济发展的重要影响因素加以研究(Doring T 和 Schnellenbach J,2006;Glaeser,Kallal,Scheinkman 和 Shleifer,1992;Glaeser Mare,2001;Glaeser 和 Saiz A,2004;Greunz L,2003;Stel A J 和 Niewwenhuijsen H R,2004;Kose 和 Moomaw,2002;Forni 和 Paba,2002;Jaffe,1993,2005a,2005b;Fujita 和 Thisse,2002;Audretsch D B 和 Feldman M P,2004)。

5)空间经济学的研究角度:知识溢出的空间效应

马歇尔与克鲁格曼都认为知识的流动有空间范围界限,才会出现集聚(Marshall,1920;Krugman,1991)。这为知识溢出以区域空间作为观察对象提供了理论发展的指南。随着空间计量经济学的发展,从空间相关角度研究知识溢出成为了知识溢出研究中的一个重要的方法。具体而言就是采用空间经济学计量模型来证明知识溢出的空间相关性,即某一地区的知识溢出对周边地区知识创新产出或经济发展的影响程度及距离对这种溢出效应的影响。

将知识溢出从微观层面转移到空间区域层面的代表性研究者是 David B Audretsch 和 Maryann P Feldman,他们以州为观测单位,论证产业活动集聚程度以及知识外部性(知识溢出)的存在。Audretsch 和 Feldman 采用州数据,通过空间基尼系数计算知识投入程度较高的产业在各州的集聚程度以及这些集聚与知识溢出之间的关系。通过实证研究证实了知识溢出的存在,并且对产业的集聚产生了明确的影响。Anselin,Varga 和 Acs(1997,2000a,2000b),Lesage,Fishcer 和 Scherngell(2007)等有影响力的空间计量经济学家则针对 Griliches-Jaffe 模型在研究中的不足和测算误差产生的原因,转而采用空间计量经济学的空间自相关模型来测算区域间的知识溢出效应。随后便有大量的知识溢出研究者采用空间计量模型来试着分析创新行为的空间相关性。例如,Fischer 和 Varga(2003)采用空间计量法研究奥地利大学的科研行为对本地创新产出的溢出效应程度,发现了科研投入与创新产出之间具有显著的相关性。

目前,国内外知识溢出研究中,采用空间计量经济学模型来研究地区间科研投入与创新产出的知识溢出的研究数量与质量都呈现大幅度的增长,而研究的对象除了与知识创新的投入—产出的相关研究外,又增加了知识溢出的空间相关性的实证。

2.1.1.2.2 知识溢出的测算及指标的选用

1) 知识溢出的实证工具

a. 知识生产函数

知识生产函数是投入—产出视角的主要研究工具。使用知识函数来测算知识溢出对生产率的贡献的学者是 Zvi Griliches，Griliches 开创性的研究成为了后来知识溢出研究者的重要参考。Griliches 曾经采用过案例法来研究知识(技术创新)对经济的贡献,但在1979年的这篇文献里,为了能够将创新的经济贡献纳入到更规范更科学的研究框架下,能够让研究成果更加具有普遍性(相对于案例研究的个别性、特殊性研究成果),Griliches 对技术研发的计量方法进行了系统的论证,从而使知识生产函数成为了被广泛接受的实证分析计量工具。

Jaffe 在他的两篇研究论文中,在 Griliches 知识生产函数的基础上对知识溢出进行了更加针对性的研究,为后来的研究者提供了 Griliches-Jaffe 知识生产函数的成熟方法。①

Barro 和 Sala-i-Martin(1979)在 Spence(1976),Dixit 和 Stiglitz(1977)的知识函数基础上构建了技术扩散模型(Technology Diffusion Model)。技术扩散是知识溢出存在和效应程度的重要影响因素。因此,Barro-Sala-i-Martin 模型也是知识溢出研究中的重要模型。

b. 空间计量模型

空间计量在1974年由荷兰经济学家 Jean Paelinck 提出。对空间计量经济学发展起到关键作用的经济学家 Anselin、Lesage 等人也是知识溢出的重要研究者。因此,空间计量经济学与知识溢出研究的发展紧密相连。Anselin 等人为了弥补知识生产函数在测算知识溢出中存在的不足,将空间计量的产系数回归模型[空间滞后模型 Spatial Lag Model(SLM)②和空间误差模型 Spatial Error Model (SEM)]与 Grili-

---

① JAFFE A B, TRAJTENBERG M, HENDERSON R. Geographic Localization of Knowledge Spillovers as Evidenced by Patent Citations[J]. Quarterly Journal of Economics,1993,108(3):577-598.

② Anselin 在论文中对 SLM 模型和 SEM 模型做了详细的说明。

ches-Jaffe 知识生产函数在知识溢出研究中进行了对比,以说明空间计量模型在知识溢出研究中的独特优势。

国内的知识溢出研究,在进行空间相关性实证分析时,大多采用 Moran I 指数来测算相邻地区之间是否在知识溢出上存在相互影响,即空间相关性。

2) 测量知识的指标选用

a. 关于知识的量化。知识分为可编码转移的显性知识(explicit knowledge)和无法编码的意会知识,也有翻译为隐性知识(tacit knowledge)。① 虽然这是从哲学角度对知识进行的专门探讨,但是波兰尼在 20 世纪 40 年代和 50 年代对知识的研究和分类,也为经济学领域知识溢出的研究提供了理论基础。根据显性知识和意会知识的分类及特征,用什么指标能够最大程度地反映一个地区创新的产出成为了经济学家在研究知识溢出效应中的难点。

Griliches 认为,知识溢出的真正本质是一个主体的创新知识被另一个主体的所用。② Simon Kuznets(1962)谈到阻碍人们认识创新的经济发展贡献的主要因素是创新投入和产出的有效测算数据十分缺乏。Arrow K J(1962)和 Krugman(1991a)都认为知识的外部性难以直接测量。Krugman(1991,p53)甚至直接指出,经济学家最好放弃量化知识溢出,因为"知识会流动,……无法看见;知识没有留下可以量化和追踪的书面证据"。③ Jaffe、Trajtenberg 和 Henderson(1993)等则认为,专利可以作为知识溢出研究中知识的量化依据。因为专利文献包含了所保护技术的详细说明、发明者信息、发明者的住所、专利所有权人的信息以及该专利的前人参考及引用。

关于专利指标的选用的批判性评述:

---

① 迈克尔·波兰尼,王靖华. 科学、信仰与社会[M]. 南京大学出版社,2004. 波拉尼. 个人知识[M]. 贵州人民出版社,2000.
② Griliches, Zvi. (1979, p107):"True spillovers are the ideas borrowed by the research teams of industry *i* from the research results of industry".
③ Krugman. (1991, p53):"knowledge flows … are invisible;they leave no paper trail by which they may be measured and tracked."

在目前的大多数知识溢出研究中,知识创新的产出或者对知识的量化都是采用专利数据(见下文关于指标和研究方法的总结归纳表2-1)。专利作为衡量知识产出的指标是否合理,也存在诸多的质疑。

专利是对新、特、有用(专利技术的特征)的知识的法律认可,以及专利技术商业收益归属的法律保护依据。一旦一项技术获得专利,则会随之产生书面的专利文献,记录这项专利技术的详细说明、发明者及住址、受益人、专利技术的前期基础或渊源。专利是知识的最完整的书面记录,但是专利申请耗时耗财,且有泄露秘密的可能,对于一些Know-How技术,即便没有专利保护,也因为其隐晦性,无法为他人所知,同样起到了技术的商业收益归属的保护作用,因此,创新的知识产出里,只有一部分因为战略需要,申请了专利。而大量的非专利知识中,很多也具备获得专利的特质,但是由于种种原因,并没有申请专利。因此,仅以专利作为创新知识产出的指标是不全面的。

b. 关于知识生产投入的指标选用。根据一般性的生产投入,知识生产要素由人力资源和研发资本组成。这也是知识溢出研究中普遍使用的投入指标值(Griliches,1979;Jaffe,1986;Audretsch 和 Feldman,1996;Anselin,1997等)。

c. 区域的选择。知识溢出研究一直与"区域""空间"有关。如何界定知识溢出数据的来源区域或代表的空间范围,是该领域研究者从一开始就意识到的问题,因为区域或空间的选择对于研究结论的可信性和有效性有重要的影响。

Audretsch 和 Feldman 以美国的州(state)作为观测的空间单位,这相当于以我国的省(直辖市)作为空间观测单位。选择州作为观察单位的理由是"州是政策制定的一个空间单元相关性最大的层次。"① 此后,Jaffe(1989)等均采用州为空间观测单位。

Anselin(1997)等研究者在区域选择上,也根据数据的可获得性及与研究的相关度,选择州(state)数据,相当于省级区域数据;或者 MSA

---

① AUDRETSCH D B, FELDMAN M P. (1996, p631): "The state does have one obvious appeal—the most relevant unit of policy-making is at the level of the state."

(Metropolitan Statistical Area)数据,相当于城市级区域数据。

3) 知识溢出经典文献的相关指标选择与实证方法总结归纳

表 2-1 归纳了现有部分经典论文采用的知识(创新)生产投入和知识(创新)产出的指标选择及其实证方法。

表 2-1　知识溢出研究的相关指标选用及实证方法总结

研究者	指标及对应的数据选用(指标:数据说明)	实证方法
Zvi Griliches (1979)	知识产出:TFP 知识创新与生产投入(知识生产的资本投入):R&D 投资	知识生产函数:Cobb-Douglas 生产函数
Adam B Jaffe (1989,1992)	能够反映新知识经济价值的知识产出:企业专利申请量(选取了医药、化工(除医药)、机械产业的数据),企业的利润和企业的市值。 企业的研发投入:研发经费 高校的研究:研发经费(投入到医药、化工、机械专业领域的研发投资) 注:经费来源分为联邦政府,州政府,企业;大学分为公立大学,私立大学	模型采用 Griliches 在 1979 年的论文中首次使用的知识生产函数(科布道格拉斯函数形式)并在模型中考虑了企业与高校之间互相的研发资助。 主要实证思路是:高校投入到三大产业的研究费用对当地三大产业的企业专利的申请量是否存在影响,影响程度有多大
David B Audretsch Maryann P Feldman	知识产出 ① 产量:产业增加值 ② 创新产出:统计的创新数量 知识创新与生产投入 ① 产业的研发强度:研发经费/销售费用[Arrow (1962)认为知识溢出在研发强度大的产业更加明显] ② 大学的研究:研发经费投入 ③ 人力资本投入:产业雇佣的专家,技工,管理人员	通过测算样本产业的空间基尼系数,用 OLS 检测其相关性来证实产业集聚的程度与知识溢出的存在相关。
Anselin(1997)	知识产出:专利或者创新统计数据 知识创新与生产投入:企业 R&D 投入、大学研发经费投入	采用知识生产函数与空间相关性
王缉慈	知识产出:专利、新产品 知识创新与生产的投入:研发经费、研究人员全时当量	全要素生产率计算法

(续表)

研究者	指标及对应的数据选用(指标:数据说明)	实证方法
邬滋,郭嘉仪等	知识产出:专利、新产品	知识生产函数法
梁琦,吴玉鸣等	知识创新与生产的投入:研发经费、研究人员全时当量	空间计量经济学方法

2.1.2 研发投资国际化理论

跨国公司R&D国际化现象从20世纪70年代开始受到学术研究人员的关注。研究者在分析跨国公司进行海外研发投资的动机和对经济的影响方面,形成了以下理论。

2.1.2.1 R&D集中—分散理论

针对跨国公司研发是否需要国际化方面的选择决策,解释跨国公司设立海外研发机构的影响因素及影响的性质。Pearce(1989)认为,跨国公司的海外研发区位选择受到两种影响方向相反力量的共同作用:向心力强化跨国公司研发的集中,也就是集中在本国或者总部地区;离心力推动研发的分散,也就是研发的国际化,远离总部和公司母国,到世界不同地区建立研发机构。向心力包括技术保护、研发的控制与监督、管理成本、规模经济等。离心力包括支撑当地生产、更好地研究和满足当地消费者、获得当地的前沿科学技术、降低研发人力成本和科研设备成本、当地政府提供的优惠政策等(Cheng和Bolon,1993;Cantwell,1995;Dalton和Serapio,2002)。

2.1.2.2 垄断优势理论

Stephen H Hymer(1976)提出,发达国家的跨国公司海外直接投资的关键影响因素是其技术与规模上的垄断优势。该理论很好地解释了集中—分散理论中提到的集中因素与分散因素的存在原因,为什么有些因素推动分散而有些因素强化了向心力。

跨国公司拥有先进经营管理和技术商业化管理的经验,这些管理诀窍使跨国公司具备了垄断优势,这是跨供公司获取利润的根本原因,也是跨国公司核心竞争优势所在。跨国公司的研发海外投资的根

2 理论基础与相关研究综述

本动机是为了获取和强化全球化中的技术垄断优势。跨国公司通过研发海外投资将自己的技术与管理优势输出到目标市场国,提高了市场本地化改造、产品开发、工艺改造等各方面的效率;同时,研发的海外投资为跨国公司利用目标地区的前沿技术和优势增加母公司的技术存量、创新核心产品、改进核心技术等提供了最高效率的渠道。因此,跨国公司不仅仅是因为获得垄断优势带来的利润进行研发海外投资,也为了从研发国际化中获取全球技术优势而进行研发国际化投资。(kuemmerle,1997,1999;Granstrand,1999;Serapio,Dalton 和 Yoshida,2000)。

2.1.2.3 基于知识全球化的研发区位选择理论

跨国公司研发海外投资如何选择区位,受到哪些因素的影响,相关研究得出了相近的结论:知识全球化是跨国公司研发国际化区位选择的最重要影响因素。通过在东道国设立研发机构接近东道国的技术中心,并以此扩大跨国公司的知识存量(Kuemmerle,1997,1999)。具体而言,东道国市场规模、研发基础设施、政策环境,竞争对手在当地进行的研发水平、跨地区专利以及海外收购都是跨国公司海外研发机构区位选择的重要考虑因素(Lall,1979;Zejan,1990;Hakanson 和 Nobel,1993;Kumar,2001)。

2.1.3 价值链理论

价值链存在的根本原因是劳动分工与专业化合作能够提高生产效率。亚当·斯密观察到了专业化分工能够提高劳动率并对此进行了详细的论述。随着工业的发展,生产一种商品的分工越来越细,越来越复杂,这促使研究者寻找更贴切的分析工具来研究和观察现代经济环境中的生产者是如何安排其经济活动并创造价值和竞争力的。

竞争战略学者迈克尔·波特①在 20 世纪 80 年代中期出版了著作《竞争优势》(Competitive Advantage),提出了价值链(value chain)这

---

① 迈克尔·波特. 竞争优势[M]. 华夏出版社,2008.

个理论概念:每一个企业都是在设计、生产、销售、发送和付诸其产品的过程中进行种种活动的集合体,这些互不相同但又相互关联的生产经营活动,构成了以创造价值的动态过程即价值链。①价值链的静态描述如图 2-2 所示:

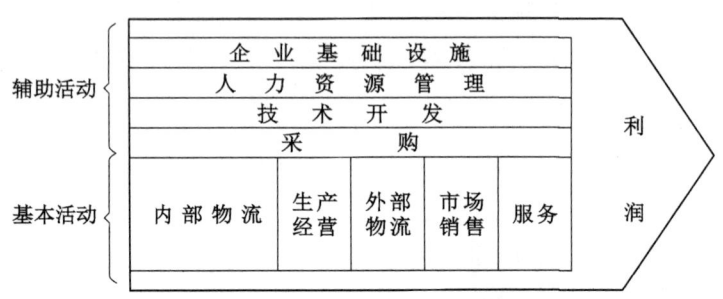

图 2-2　波特企业价值链示意图

波特的价值链不仅说明了企业内部价值创造的环节,而且还扩展来解释了整个产业链上价值的产生和增加的流程:每一个企业是一个价值链,企业之间由于分工的原因,分别承担了原料加工供应、物流、制造、分销等不同的功能,这些企业彼此之间建立了经济合作关系,形成了产业链。②波特提出的价值链理论为理解企业的全球化经营战略提供了重要的分析工具,因此成为管理学科和经济学科中十分重要的概念。

Kogut(科古特)在《设计全球战略:比较与竞争的增加链》一文中,提出了价值增值链(value added chain)概念,③用以分析商业战略和国际竞争。他对企业的全球化经营战略进行了总结归纳,认为价值链就是把每一个投入产出环节组装在一起,直至最终商品生产出来、销售、交易、消费。科古特观察到了一个重要的现象,就是:价值链的垂直分离和全球空间配置。这是对波特价值链理论的推动,符合全球经济发展的研究需要。

---

① 涂颖清.全球价值链下我国制造业升级研究[D].复旦大学,2010.
② 同上.
③ 陈柳钦.全球价值链:一个关于文献的综述[J].兰州商学院学报,2009,25(5):22-32.

2 理论基础与相关研究综述

Gereffi(格里芬)通过系统的研究发现,跨国公司实际上已经成为全球产业链的控制者,也就是对全球性价值链上各个价值环节在运营模式和商业模式上起着直接或间接的指挥、监管和推动的作用。在这个发现的基础上,格里芬提出全球商品链(global commodity chains,GCC)概念,即通过一系列国际网络将围绕某一商品或产品而发生关系的诸多家庭作坊、企业和政府等紧密地联系到世界经济体系中,这些网络关系一般具有社会结构性、特殊适配性和地方集聚性等特征。①

格里芬在 GCC 的概念基础上,于 2001 年提出了全球价值链(global value chain,GVC)概念:基于网络化管理形成的国际性生产链条环节的地理和组织结构,考察价值在哪里、由谁创造和分配。Kaplinsky 和 Morris(2001)②指出,GVC 上并不是每一个环节都创造价值,价值链上的战略环节才是最重要的环节。企业只有抓住了战略环节,才能控制全球产业链。联合国工业发展组织(United Nations Industrial Development Organization,UNIDO)对全球价值链的概念作出了详细的解释:全球价值链是指在全球范围内实现商品或服务价值而连接生产、销售、回收处理等过程的全球性跨企业网络组织,涉及从原料采购和运输、半成品和成品的生产、分销,直至最终消费和回收处理的整个过程。它包括所有参与者和生产销售等活动的组织及其价值、利润分配,并且通过自动化的业务流程和供应商、合作伙伴以及客户的链接,以支持机构的能力和效率。③

英国 Sussex 大学对全球价值链问题进行了大量的研究,将全球价值链定义为"全球范围内,从概念设计到使用直至报废的整个生命周期中所有创造价值的活动范围。各种活动可以包含在一个企业之内,也可以分散于各个企业之间;可以集聚于某个特定的地理范围之内,也可以散布于全球各地"。④

---

① 陈柳钦.全球价值链:一个关于文献的综述[J].兰州商学院学报,2009,25(5):22-32.
② KAPLINSKY R, MORRIS M, A Handbook for Value Chain[R]. Research prepared for the International Development Research Center (IDRC): Brighton, UK, 2001.
③ 涂颖清.全球价值链下我国制造业升级研究[D].复旦大学,2010.
④ 陈柳钦.全球价值链:一个关于文献的综述[J].兰州商学院学报,2009,25(5):22-32.

在以上经典文献的全球价值链的研究基础上,可以概括出企业的全球价值链具有以下几个特点:

(1) 工业品的价值链环节具有空间上的分散配置特征。跨国公司出于资源优化和效率最大化的动机,在全球范围内寻找最优越的区位进行相关的价值链环节的布局(Gereffi 和 Korzeniewicz,1994;Krugman P 1995;J Humphrey 和 H Schmitz,2010;Baptista 2001;Arndt 和 Kierzkowski,2001;Dicken P,Kelly,P Olds K 和 Yeung H W,2001;Galvin 和 Morkel,2001;曹明福,2005,2006)。

(2) 全球价值链的分工体系中,价值链各个环节是分散在全球不同地区的,如制造在亚洲,设计与开发在欧美。但是,处于同一环节的企业表现出了地理集聚的特点,也就是全球产业价值链的空间分解状态。

(3) 全球价值链治理权决定价值分配。产业价值链的空间离散状态,有利于跨国公司针对价值链的不同环节提高运营效率。跨国公司只需要掌握创造价值最大的环节就能够决定整个价值链的利益分配体系;利润薄,没有核心竞争力发展空间的环节通过外包等形式交给相对效率较高的国外企业完成。因此,决定一国在国际分工交换中所获得的利益的关键因素,不再是进口什么、出口什么,而是参与了什么层次的国际分工,以什么样的要素、什么层次的要素参与了国际分工,对整个价值链的控制能力有多少。①

2.2 国内研究综述

2.2.1 知识溢出与集群研究

国内对知识溢出理论的研究始于对内生增长理论,特别是阿罗的

---

① 涂颖清.全球价值链下我国制造业升级研究[D].复旦大学,2010.

"干中学"模型的介绍。①② 随着空间经济学在国内的发展,③④ 知识溢出逐渐成为一个专门的研究主题。⑤⑥ 在技术创新对国家经济发展和国际竞争中的作用越来越重大的背景下,众多学者通过知识溢出理论的研究来探索为什么一个区域能够有突出的创新表现。⑦~⑮

在对知识溢出这个概念的充分理解和认可的前提下,国内的知识溢出研究主要沿着三大方向展开:①以内生增长理论研究为主的知识溢出与区域经济增长;②产业结构与升级研究中的知识溢出与区域产业多样化、专业化研究;③创新研究中的:一类研究是以实证说明和解释我国区域创新分布特征及形成原因为主,另一大类是在"知识溢出—集聚—区域创新"的理论框架下,对我国的实际情况进行实证研究。产业研究与创新研究是第一种研究方向的细化,产业发展和区域创新对经济增长有重要贡献,因此,后两个方向的研究可以看成是对经济增长具体影响因素的专题研究。

"集群—知识溢出—创新"的理论框架下,国内的研究集中在"知识溢出与集聚的区位选择""知识溢出与创新要素的集聚,如人才集聚、金

---

① 蒲勇健. 可持续发展经济增长方式的数量刻画与指数构造[M]. 重庆大学出版社,1997.
   朱勇. 新增长理论 [D]. 中国人民大学,1998.
② 舒元. 现代经济增长模型[M]. 复旦大学出版社,1998.
③ 藤田昌久,保罗·克鲁格曼,安东尼·J·维纳布尔斯. 空间经济学-城市、区域与国际贸易[M]. 梁琦,译. 中国人民大学出版社,2005.
④ 梁琦. 分工、集聚与增长[M]. 商务印书馆,2009.
⑤ 李青. 知识溢出:对研究脉络的基本回顾[J]. 数量经济技术经济研究,2007,24(6):153-160.
⑥ 赵勇,白永秀. 知识溢出:一个文献综述[J]. 经济研究,2009,44(1):144-156.
⑦ 叶建亮. 知识溢出与企业集群[J]. 经济科学,2001(3):23-30.
⑧ 王玉灵,张世英. 技术创新成果溢出的分解研究 [J]. 中国软科学杂志,2001(8):53-57.
⑨ 王铮等. 区域间知识溢出的空间认识[J]. 地理学报,2003,58(3):773-780.
⑩ 袁诚,陆挺. 外商直接投资与管理知识溢出效应:来自中国民营企业家的证据[J]. 经济研究,2005(40):69-79.
⑪ 吴玉鸣. 中国区域研发、知识溢出与创新的空间计量经济研究 [M]. 人民出版社,2007.
⑫ 李习保. 中国区域创新能力变迁的实证分析:基于创新系统的观点[J]. 管理世界,2007(12):18-30,171.
⑬ 吴波. FDI知识溢出与本土集群企业成长:基于嘉善木业产业集群的实证研究 [J]. 管理世界,2008(10):87-95.
⑭ 陶锋,李诗田. 全球价值链代工过程中的产品开发知识溢出和学习效应-基于东莞电子信息制造业的实证研究[J]. 管理世界,2008(1):115-122.
⑮ 易明,王腾,吴超. 外商直接投资、知识溢出影响区域创新水平的实证研究[J]. 宏观经济研究,2013(3):98-105.

融资源集聚等""知识溢出与区域创新绩效"这三个研究主题上。

国内的研究者详细地解释了知识溢出的地域局限特性是构成空间集聚的重要机制,并强化集聚效应,知识溢出的空间局限性与世界生产率差异的地域性相吻合(梁琦,2004)。①知识溢出对于企业集聚的区位选择主要通过3个方面产生影响:知识溢出联合创新效用;知识溢出时滞;企业的成本敏感性(杨蕙馨、刘春玉,2005)②。其中,知识溢出的联合创新效用既与MAR产业专业化效应及Jacobs产业多样化效应所指的各类企业间的创新合作与协同效应相对应,也与M E Porter钻石模型中母国企业所在地的相关产业和支持产业对企业的竞争力支持效应相对应。③知识溢出的联合创新效用、MAR效应、Jacobs效应均指集聚在一个地区内的企业之间在创新方面的相互启发、促进、合作等强化知识外部性贡献的行为,最终为整个地区的创新产出和产业发展(高度化和演进)起到了关键性的推动作用。而波特的菱形模型从静态的角度和结构的视角,侧面印证了知识溢出的这些效应。

集聚不仅仅指企业的集聚,还有人的集聚,即"劳动力池"的形成。"劳动力池"既是集聚产生的3大原因之一,也是集聚的结果和强化因素。阿罗的"干中学"从理论上论证了知识主要是由人在不断的实践经验中生产、传播、继承、发展。特别是缄默知识(tacit knowledge)的产生和传承中,人更是关键。人才集聚最终通过知识溢出效应提高了区域的劳动生产率,成为推动区域创新发展的重要因素(韩伯棠、朱美光等,2005;孙文松等,2012;牛冲槐等,2009,2010;刘和东,2013;侯爱军,2015;刘岳平、文余源,2015)。

"集群—知识溢出—创新"的研究中大部分是实证研究,即通过对高技术产业、制造业等具体行业的区域集聚来研究区域创新中的知识溢出效应,并探讨知识溢出在区域创新发展中的作用。(叶建亮,

---

① 梁琦. 知识溢出的空间局限性与集聚[J]. 科学学研究,2004,22(1):76-81.
② 杨蕙馨,刘春玉. 知识溢出效应与企业集聚定位决策[J]. 中国工业经济,2005(12):41-48.
③ M E Porter 在《国家竞争优势》中提出:为什么有的国家能够发展出数量大、竞争力强的跨国企业?他认为有6个因素起了关键性作用,即生产要素,市场需求,相关及支持产业,企业策略、结构和竞争对手,机会,政府。

2001;魏江,2003;王立平,2005;梁琦,2004;袁诚、陆挺,2005;金祥荣、叶建亮,2001;陶锋、李诗田,2008;彭向、蒋传海,2011,吴玉鸣2009;张昕、李廉水,2007;邬滋,2010;杨玉秀、杨安宁,2008;郭嘉仪等,2012;沈能,2013)。

其中,我国的研究者也专门地研究了国外的知识溢出与区域创新案例,并归纳出了以下几种典型模式:基于高校知识溢出的创新,如德国的慕尼黑创新地区、英国的剑桥创新中心;基于地区内企业交流知识溢出的区域创新,如丹麦的 Salling 家具集群;基于国外客户信息知识溢出的区域创新。

总体而言,我国关于"集群—知识溢出—创新"的研究,主要是采用国外经典文献的理论和实证研究方法,对我国的实际情况进行实证检验,并探讨知识溢出效应在促进我国区域创新方面的作用和模式;而对国外的研究则主要采用案例研究法,通过访问或者对国外相关研究的梳理归纳和总结来了解国外的区域创新战略和发展模式。

2.2.2 区域创新研究

我国研究者从 2000 年开始关注区域创新研究[①][②]。最初的研究集中在探讨区域创新的概念界定与该方向的研究内容的理清,随着我国对创新驱动战略的重视和强调,区域创新研究也逐渐在研究方向广度与研究深度上有所展开。但是,"区域创新"这个概念本身并未有权威的标准定义。结合相关研究,本书在概念界定一节中,结合相关研究的思路和本书的研究目的,对区域创新进行了定义。

国内研究关心跨国公司研发国际化投资对东道国创新的影响。杜德斌(2001,2007,2015)、祝影(2008)等研究者对跨国公司研发海外投资的区位选择进行了系统的研究,对跨国公司研发海外投资动机、区位实际选择进行了归纳总结,发现了 3 种类型的研发机构,并发现跨国公司在我国的研发机构区位选择具有极为突出的空间集聚特征。

---

① 王辑慈. 知识经济和区域创新环境[J]. 经济地理,1999,19(1):11-15.
② 黄鲁成. 关于区域创新系统研究内容的探讨[J]. 科研管理,2000,21(2):43-48.

蒋殿春(2001)、李蕊(2004)、刘辉群(2006)等研究者从跨国公司研发海外投资对东道国研发能力的发展进行了研究。蒋殿春(2001)研究发现,跨国公司的海外研发机构在研发活动的密度上高于本地企业,但是研发的技术级别较低,主要集中在改进与降低成本方面。李蕊(2004)则认为跨国公司的海外研发投资是我国实现技术创新大发展的契机。刘辉群(2006)更进一步深入地分析了跨国公司研发海外投资对东道国创新体系的影响,并发现跨国公司的海外研发机构显著地促进了创新体系中的知识流动和创新环境的改善,并且极大地刺激了本地企业的研发投资。杜德斌(2015)对跨国公司研发网络下的全球科技创新中心进行了系统的梳理与介绍,说明了跨国公司海外研发投资的确对全球的技术分布、产业价值链影响力分布产生了十分重要的影响。王立平(2006)用内生技术进步的创新驱动模型,研究发达国家与我国的国际贸易与FDI产生的研发溢出对我国生产率的影响。

对东道国而言,研发机构的区位选择特征十分重要。根据国外学者的实证研究(Acs 和 Feldman,1993；Audretsch 和 Feldman,1994；Jafe、Trajtenberg 和 Henderson,1993),国外企业的研发创新活动与知识溢出的突出特点是空间集聚。那么,我国目前的产业发展状况,是否也出现了这种现象？

刘长全(2009)针对企业研发的迁移与集聚现象进行了研究,发现在我国有明显的企业研发向经济发达地区迁移与集聚的趋势,伴随这种迁移和集聚,研发要素也出现了明显的空间集聚特征。① 代明(2016)等采用"中心—外围"理论研究发现我国和国外类似,出现了由于工资水平提高造成的不具备竞争优势的产业外移,研发活动(研发产业)则逐渐向中心区域集聚的特征。②

研发活动为什么集聚？国外学者认为基于价值链上的水平关联(horizontal link)和垂直关联(vertical link)是导致厂商集聚的重要原

---

① 刘长全.企业研发迁移机制与中国研发集聚研究[J].财经理论与实践,2009(1):94-98.
② 代明,陈俊,姜寒.产业外移与研发集聚——工资成本上升及其"对冲"效应分析[J].财经论丛,2016(10):3-10.

2 理论基础与相关研究综述

因(Venables,1996)①。陶锋、李诗田(2008)基于微观视角研究企业如何通过嵌入全球产业价值链获得知识溢出,并以此实现产业升级。②

郑江淮、高彦彦、胡小文(2008)通过对开发区企业从扎堆到产业集群的产生进行研究认为,众多没有任何联系,仅仅落户于同一地区,是"扎堆"现象,也是集聚的最初状态;由于其中一些领头企业(如外资企业)进入该区域后需要整合当地资源提高自身效率,于是产生了领头企业之间、领头企业与本地企业和劳动力、资本的联系,并形成了业务关系,这时,扎堆在一起的众多企业才产生了"集聚效应","集聚效应"提升了区域的经济效益、企业绩效,稳固高效的经济关系建立,产业集群由此而产生。③

---

① VENABLES A J. Equilibrium locations of vertically linked industries [J]. International Economic Review,1996,37(2):341-359.
② 陶锋,李诗田.全球价值链代工过程中的产品开发知识溢出与学习效应[J].管理世界,2008(1):115-122.
③ 郑江淮,高彦彦,胡小文.企业"扎堆"、技术升级与经济绩效—开发区集聚效应的实证分析[J].经济研究,2008(5):33-46.

3 研发集群、知识溢出的区域创新效应分析框架

研发集群是全球分工、合作与竞争向附加值更高的知识生产领域持续深化的产物。企业为了提高研发创新的效率,将更多的资源配置到研发创新环节,并且为了获得知识外部性进行全球研发网络的布局,通过知识全球化提升创新力。研发投资因为受知识空间粘性特点影响而产生了空间上的集聚。研发的集聚受价值链分工合作机制的影响演化为研发集群,专业中介结构、高校与科研机构也因为知识生产价值链的拓展,成为研发集群的重要组成部分;同时,从研发企业的空间集聚到研发集群的形成,都有知识溢出的产生,知识溢出反过来推动了集聚规模和集群的发展。最终,研发集群及其知识溢出效应带动了区域创新的整体发展。

本章将通过对相关内容深入的分析构建本书的整体分析框架。

3.1 研发集群的研究

3.1.1 研发集群的概念界定

"研发集群"的概念到目前为止并无统一的定义。在推动区域创新发展中,引领创新方向不断推出创新成果的集群起到了主要作用。硅谷集聚的集群、东京集聚的集群、剑桥集群、爱尔兰集聚在香农园区的各种集群、我国认定的国家级创新集群等都是典型的案例。

本书在对这些案例进行归纳总结的基础上,对"研发集群"做如下

解释和定义:研发集群有突出的创新能力,引领产业创新方向,是产业链高端价值的控制者;集群内企业重视研发投入与研发基础设施建设,以研发与创新为核心竞争力基础;集群内企业参与产业链上的分工与合作,研发创新能力是企业参与分工以及价值分配的基础;研发集群还包括了研发服务机构和专业中介机构,为核心研发主体提供各个领域的专业性服务,或者参与产业链的分工;高校与科研机构是研发集群的重要组成部分。

概括而言,研发集群是以资源主要向研发环节配置,通过提高研发环节的投入产出效率来建立竞争力,保证对产业链高端价值控制权的集群。

3.1.1.1 研发集群的内在机制分析

研发集群的内在机制是以研发为核心形成的研发价值链体系及其运转机制。

3.1.1.1.1 研发集群的价值链体系(RVS)

英国的克里斯托弗·弗里曼在对日本通过技术创新获得了产业发展竞争力的深入研究基础上,在其著作《技术和经济运行:来自日本的经验》中提出了"国家创新系统"的概念。他通过对技术创新的本质和各个层次的分析,指出技术赶超不只是个别技术的赶超,而是技术经济范式的转变和赶超,依赖于国家创新系统对技术创新资源的集成能力、集聚效率和适应性效率。英国的 Cooke 教授系统地讨论了日本、德国、法国和英国威尔士地区如何通过实施政策推动了本地区的区域创新。①我国的研究者认为 Cooke 的研究实际上承认了一个地区的创新取决于一个创新体系的运转效率,这个体系中政府是政策制定者,是体系资源分配机制的重要影响者。在以中小企业为创新主体的基层(grassroot),政府有一定影响力,但是创新层次越高,政府的影响力越大。

在此基础上,我国一些研究者提出了由企业、高校、科研机构、专业

---

① COOKE P. Regional Innovation Systems: Competitive Regulation in the New Europe[J]. Geoforum, 1992, 23(3):365-382.

中介机构和政府构成的区域创新体系。但是到目前为止,并没有权威的统一概念标准。区域创新系统作为一个方向,为区域创新研究提供了一个分析框架。

本书借鉴了以上研究采用的案例、研究的立足点、研究目的以及提出的概念与思想,以分工与专业化理论为基础,以价值链理论为引导,提出研发集群的本质是一个围绕研发创新形成的基于价值链的专业化分工合作系统,一个能够提高地区创新主体产出能力的分工协作网络,并且有明显的区域粘性。

具体而言,价值链体系是一个由研发和创新来主导的分工网络,研发与创新是价值产生活动中最核心最重要的环节。研发和创新成果与产出的价值远远高于其他环节的价值。这也是高技术产业和战略性新兴产业为什么受到各国政府重视的原因。

研发集群的价值链体系是企业进行创新的最直接影响的环境因素。这个体系不仅仅是分工体系,同时也是创新资源的分配体系。任何企业身在其中,生产经营决策与效果都受这个体系的影响。

如图3-1所示,这个体系的核心是企业,企业既是研发创新的主体,也是成果商业化的唯一通道。企业本身是一个价值链,由不同的环节分工整合,实现效率最大化。研发集群内的企业,研发与创新是价值链的核心或者重要环节。但是,一个企业,不论规模大小和具体的行业领域,都不能独立完成所有的研发创新工作。因此,需要有上下游企业的参与,提供零部件、原材料、辅助性技术、专业化服务。换言之,就是一个主次分明、多个价值链共同参与的价值链系统,一个研发集群。

高校与科研机构是政府研发经费的主要投入者,在技术与硬件平台上有自己的优势,因此,也是参与以企业为核心的研发创新价值链系统的重要主体。

企业的运作,除了核心的业务,还需要很多辅助性的投入,因此价值链系统中也包括专业中介机构,这些机构因为服务于研发创新,提升了企业从研发到商业化的效率,成为这个系统中不可缺少的重要组成部分。

3 研发集群、知识溢出的区域创新效应分析框架

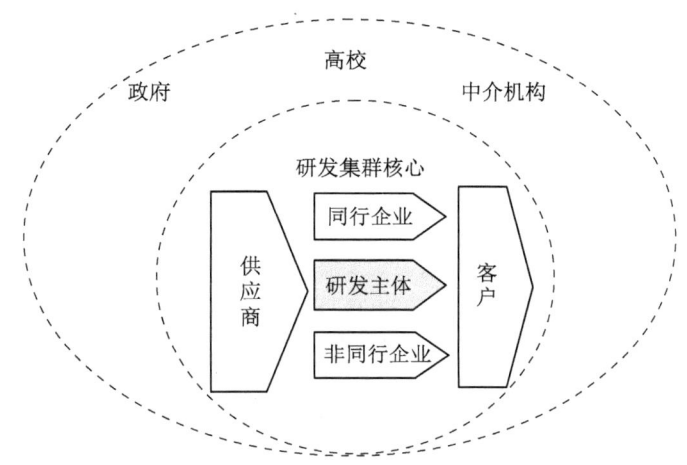

图 3-1 研发集群的价值链体系

政府是研发资源的最大供给者,也是区域研发集群的关键性影响因素。[①] 区域研发集群的形成与否,直接决定了本地的区域创新可持续性与经济效率。

3.1.1.1.2 研发集群的内在机制

价值链本身是分工环节的整合(见图 3-2)。交易成本理论认为,企业的边界是由资源的交易成本决定,企业内部的分工合作能够降低各种资源的交易成本,那么企业就可以继续存在并发展,一直到内部的分工体系组织生产与通过市场组织生产的交易成本相同时,那么生产活动就会外移到市场机制下完成。这也解释了外包、联盟等生产合作形式存在的经济原理:一项工作可以在企业内部的不同部门分工合作完成,也可以由不同企业的分工合作完成。分工是生产专业化水平提高的最重要途径,也是不同企业合作生产能够提高效率的关键原因。如何分工,谁参与分工,交易成本与效率是决定因素。

---

① COOKE P. Regional Innovation Systems:Competitive Regulation in the New Europe[J]. Geoforum,1992,23(3):365-382.

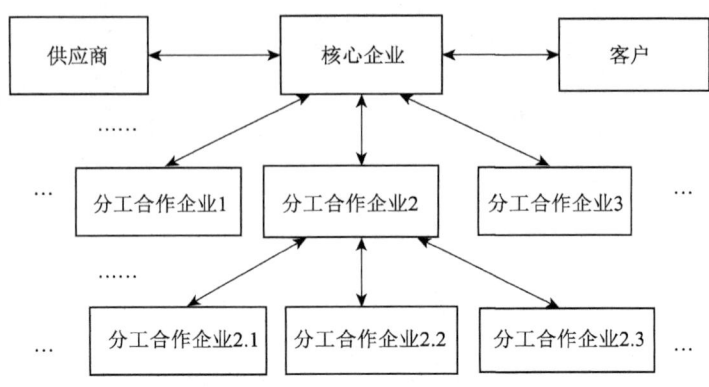

注：示意图借鉴了魏江、朱海燕的研究①。

图 3-2　研发集群价值链体系的核心关系

企业之间分工合作的结果就是价值链体系的形成。价值链体系存在的经济意义在于：专业化是企业核心竞争力的根本，特别是研发企业，专业化是其研发成果优于其他企业的关键。核心企业将部分非核心业务通过外包、合作等形式交给该业务领域专业化水平最高的企业，既提高了核心企业资源配置的效率，也获得了业内最高水准的非核心业务解决方案，整体上促进了核心企业的研发创新水平。

价值链体系是一个更加复杂的分工网络，既有核心工序上的分工，如研发、生产、销售，也有辅助性工作的分工合作，如法律、会计、金融等，这样一个基于专业化的分工合作形成的体系成为一些成功的区域性研发集群的突出特征。

以美国硅谷和日本的软件产业集群为例，硅谷的软件集群是典型的基于分工合作的价值链体系。稳定的大公司周围活跃着众多小公司，这些小规模软件企业专门为大公司提供类似于"半成品"的技术产品，供大公司改造后集成到其产品中。硅谷随处可见一种类似于职业群体的"小团体"，这些小团体由那些从事同样或者十分相似工作的人组成，他们或是同学，或是朋友，或是某一俱乐部的成员，经常不定期地组织一些活动，相互交流从而共享行业内的知识和技术，这成为硅谷

---

① 魏江，朱海燕. 产业集群创新过程模式演化及发展研究——以杭州软件产业集群为例[J]. 研究与发展管理，2006（6）：116-121.

重要的知识溢出渠道。① 基于专业化的分工与合作、频繁的业内交流互动成为硅谷软件集群价值链体系构建的基础。企业通过非核心业务的外包,优化了自身资源配置效率,集中精力提升核心竞争力,外包出去的业务由在这些方面具有突出竞争力的企业承接并交付出业内最佳的解决方案。由于企业与外包承接商均是该业务的最顶级生产者,使最终产品的竞争力远远超过单个企业所能达到的标准。每个企业都从专业化分工与合作中获得更高水平的竞争力,硅谷的软件集群最终成为全球产业链高端控制者。

日本的软件产业集群也采取了类似硅谷的价值链体系的生存发展模式。一个软件产品可以包含 5 层的分工合作网络。软件的每个细节均由该业务专业化水平最高的企业承担,最终软件成品的技术含量和创新价值远远超过一家核心企业所能承担。

3.1.1.2 研发集群构成主体分析

3.1.1.2.1 研发集群的构成主体

企业是技术创新商业化的唯一通道,也是目前最有效率的生产组织模式。企业之间存在竞争、分工、合作与共存的关系。因此,企业之间是一个极为复杂价值链系统。

大学与科研机构主要由政府设立并资助,是最大的基础科学研究组织和研究人力资源拥有者。大学与科研机构经常在研发环节参与企业的价值链,通过研发合作、联合研发等不同的组织形式,为企业提供研究支持。

专业服务中介对于区域研发资源的分配效率有不可替代的影响。人力资源、法律、金融、商务、管理咨询等各类专业机构是研发型企业发展中不能缺少的服务供应商。

政府也是研发集群的主体,但是政府的主要作用在不同研究层次上起到了不一样的作用。政府制定法律和行政管理制度,实施行政管理,主持基础设施规划与建设。最重要的,政府在改善生活环境方面拥

---

① 魏江,朱海燕. 高技术产业集群创新过程模式演化及发展研究——以杭州软件产业集群为例[J]. 研究与发展管理,2006,18(6):116-121.

有绝对的权利和执行力。而生活环境对于知识密集型产业和研发人力资源的吸引力十分明显。这也解释了为什么全球创新中心都位于经济发达、社会安定的地区,并且这些地区还专门设立环境条件更加优越的高技术园区来集聚研发集群,原因就是具备高水平知识与专业能力的研究人员和专业人士,对环境的敏感和要求更突出。

研发集群的主体构成及其影响因素如图 3-3 所示。

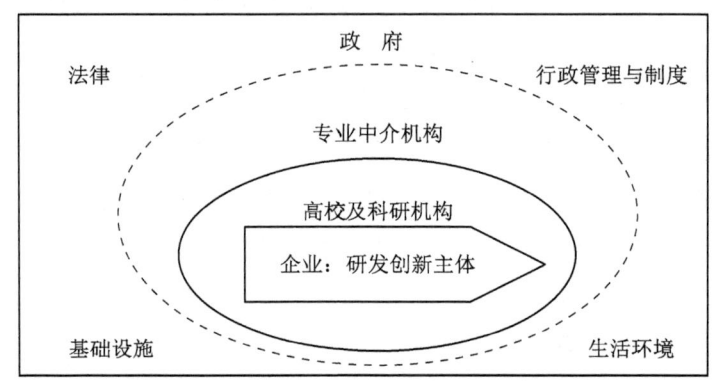

图 3-3　研发集群的主体构成及其影响因素

从价值链的角度看研发集群,企业是由各类供应商价值链、同行竞争对手企业价值链、非同行企业价值链、客户价值链构成的网络体系。供应商价值链与企业的各个环节均可以建立链接关系;企业与同行企业、非同行企业之间也可以通过战略联盟等建立价值链环节的链接点;企业与客户之间的联系会更加紧密,目前客户定制已成为很多产业的竞争标准。价值链的相互之间的链接关系构成了研发集群的核心组成部分。

以高校与科研机构为核心的知识生产部门为产业发展提供人才、研发以及技术支持。

专业创新中介机构本身既包括行政性质的政府部门或事业单位,也包括大量的专业机构,如律师行、会计审计所、人力资源公司、投资银行、风险投资基金、管理咨询公司等。专业创新中介机构为核心创新企业提供从创立到上市、扩张等商业活动中所需要的所有服务,也为大学和科研机构提供各种专业服务。

政府既是研发集群的构成主体,又是研发集群的环境塑造者、创新价值链系统中的分工与资源分配系统的重要影响因素。

3.1.1.2.2 研发集群价值链类型

企业普遍采取了分散的空间区位布局。制造环节、研发环节、销售环节都可以分别安置在不同的地区。跨国公司在全球分散价值链环节,国内的企业也在不同省市设置不同的价值链环节,如比亚迪的价值链高度分散,在全国不同地区的生产机构生产不同的产品部件。

因此,区域创新集群内的价值链并不一定是一个完整的价值链。如图3-4所示,研发集群的价值链主要分为3类:单研发环节;部分价值链;完整价值链。不同的价值链类型对于其参与本地研发价值链网络的深度有所影响,并且影响到价值链网络的知识溢出效应。价值链越完整,参与本地区的经济生产程度就越深,与其他价值链之间建立的链接也越频繁、深入。

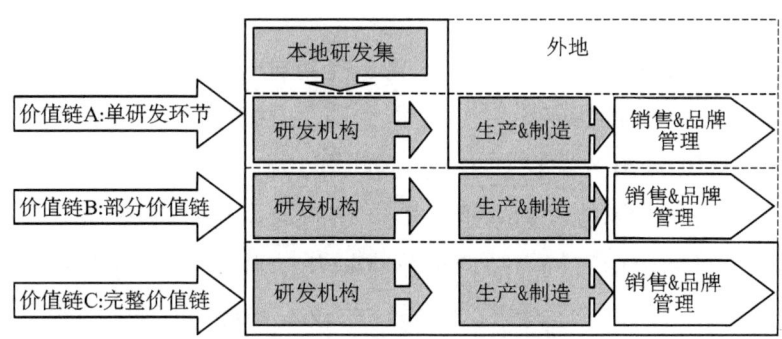

图3-4 研发集群的价值链结构

价值链类型对于分析研发集群主体之间的合作与分工的网络结构十分重要,也是界定研发集群之间的区别与特征、分析其发展路径的重要分析工具。

爱尔兰的软件集群竞争力可与美国相媲美。爱尔兰作为欧洲经济发展并不领先的国家,在发展研发集群方面采取的措施是通过先吸引企业研发机构的集聚,再培育本地化的完整价值链,从而形成研发集群。爱尔兰设计出台了一系列的政策,使之成为高技术企业的欧洲总部、研发中心和数据中心的集聚地。微软公司、苹果公司、亚马逊公司、脸书公司均在爱尔兰设立了技术与数据处理机构。然而,单一的价值链环节随着运营的深入和规模的扩大必然面临效率下降的问题,促使集聚企业采取本地化战略,来挖掘当地的优势。集群企业逐渐在之前的单一研发环节基础上建立起了完整的价值链:运营总部、研发中心、数据中心、配套服务等。价值链体系的完善推动了爱尔兰研发集群的成熟,促进了爱尔兰软件产业的发展。

3.1.2 研发集群的特征分析

3.1.2.1 研发集群的空间区位特征

研发集群的空间区位表现出以下明显的特征:研发集群多出现在经济发达国家或者经济发达地区;研发集群有明显的空间集聚特征;研发集群与大学等知识生产机构普遍空间接近;研发集群的价值链系统具有空间粘性,不易转移。

3.1.2.1.1 跨国公司研发机构区位选择特征

20 世纪 90 年代以来,跨国公司的研发中心作为企业的核心价值环节,对跨国公司的全球产业链治理权起到了越来越关键的影响作用。跨国公司为了能够紧紧地追踪产业的最新技术发展,为了能够最经济地为目标市场进行产品应用型本地化的开发,改变了以往将研发中心保留在本土的做法,开始在海外的技术中心、创新中心设立多家研发中心,形成了一个研发创新的国际网络,为跨国公司的发展和新产品开发经济快捷地提供最新的知识技术。

表 3-1 是英国(2010 年)以及欧盟(自 2004 年开始)统计出的全球研发 1 000 强企业,涉及航空及国防、新能源、技术硬件及设备、医药与生物科技、电子与电气设备、化学、汽车及零部件、软件及计算机服务等18 个重点行业内的 818 家企业。其中,264 家集聚在东京、硅谷、巴黎、伦敦、纽约、波士顿、慕尼黑这些世界最大的科技创新中心,占企业总数的 32%。

3 研发集群、知识溢出的区域创新效应分析框架

表 3-1　　　　　主要技术创新中心的企业集聚

城市（地区）	企业数量（个）	代表性企业
东京	95	本田、丰田、三菱电机、NEC、富士胶片、索尼、日立、佳能、富士通
硅谷	85	苹果、思科、惠普、英特尔、谷歌、甲骨文、Ebay、吉利德科学、应用材料公司
巴黎	22	标志、雷诺、赛诺菲、泰雷兹
伦敦	19	阿斯利康、ARM、葛兰素史克
纽约	18	辉瑞、IBM、百时美施贵宝
波士顿	15	亚德诺半导体、泰瑞达
慕尼黑	10	宝马、西门子、英飞凌
总计	264	

资料来源：IRI-The EV Industrial R&D Investment Scoreboard. http://iri.jrc.ec.europa.eu/scoreboard.html, BIS-The 2010 R&D Scoreboard。

除了企业总部的地区集聚外，跨国公司在海外的研发机构也呈现地区集聚的特征。

第二次世界大战后日本研发产业发展迅速，产业规模持续扩大，目前已经形成了以机械制造、运输机械、电子电器、医药和生物技术、化学、橡胶和材料为主的研发产业格局。从行业结构来看，日本研发机构的空间分布更能体现日本经济的地域特色。主要表现为：①以东京为中心的关东地区，聚集着全国各种行业的研发机构，关东地区研发机构行业齐全，是其最大特征。其中，钢铁和金属制造业的研发机构的40%集中在东京都内，信息服务业的半数以上集中在东京都，这两大行业在关东地区的聚集度最高。②中部地区特别是爱知县主要集中了运输机械（14.5%）、石油化工（10.8%）和纺织机械（10.9%）的研发机构。特别是运输机械（主要是汽车）是仅次于神奈川县在全国第二大集中的地区。③以大阪府为中心的近畿地区主要集中了机械制造（10.6%）、化学化工（15.2%）、电子电器（10.9%）等行业的研发机构。大阪府医药生物技术（15.2%）研发机构的比例较高，滋贺县主要是纺织机械（10.9%）占有较高的比例，兵库县则主要是聚集了钢铁工业

(15%)的研发机构。上述各地区的研发产业结构与当地的优势行业基本一致。①

再以中国为例,1990年美国惠普公司在华设立研发机构,北方电信于1994年在北京投资成立北方邮电大学——北方电信研究开发中心。在1995年至1997年,外资研发机构数量明显增加,IBM、微软、朗讯、惠普、戴尔、通用等都开始在中国设立研发中心。

跨国公司的研发机构在区域布局上,选择在不同的技术领域建立专门的研发机构,每一个研发机构的布局地区选择在这个技术上具有更大影响力的地区或者产业园区。2000年以后,跨国公司主要采用建立独资研发中心,独资形式的研发中心占所有形式的七成。

跨国公司的全球研发中心形成了一个全球研发网络,从各个地区获取创新技术和信息。例如,通用电气在上海浦东建立研发中心,与美国本土和印度的研发中心一起,构成了全球研发中心的核心。宝洁公司在全球建立了18个研发中心,全球联网研发创新。而我国的华为公司在进行快速稳健的全球市场拓展的同时,也在美国、印度、瑞典、英国、加拿大等技术创新热点地区通过收购、独资等形式建立了研发机构,形成了支撑电信运营设备和智能手机发展的全球研发网络。

但是,就跨国公司在我国的研发机构的研究重点来说,可以分为基础研究、应用研究和实验开发三类。其中,基础研究的技术层次最高,也是地区知识溢出质量的重要影响因素;应用研究与实验开发主要是现成技术的商业化应用和本土化适应,是相对较低层次的研发创新。例如,摩托罗拉公司曾经在中国建立摩托罗拉中国研究院,爱立信曾经建立的安立信中国研发总院,贝尔实验室中国基础研究院等都是从事和管理在华的基础研究工作,对于我国相应产业的技术发展有重要的溢出效应。

而应用型研究和实验开发中心的布局区域则更加接近市场。理解这样的选择,可以从接近市场,更容易观察消费者的行为特征,便于

---

① 王承云.日本研发产业的空间集聚与影响因素分析[J].地理学报,2010,65(4):387-396.

企业找到应用的方向。根据杜德斌等研究者的课题研究成果,外资企业设立的研发中心,不仅在省一级区域的分布上有在沿海地区集聚的特征,在一省之内的城市区域范围内,也选择集聚在全国性中心城市或者地区经济中心。在城市内也有集聚区位的偏好(盛垒,2009):美国外资研发单位有"靠近公司(地区)总部的区位指向性";日本公司研发机构选择"邻近公司生产设施";而在华的外资研发机构则多选择科技工业园区,知识技术创新资源密集区。

3.1.2.1.2 跨国公司在我国的研发区位选择

表 3-2 是 2014 年外资企业在华研发机构的地区分布,统计数据来自《中国科技统计年鉴(2015)》。从表中的统计数据可以明显地看到,外资研发机构主要集聚在江苏、浙江、广东、福建、山东、上海、北京、天津等经济和基础研究资源丰富的地区。

表 3-2   2014 年外资企业在华研发机构的地区分布

序次	地区	研发机构数	序次	地区	研发机构数
1	江苏	4 780	17	四川	56
2	浙江	1 628	18	广西	54
3	广东	1 276	19	黑龙江	31
4	福建	463	20	云南	30
5	山东	422	21	陕西	19
6	上海	385	22	吉林	18
7	安徽	205	23	内蒙古	17
8	河南	148	24	宁夏	16
9	天津	145	25	山西	12
10	北京	141	26	海南	5
11	河北	118	27	贵州	3
12	辽宁	98	28	新疆	2
13	湖南	92	29	青海	1
14	江西	75	30	西藏	0
15	湖北	72	31	甘肃	0
16	重庆	56	全国		10 368

由于跨国企业已经开始了研发环节的全球布局,并且构筑了全球研发网络,进行知识技术全球化,从研发网络的各个节点吸收获取最新的创新和技术成果,整合后为企业所用,形成了跨国公司核心竞争力的雄厚基础。根据对我国外资企业研发机构的地区集聚与行业集聚的数据分析发现,高技术产业是外资企业开办研发机构最多的产业,而高技术产业本身也是"集群—知识溢出—区域创新"研究中最普遍使用的观察对象。

按照相关的知识溢出研究,高技术产业在美国、欧洲等发达国家均呈现区域集聚的现象,并且被验证其知识溢出对当地的整体创新和经济发展有较强的相关性。我国的高技术产业是否也如美国、欧洲等地一样出现区域的集聚?本书采用2014年高技术产业的相关数据,对高技术产业是否具有区域集聚现象进行分析。

通过对高技术产业内的五大行业在各地的企业数以及主营收入进行占比分析,数据处理结果(见表3-3)表明,五大行业均有区域集聚的现象,但是行业间具有区别。集聚最为突出的是航空、航天及设备制造业、电子及通讯设备制造、计算机及办公设备制造、医疗仪器设备及仪器仪表制造业。医药制造业也有区域集聚的现象,但在各地区均有分布。

从大区域看,高技术产业主要集聚在东部地区。其中,航空业在西部的集聚十分明显,主要集聚地为江苏和陕西,北京、天津也是重要的集聚地,该行业的集聚受国家产业布局政策的影响较大。电子与通讯业、计算机业是市场化较高的行业,企业的自主选择,主要集聚在江苏和广东。而医疗仪器与设备制造的集聚更加明显,江苏、浙江的集聚程度最高,在山东、广东、北京的集聚也十分明显。从数据的初步分析可以看到,我国的高技术产业的区域集聚现象十分明显,这与国外相关研究的结论一致。

在区域和产业的双集聚特征下,结合对跨国企业研发网络的管理、分工和功能,发现研发作为企业的一个重要价值链环节已经有了全新的特征:

表3-3　2014年我国高技术产业五大行业的地区集聚

地区	医药制造业		航空、航天及设备制造业		电子及通讯设备制造		计算机及办公设备制造		医疗仪器设备及仪器仪表制造业	
	企业数	主营收入	企业数	主营收入	企业数	主营收入	企业数	主营收入	企业数	主营收入
东部地区	45.01%	52.24%	41.72%	47.18%	78.42%	49.61%	78.51%	73.32%	71.40%	76.15%
中部地区	26.56%	22.30%	11.83%	6.18%	14.12%	13.57%	9.58%	4.64%	16.21%	13.72%
西部地区	18.75%	14.04%	37.28%	33.28%	5.61%	5.30%	9.64%	21.49%	7.32%	5.85%
东北地区	9.68%	11.41%	9.17%	13.36%	1.85%	1.53%	2.27%	0.54%	5.07%	4.28%
北京	2.72%	2.84%	9.17%	6.07%	1.98%	3.25%	3.07%	2.94%	5.21%	4.21%
天津	1.44%	2.31%	5.33%	19.26%	2.49%	4.04%	0.98%	1.40%	2.02%	1.04%
河北	3.39%	3.83%	0.89%	0.60%	1.37%	0.70%	0.68%	0.05%	2.23%	1.12%
山西	1.18%	0.72%	0.30%	0.04%	0.21%	0.88%	0.06%	0.01%	0.37%	0.27%
内蒙古	1.01%	1.09%	0.30%	0.03%	0.08%	0.13%	0.12%	0.01%	0.18%	0.11%
辽宁	3.56%	3.35%	6.21%	8.44%	1.45%	1.34%	1.60%	0.44%	3.78%	3.05%
吉林	4.52%	6.34%	0.00%	0.00%	0.23%	0.11%	0.25%	0.07%	0.74%	0.96%
黑龙江	1.60%	1.72%	2.96%	4.92%	0.17%	0.07%	0.43%	0.04%	0.55%	0.26%
上海	2.79%	2.64%	4.73%	4.08%	3.40%	3.65%	3.56%	14.53%	5.23%	4.40%
江苏	9.83%	13.03%	11.24%	9.82%	18.85%	21.14%	17.99%	19.97%	24.29%	38.30%
浙江	6.06%	4.68%	2.07%	0.17%	9.19%	4.12%	5.59%	0.81%	12.76%	7.26%
安徽	5.06%	2.71%	2.07%	0.40%	3.36%	1.60%	1.90%	2.47%	3.43%	2.29%
福建	1.76%	0.97%	1.78%	2.92%	3.55%	3.45%	4.30%	3.64%	2.02%	1.25%

（续表）

地区	医药制造业		航空、航天及设备制造业		电子及通讯设备制造		计算机及办公设备制造		医疗仪器设备及仪器仪表制造业	
	企业数	主营收入	企业数	主营收入	企业数	主营收入	企业数	主营收入	企业数	主营收入
江西	4.29%	4.40%	1.18%	0.18%	2.65%	1.82%	2.03%	0.62%	1.64%	2.08%
山东	11.00%	15.91%	3.55%	1.23%	5.95%	6.27%	2.89%	5.01%	9.02%	10.58%
河南	6.33%	7.12%	2.07%	1.47%	2.30%	4.50%	2.21%	0.38%	5.19%	4.61%
湖北	5.53%	4.05%	3.55%	2.13%	2.52%	2.36%	1.41%	0.78%	2.86%	1.63%
湖南	4.16%	3.30%	2.66%	1.97%	3.08%	2.42%	1.96%	0.38%	2.72%	2.84%
广东	5.42%	5.54%	2.96%	3.04%	31.60%	32.97%	39.47%	24.97%	8.59%	7.97%
广西	2.18%	1.43%	0.30%	0.54%	0.62%	0.67%	1.41%	2.29%	0.61%	0.56%
海南	0.60%	0.49%	0.00%	0.00%	0.04%	0.02%	0.00%	0.00%	0.02%	0.02%
重庆	1.69%	1.61%	0.30%	0.02%	1.02%	1.10%	5.46%	9.08%	2.19%	1.78%
四川	5.67%	4.73%	8.58%	8.60%	2.48%	2.44%	2.09%	10.03%	2.02%	1.16%
贵州	1.51%	1.27%	7.40%	3.97%	0.32%	0.19%	0.18%	0.01%	0.27%	0.16%
云南	1.59%	1.06%	0.30%	0.01%	0.09%	0.04%	0.25%	0.07%	0.37%	0.24%
西藏	0.13%	0.07%	0.00%	0.00%	0.00%	0.00%	0.00%	0.00%	0.00%	0.00%
陕西	2.56%	1.94%	19.53%	19.85%	0.86%	0.63%	0.12%	0.01%	1.33%	1.71%
甘肃	1.36%	0.44%	0.59%	0.26%	0.08%	0.07%	0.00%	0.00%	0.14%	0.02%
青海	0.41%	0.18%	0.00%	0.00%	0.04%	0.02%	0.00%	0.00%	0.04%	0.01%
宁夏	0.24%	0.12%	0.00%	0.00%	0.01%	0.00%	0.00%	0.00%	0.12%	0.09%
新疆	0.41%	0.10%	0.00%	0.00%	0.02%	0.00%	0.00%	0.00%	0.04%	0.01%

(1) 基于全球布局形成了全球研发网络。研发网络将全球主要的技术创新中心作为网络的结点,通过跨国公司的管理,获得最新的技术和研发资源。

(2) 基于研发内容,形成研发网络内的分工。跨国公司的研发网络内部根据技术种类,研发创新的目的和层次,对网络内的研发中心进行分工,将基础研究、应用研究和实验开发分配到不同的研发中心机构,进一步形成创新环节的集约和高效。这种分工对于集聚地的知识溢出效应和领域也产生了影响。

(3) 在区位选择上,集聚特征更加突出。跨国公司的研发环节从国内配置到国际配置,是技术竞争发展的必然。国际研发中心的区域集聚特征十分突出,主要的原因是跨国公司能够及时捕捉到竞争对手和行业领先者的研发方向,这本身就是知识溢出的效果。

(4) 跨国公司全球布局的研发机构既是所在地区研发集群知识溢出的接收者,也是知识溢出的产出者。

3.1.2.1.3 我国研发集群的区位特征

科技园区是政府给予特殊政策建立的专门机构,用以集聚、培育和发展知识密集型企业,推动高新技术及战略性新兴产业发展与形成的管理机构。科技园区不仅仅拥有广阔的空间容纳企业和产业的发展,同时更重要的是,园区从设计到管理都由专业人士组成。在管理方法上、优惠政策上都明确地以推动创新、提升企业和知识机构竞争力、培育经济新增长点产业为目标。

世界各国的科技园区有很多种类,如高新技术产业开发区、科技园、大学科技园等。不同的园区名称代表了园区的突出特色和主要任务,但是主要功能存在一定的共同性,就是"推动管理园区内大学、研究机构、企业和市场的知识和技术流动;通过孵化机制促进创新型企业的创业和成长;向企业提供办公空间、基础设施等具有附加值的服务,帮助企业发展"。①

---

① 汪怿.全球第三代科技园区的出现及启示[J].科技进步与对策,2012,29(6):5-9.

1) 科技园区的种类与特点

各国的科技园区目前是跨国公司布局全球研发网络的首选。跨国公司所选的园区有三类：第一类是因为大学、科研院所等机构的知识溢出效应作用，而在其周边自发形成的集群，最后通过政府的有意支持与适当管理，成为加快科研成果技术转移的高技术产业园区。第二类是通过有目的的整体规划和政策扶植，以突出创新孵化、强调科技与产业紧密结合的科技园区。第三类是基于知识生态理念，以人才为引领，以创造力为核心，强调社区和城市融合，突出网络创新的新型科技园区。例如，英国剑桥、曼彻斯特等大学科技园，逐步由大学主导转变为大学、企业、政府、非政府组织以及社区一体化的运作模式；新加坡提出了打造以校园、住宅、商业、教育、休闲公园等综合配套设施的社区环境为基础，着力开发社会资本和构建网络化的社会人文环境，将玮壹科技园建成为一个"创造视觉冲击和激发灵感的理想社区"。第三类科技园区已经不仅仅是产业园区，而是适宜科研人员生活和激发灵感的创新社区。[①]

科技园区是理想的技术创新空间，各国政府都给予了优惠政策作为培育创新集群的基础，因此，科技园区对创新要素有吸引力：

（1）人才要素：科技园吸引创新企业，创新企业带来了丰富的创新人才。创新人才与技术精英对环境的要求，对制度的敏感都对科技园的管理和发展产生了压力和推动力。因此，科技园不能简单地关注技术，更需要研究吸引人才的园区条件。

（2）创造核心：创造创新是科技园区的灵魂，也是科技园区最本质的特征。支撑这种创新核心能力的重要保证是知识分享网络的构建，知识分享网络包括两方面：一是科技园区内部的知识融合共享；二是区域间的联系。政府、企业、创业企业、大学、投资者、专家等是知识分享网络的结点，相互的联系接触是知识分享的途径。科技园之间的联系成为更大空间范围知识溢出的渠道。通过科技园区内部、外部的联

---

① 汪怿.全球第三代科技园区的出现及启示[J].科技进步与对策,2012,29(6):5-9.

3 研发集群、知识溢出的区域创新效应分析框架

系与网络,外显知识与内显知识得到继承、创新,形成溢出效应。

2) 我国研发集群的园区集聚程度与集群特征

以各地高新技术开发区为集聚空间单位,本书构造了研发集群园区集聚程度计算公式:

$$\text{研发集群的集聚度} = \frac{\text{国家级高新技术开发区高新技术企业}}{\text{本地全部高新技术企业总数}}$$

表 3-4 采用《中国火炬统计年鉴》(2014 年,2015 年)连续两年的数据总结了我国各地区国家级高新技术产业园区里集聚的高新技术企业占当地总高新技术企业总量的比例,该比例值作为各地区高新技术企业的空间集聚度指标,能够清楚地反映出各地区高新技术企业的园区集聚状态。

表 3-4　　　我国各地区高新技术企业的空间集聚

2013 年集聚度				2014 年集聚度			
地区	空间集聚度	地区	空间集聚度	地区	空间集聚度	地区	空间集聚度
北京	95%	天津	33%	北京	89%	山东	33%
陕西	83%	福建	32%	陕西	77%	福建	32%
广西	77%	山西	31%	广西	77%	新疆	31%
贵州	57%	安徽	31%	贵州	64%	内蒙古	30%
甘肃	52%	广东	30%	湖北	52%	山西	30%
湖北	51%	云南	30%	甘肃	47%	广东	30%
湖南	47%	河南	30%	吉林	46%	河南	28%
吉林	46%	河北	27%	辽宁	44%	安徽	27%
海南	45%	重庆	23%	湖南	44%	云南	27%
四川	44%	江西	23%	黑龙江	43%	河北	25%
黑龙江	43%	江苏	22%	四川	40%	江西	21%
辽宁	43%	上海	21%	上海	40%	江苏	21%
新疆	41%	青海	21%	天津	38%	青海	20%
山东	35%	浙江	17%	重庆	38%	浙江	16%
内蒙古	35%	宁夏	10%	海南	38%	宁夏	15%

集聚度=国家级高新技术开发区高新技术企业÷本地全部高新技术企业总数(2013 年,2014 年)

高科技园区除了国家级的,还有地方设立的。这两级园区基本集聚了大部分的高新技术企业,形成了空间上高度集聚的高技术产业集群。例如,上海浦东新区2016年度541家认定的高新技术企业占全市总量的23.5%,而这541家高新技术企业中,221家集聚在张江国家级高科技园区内,地方设立的金桥园区集聚了26家,临港园区集聚了32家,外高桥保税区29家。园区集聚的高新技术企业占浦东新区当年认定的所有高新技术企业的57%。① 再如,浙江省除了5个国家级高科技园区,还设立省级高科技园区26个。国家级与省级的高科技园区,以及孵化器、大学园区等成为了研发集群的主要集聚空间。②

在知识溢出效应的影响下,集聚地区的企业通过本地价值链的接触、联系,形成了基于研发和创新的各类产业集群。2014年我国已经开始形成了以高新技术开发区为空间载体的创新型产业集群。③ 2014年32家试点集群和39家培育集群内企业营业总收入超过34 546.8亿元,出口总额1 432.8亿美元,实际上缴税费总额1 785.3亿元;71家集群共有企业12 757家,其中高新技术企业4 088家,占总数的近三分之一;从业人员296万人,其中大专以上156.1万人,占总数的一半以上;共有科技企业孵化器167家,国家级技术转移机构76家;当年获得发明专利授权17 254件,平均每个集群243件;形成国家或行业标准848项,平均每个集群近12项。④ 至2015年底,全国经过认定的有71家研发集群,总共集聚的企业超过1.3万家,其中高新技术企业比2014年增长17%,集群企业的营业总收入超过3.7万亿元。⑤ 研发集群的突出特点是"自主创新能力"和"空间集聚的产业形态"。

表3-5中列示的集聚在全国各地区高新产业开发园区的研发集

---

① 上海市浦东新区科学技术委员会——科way微信平台:短讯"高新技术企业扎堆浦东",2017年2月10日。
② 浙江省科学技术厅官网:创新载体—高新园区。http://www.zjkjt.gov.cn/html/node 06/list3_1.jsp? lmbh=0620&lmms=0620&xh=47835&curM=f21。
③ 科技部火炬高技术产业开发中心:http://www.chinatorch.gov.cn/kjb/index.shtml。
④ http://www.chinatorch.gov.cn/cyjq/gaikuang/201512/50f8561817224e57a66c9ed2be8e7f67.shtml。
⑤ http://www.chinatorch.gov.cn/cyjq/zxdt/201611/340aca2870804e34a52f0a1918480600.shtml。

3 研发集群、知识溢出的区域创新效应分析框架

群,"已经形成了产业链,且关联企业、研发和服务机构在特定区域集聚,通过分工合作和协同创新,形成具有跨行业跨区域带动作用和国际竞争力的产业组织形态。集群产业链企业、研发和服务机构相对集聚,建立了产业或技术联盟;骨干企业为高新技术企业或创新型企业,具有核心知识产权的品牌产品,参与了国际、国家或行业标准的制定;科技型中小微企业与骨干企业形成了生产配套或协作关系。拥有与集群产业链相关联的研发设计、创业孵化、技术交易、投融资和知识产权等服务机构,以及科研院所和教育培训等机构,其功能、能力符合集群产业的战略发展需求"。①

表 3-5 我国研发集群及其所在园区

序号	地区	集群所在园区	集群名称
1	北京	中关村	中关村移动互联网集群
		亦庄数字电视产业园	数字电视和数字内容集群
		中关村丰台园区	轨道交通集群
2	天津	天津滨海高新区	新能源集群
		天津北辰科技园区	高端装备制造集群
3	河北	邯郸高新区	现代装备制造集群
			药用辅料创新型产业集群
		保定高新区	新能源与智能电网装备集群
4	山西	太原高新区	不锈钢集群
		榆次高新区	液压产业集群
5	内蒙古	包头高新区	稀土新材料集群
6	辽宁	鞍山高新区	激光产业集群
		大连高新区	信息技术及服务集群
7	吉林	长春高新区	汽车电子集群
8	黑龙江	齐齐哈尔高新区	重型数控机床集群
		大庆高新区	高端石化集群

---

① 整理自《创新型产业集群试点认定管理办法》。http://www.chinatorch.gov.cn/cyjq/index.shtml。

（续表）

序号	地区	集群所在园区	集群名称
9	上海	上海张江开发区嘉定园①	新能源汽车及关键零部件集群
		金山区精细化工园区	精细化工集群
10	江苏	江宁高新区	智能电网集群
		无锡高新区	智能传感系统集群
		常州高新区	光伏产业集群
		江阴高新区	特钢新材料集群
		苏州工业园区	纳米新材料集群
11	浙江	杭州高新区	数字安防集群
		温州市（高新区）	激光与光电集群
12	安徽	合肥高新区	基于信息技术的公共安全集群
		芜湖高新区	新能源汽车集群
		蚌埠高新区	新型高分子材料集群
13	福建	泉州高新技术产业园	微波通信集群
		福安市	闽东中小电机集群
14	江西	景德镇高新区	直升机制造集群
15	山东	济南高新区	智能输配电集群
		青岛高新区	数字化家电集群
		潍坊高新区	半导体发光集群
		济宁高新区	高效传动与智能铲运机械集群
16	河南	郑州高新区	智能仪器仪表集群
		洛阳高新区	轴承集群
		南阳高新区	防爆装备制造集群
17	湖北	武汉东湖高新区	地球空间信息及应用集群
		十堰高新区	商用车及部件集群
		襄阳高新区	新能源汽车集群
18	湖南	长沙高新区	电力智能控制与设备集群
		株洲高新区	轨道交通装备制造集群
		湘潭高新区	先进矿山装备集群
19	广东	珠海高新区	智能配电网装备集群
		深圳高新区	下一代互联网集群
		惠州高新区	云计算智能终端集群

① http://www.siac-autopark.com/about/Default.aspx。

(续表)

序号	地区	集群所在园区	集群名称
20	广西	柳州高新区	汽车整车及零部件集群
21	重庆	重庆高新区	电子信息集群
22	四川	成都高新区	数字新媒体集群
		绵阳高新区	汽车发动机及关键零部件集群
23	贵州	贵阳国家高新区	新材料集群
24	陕西	西安高新区	军民融合通信集群
		宝鸡高新区	钛产业集群
25	甘肃	兰州高新区	节能环保集群
26	青海	海西州	盐湖化工特色循环经济集群
27	新疆	乌鲁木齐高新区	电子新材料集群

资料来源:http://www.chinatorch.gov.cn/kjb/index.shtml。

注:以上集群信息以我国认定的创新集群信息为基础。基于对创新集群的特征研究,这些创新集群具备了研发集群的基本特征,因此,本书将创新集群纳入研发集群中。

3.1.2.2 研发集群的产业分布特征

我国目前发展起来的研发集群具有以下突出的特征:研发集群主要分布在高技术产业;空间区位上具有突出的园区集聚特征;发展模式特征上具有以龙头企业为核心的全产业链型发展模式;部分地区的研发集群有高校及科研机构的参与。

而从行业的研发密集度来讲,属于高新技术产业和战略性新兴产业的电子、电气、计算机、设备制造、化学及医药等行业的外资企业开设的研发机构数量最大(见表3-6)。

表3-6　　2014年我国外资企业开设研发机构的产业分布

序次	行业	研发机构数(个)
1	计算机、通信和其他电子设备制造业	1 602
2	电气机械和器材制造业	1 193
3	通用设备制造业	947
4	化学原料和化学制品制造业	868
5	专用设备制造业	769
6	汽车制造业	643

(续表)

序次	行业	研发机构数(个)
7	纺织业	463
8	橡胶和塑料制品业	445
9	医药制造业	434
10	金属制品业	430
11	纺织服装、服饰业	428
12	非金属矿物制品业	304
13	仪器仪表制造业	300
14	文教、工美、体育和娱乐用品制造业	290
15	农副食品加工业	226
16	铁路、船舶、航空航天和其他运输设备制造业	195
17	食品制造业	186
18	有色金属冶炼和压延加工业	180
19	皮革、毛皮、羽毛及其制品和制鞋业	173
20	黑色金属冶炼和压延加工业	141
21	造纸和纸制品业	139
22	印刷和记录媒介复制业	137
23	家具制造业	93
24	化学纤维制造业	89
25	酒、饮料和精制茶制造业	70
26	木材加工和木、竹、藤、棕、草制品业	57
27	其他制造业	37
28	石油加工、炼焦和核燃料加工业	32
29	废弃资源综合利用业	18
30	金属制品、机械和设备修理业	13
31	烟草制品业	1
	制造业合计	10 903

因此,高技术产业是外资和跨国企业的重点研发投入领域。结合研发机构的区域集聚,跨国企业在我国的研发网络布局就呈现了区域和产业的双集聚特征。基于这个双集聚的特征,本书选择高技术产业

作为实证分析的样本数据来源。

我国目前的研发集群主要分布在高技术产业和战略新兴产业。高技术产业(制造业)包含五大行业。战略性新兴产业包括8个行业,40个重点方向下的174个子方向。分布在这13个具体行业的代表性研发集群如表3-7所示。

表3-7　高技术产业和战略新兴产业的代表性研发集群

产业分类	行业	行业内分布的代表性研发集群
高技术产业	医药制造	本溪制药研发集群 石家庄药用制剂及辅料研发集群 通化医药集群 烟台海洋生物与医药产业集群
	计算机及办公设备	东莞机器人智能装备创新产业集群 青岛机器人产业集群
	航空、航天与设备制造	景德镇直升机制造产业集群 阎良飞机制造集群
	电子及通讯设备制造	泉州微波通信产业集群 长春高新区汽车电子产业集群 惠州云计算智能终端创新型产业集群 深圳高新区下一代互联网创新型产业集群 无锡高新区智能传感系统创新型产业集群
	医疗仪器设备及仪器仪表制造	苏州高新区医疗器械产业集群 郑州智能仪器仪表产业集群
战略新兴产业	新一代信息技术	中关村移动互联网研发集群 成都高新区移动互联网集群
	高端装备制造	株洲轨道交通装备制造创新型产业集群 济宁高效传动与智能铲运机械产业集群 湘潭先进矿山装备制造产业集群
	新材料	江阴高新区特钢新材料产业集群
	生物	昆山小核酸产业集群
	新能源汽车	芜湖节能与新能源汽车产业集群
	新能源	天津高新区新能源产业集群
	节能环保	芜湖节能与新能源汽车产业集群
	数字创意	亦庄数字电视和数字内容产业集群

再以具体的行业为例,我国的生物医药行业通过高新区的培育演化出了15个国家级的研发集群,如图3-8所示。

表3-8　　　　生物医药行业国家级创新集群及所在园区

序号	集群所在地区	集聚园区	集群名称
1	辽宁	本溪高新区	本溪制药创新型产业集群
2	河北	石家庄高新区	石家庄药用辅料创新型产业集群
3	吉林	通化高新区	通化医药创新型产业集群
4	江苏	苏州高新区	苏州高新区医疗器械创新型产业集群
5		昆山高新区	昆山小核酸创新型产业集群
6	山东	烟台高新区	烟台海洋生物与医药创新型产业集群
7	广东	中山高新区	中山健康科技创新型产业集群
8	上海	张江高科园	张江生物医药产业集群
9	江西	南昌高新区	南昌高新区生物医药产业集群
10	广东	广州高新区	广州个体医疗与生物医药产业集群
11	广西	南宁高新区	南宁亚热带生物资源开发利用产业集群
12	云南	昆明高新区	昆明市生物医药产业集群
13	青海	青海高新区	青藏高原特色生物资源与中藏药产业集群
14	福建	厦门火炬高新区	厦门海洋与生命科学产业集群
15	陕西	杨凌示范区	杨凌示范区生物产业集群

资料来源:http://www.chinatorch.gov.cn/kjb/index.shtml。

数据统计分析对我国发展较为成熟的研发集群进行了行业分布的归纳,结果显示我国目前的研发集群的特征之一是行业的集中性;同时,各集群以国家级高新区为集聚空间,这构成了我国研发集群的突出特征。

3.1.2.3　研发集群的类型

研发集群的形成动因基本分为3类:①集群形成的动力来自龙头企业和引领型企业的发展。核心企业在扩张壮大过程中需要更多的企业参与分工与合作,需要专业技术能力突出的供应商,这些企业集聚在核心企业周围,主要通过参与核心企业的发展而获得发展,核心企业是产业创新的关键性主体,也是创新成果转化与商业化的主要渠道。②基于价值链分工合作而自然形成的研发集群。这样的集群是在主体之间彼此需要彼此合作的关系上衍生发展起来的。③平台共享型集群。这种研发集群的形成主要是由于政策的吸引而集聚在某一空间区域,彼此之间并无联系,各干各的,加入集群主要是为了享受政策带来的实惠,这一类集群仅仅是形式上的集群,本质上是企业的集聚,其集聚吸引力来自政策红利。

3.1.2.3.1 领导型研发集群——以核心企业为中心

研发集群的根本特征是产业领域内,由于研发创新型企业和关联机构建立起的企业价值链之间的交互关系,形成了具有异质性和互补性的价值链网络,该网络根植于一个特定空间,形成了区域性企业价值链体系。

而产业新技术通常是由于研发集群的知识溢出效应而获得启发、关注与发展。由于各种企业空间上临近,同时又处于本地企业价值链体系中,知识溢出效应明显,对于当地企业捕捉技术热点、技术重点以及对未来产业的发展方向都产生了积极作用。

核心企业在研发集群的产生过程中在以下几个方面起到了关键性的作用:

(1)探索并开创产业发展方向以及技术研究的重点领域。

(2)为其他企业纳入到分工系统中创造条件,构建企业间的价值链体系,推动基于研发和创新的产业集群的形成。

(3)核心企业的战略风格影响到价值链体系的生态环境与知识溢出效应,直接影响到集群的发展模式。

例如,美国的硅谷从20世纪50年代到现在,已经经历了数次全球技术变革,而每一次技术变革中,硅谷应运而生的研发集群都能够成为全球产业价值链的主导者。而研发集群的形成与核心企业有着直接的关系。

20世纪50年代前后,硅谷的惠普、瓦里安等公司引领了新兴的计算机产业的发展。根植于硅谷的核心企业对于当地的研发集群的形成与发展起到了决定性的引擎作用。60年代,从肖克利半导体实验室衍生出了仙童公司。仙童公司进而繁衍出众多的半导体公司,如英特尔、AMD等重要的行业代表企业,最终形成以硅谷为基地的信息技术产业集群。70年代后期开始,苹果公司对个人电脑概念的创新使硅谷继续成为全球计算机产业的创新来源,而21世纪开始的移动智能终端产业的革命也是由苹果公司推动发生的。90年代开始,硅谷开始集聚起一些研发创新意识强烈的网络公司,如网景、思科、雅虎、谷歌、推特、脸书等企业,又在移动互联网领域起到了巨大的影响作用。传统汽车产业的发展方向也受到硅谷企业的影响,在全球推动新能源汽车产业的发展中,硅谷的特斯拉以及集聚在此的其他新能源汽车企业形成了掌控全球产业价值链的高端话语权。

纵观世界科技创新中心地区的众多研发集群,也无一例外受到集群中的核心企业的影响。例如,日本东京是世界重要的科技创新中心,大企业是各个研发创新集群的核心。日本的企业是典型的高度内生性研发创新企业。企业对研发与技术创新十分重视,大企业采取各种措施促进企业内的研发管理和创新活动效率。大企业重视研发,中小企业受到地区的知识溢出的影响,在大企业开创的技术领域内继续深入,通过在某个分支技术上的专业化来填补大企业的空白,并借此参与到大企业价值链网络中,成为其零部件或者某一项专门技术的供应商。

以色列是一个国土面积小,国内市场有限的高技术国家。技术创新是以色列突出的特征之一。特拉维夫集聚了信息技术、生物科技等众多研发创新型集群。特拉维夫的技术创新吸引了国际型大企业,如微软、英特尔、IBM、惠普、雅虎、谷歌、苹果等。但是,本土的创新型中小初创企业是重要的区域创新组成主体。大型企业在特拉维夫扮演了创新升级的推动者角色,也是本地创业环境的有益维护者。由于国内市场有限,不足以支撑众多中小初创科技企业的发展,因此,很多初创企业是以被大型跨国公司收购作为企业价值的体现途径。换言之，初创企业的技术和创新弥补了跨国公司的技术空白或者缩短了跨国公司的研发周期，因此值得跨国公司收购。这种生态环境，以市场的交易机制，实现了地区技术创新的最佳效率。

我国目前发展成形的研发集群普遍具有全产业链型的发展模式，即研发集群包含了从上游到下游的全部产业链环节，或者是包含了该产业涉及的主要行业。研发集群的产业链发展中，龙头企业是核心力量。

例如，北京中关村移动互联网产业集群（见图3-5）的核心主要包括3层：移动应用层、移动运营层、移动终端层。核心的龙头企业如百度、腾讯、联想、搜狐等在这三个层次均是重要的企业。总体上，北京中关村的集群发展是以龙头企业为核心，高校及中小企业参与的全产业链型发展。

我国目前绝大多数研发集群的发展模式都是以龙头企业为主导力量推进全产业链发展。

3.1.2.3.2　国际行业龙头企业推动型

我国目前的研发创新集群正处于形成初期，高新技术产业的发展主要处于模仿和追赶阶段；传统的劳动密集型产业在通过自主研发提升技术实力方面尚处于初期摸索阶段。

我国研发集群的内部价值生产体系特征有着明显的初期形成阶段的特点。魏江等对杭州软件集群进行调研，概括出以下3个特征：①创新过程中供应商与客户的参与程度深，创新的概念普遍来自客户；②衍生企业是集群规模扩大的贡献者，但是衍生企业与原生企业，衍生企业之间缺乏联系和业务上的分工；③集群内的创新过程仍然以线性创新为主，创新网络缺乏，总体上是"集而不群"，未形成价值链体系，没有获得专业化分工导致的整体最优水平。基于以上概括特征，杭州的软件集群处于全球产业链的下游，定位为本土化、客户定制应用软件的设计，全球软件产业中高端仍然由国外集群或者核心企业掌握。

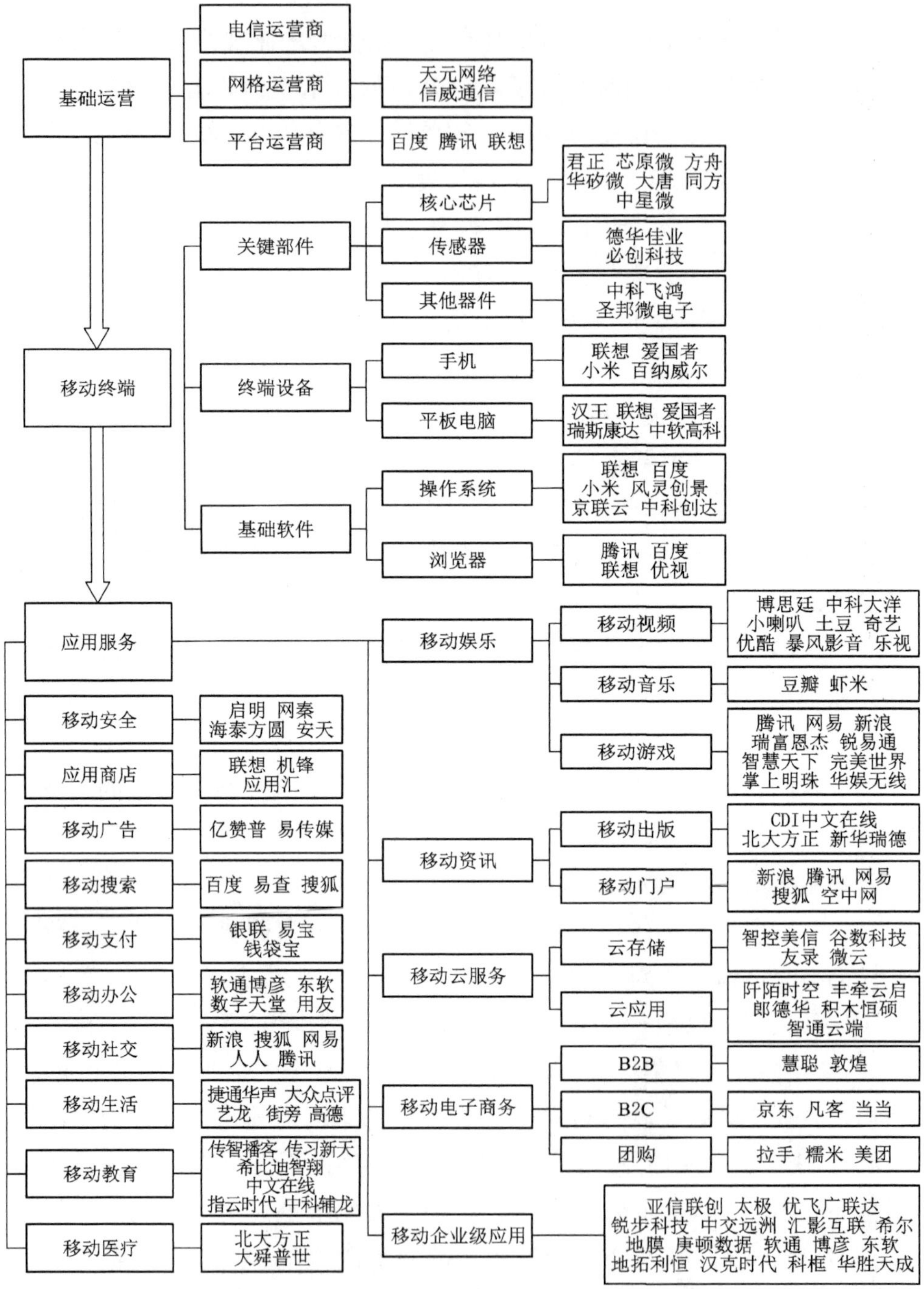

资料来源：科技部火炬中心。

图 3-5　北京中关村移动互联网集群

例如，新一代信息技术产业中的龙头企业在产业技术布局上，明显地受到国际领先企业的影响，处于追赶阶段，而整个行业在创新上，仍然由跨国公司主导和控制。

图3-6为我国新一代信息技术产业本土领导企业与高校研发的技术分布图。该分布图说明了我国专利申请量、发明专利申请量最多的十家龙头企业和领导型高校的研发技术领域与各自的优势。对比国际上该产业创新专利产出最多的企业的技术分布可以看出，我国企业通过长期的追赶，已经能够在新一代信息技术产业中的热点技术领域有所突破和见数，然而，在国际上我国的产业龙头企业与国际领先跨国公司还有明显的差距。

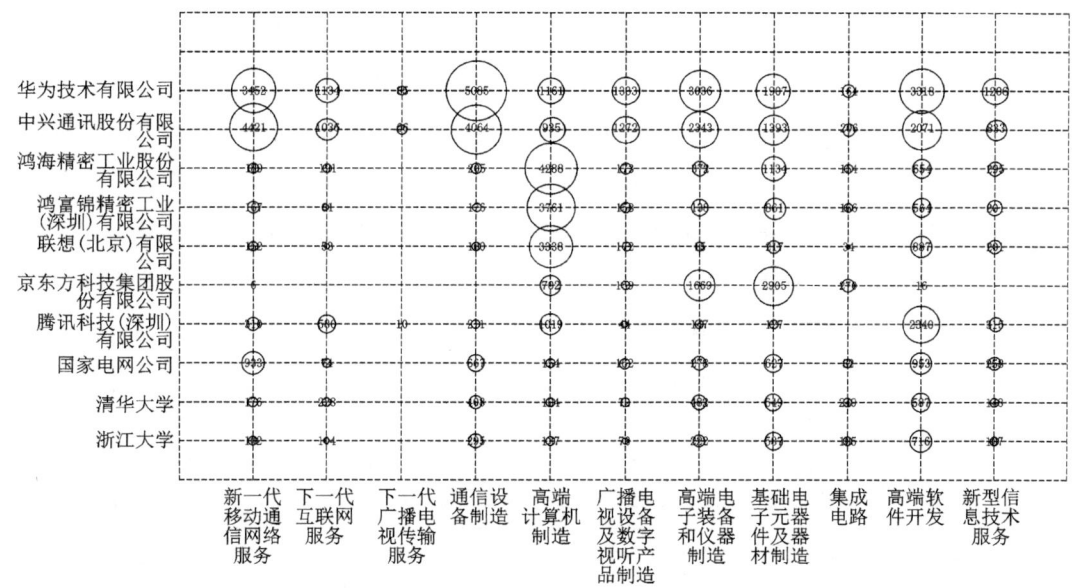

资料来源：国家知识产权局统计数据。

图3-6 我国新一代信息技术产业本土领导企业与高校研发的技术分布

国际上新一代信息技术产业的技术创新方面的领导企业名单见表3-9。

如表3-9所示，新一代信息技术产业的核心技术以及发展方向目前仍然由美国、日本、韩国、欧洲的行业龙头企业决定。这些跨国公司

表 3-9　全球领导型跨国公司名单及排名(1995—2015 年)

排名	申请人	申请量(项)	排名	申请人	申请量(项)
1	三星	96 588	11	富士通	27 426
2	LG	75 039	12	日本电气	26 881
3	IBM	71 576	13	黑莓	25 248
4	高通	52 679	14	索尼	21 382
5	微软	45 974	15	西门子	20 807
6	诺基亚	42 559	16	AT&T	20 703
7	爱立信	39 815	17	精工电子	20 434
8	松下	31 925	18	东芝	18 726
9	日立	29 568	19	NTT	18 287
10	阿尔卡特朗讯	29 393	20	英特尔	17 733

资料来源:国家知识产权局统计数据。

在新一代信息产业的技术研发与创新方面探索时间长、开始时间早,在热点技术领域建立起了领先地位(见图 3-7)。而我国截至目前仍然处于追赶阶段。但是,从国际领先企业与我国领先企业在技术热点关注方面的对比来看(见图 3-6、图 3-7),我国企业在国际领导企业构筑的产业技术领域中,已经能够捕捉到技术热点,并且对关键技术有了较好的重视度和创新产出能力。

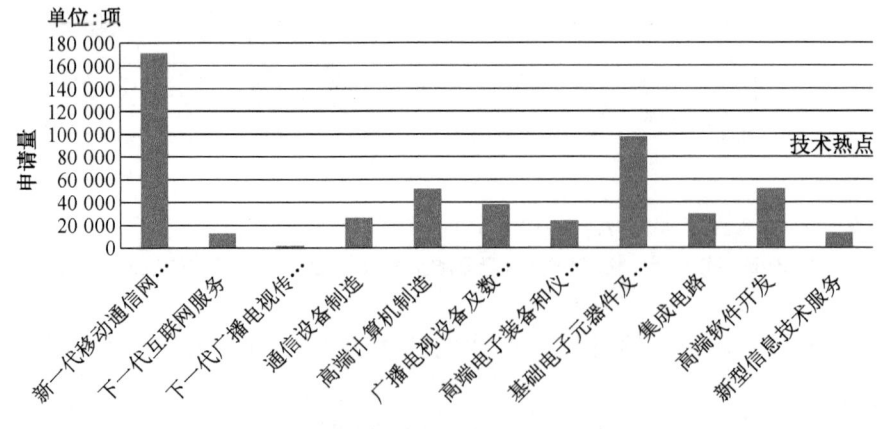

资料来源:国家知识产权局统计数据。

图 3-7　全球领先跨国公司的技术研发热点

国际企业在我国的专利申请,被称为目标市场的技术布局,也就是说这些企业的专利能够产生排他作用,受到申请国的法律保护,这对本地企业是一种技术进入壁垒。但同时,也是知识溢出的重要途径。而我国企业为了能够跟上产业的发展、把握正确的发展方向,采用逆向研发到发达国家的技术中心建立研发机构,追踪产业的最新发展方向,获取先进的知识技术溢出,追赶发达国家跨国公司的核心技术。

3.1.2.3.3 创业型企业和衍生企业

随着新一代信息技术的快速发展,必然会出现许多大型公司难以兼顾的新兴技术分支。技术分支代表了新的创新空间。这些发展空间为中小型企业、为创业型企业的诞生以及衍生企业提供了发展空间。

大企业在技术创新方面有资源的优势和市场的优势,但并不能兼顾产业发展中所需全部领域的最新技术和创新。因此,越是创新型产业和地区,越需要创业型企业和衍生企业来填补技术的空白。换言之,创业型企业、衍生企业、中小型企业的存在和创新成果,能够使当地形成一个互补有无的高效技术市场,有利于企业专注于核心竞争力的发展。

以色列的特拉维夫是全球技术创新影响力极大的地区,该地区除了全球著名的大公司,就是数量众多的初创公司和衍生企业。衍生企业的创始人从大公司脱离出来成立的新公司,与原企业在社会网络、技术、市场方面都有千丝万缕的联系。这些中小型的企业各有所长,都在一个具体的技术上有独到的成果和专长。

韩国虽然是典型的大企业主导型产业发展模式,但首尔能成为全球科技创新城市,一大批科技型初创公司的创新对全球的影响力起到了重要的作用。事实上,科技型初创公司对于一个地区的创新发展有不可忽视的作用,因此,全球科技创新型城市或者中心地区均有规模显著的初创公司和衍生企业。

3.1.2.3.4 国家政策培育引导型

我国的知识密集型产业,如高技术产业、战略新兴产业等在其发展过程中,政府所起的作用十分重要甚至是关键性的。政府主要在以下3个方面对研发创新型产业产生影响:

1) 资金和人才的供应与保障

政府是科技创新的最大也是最直接的资源供给者。政府开办的大学以及设立的研究机构是基础研究、应用型基础研究以及共性技术开发的主力。诺贝尔奖以及国际上其他领域的最先进技术与理论均来自高校与科研机构的研究人员。从研究经费规模看,政府在航天、军工、国防以及对国家发展有战略意义的产业发展上,都是任何机构不能相比的,这已经成为世界各国的惯例。

在自由经济市场发展最为成熟的美国,政府是美国大学科研经费的主要来源,越是顶尖的大学,政府经费的比例越高。在科学和工程领域的大学,来自美国政府的经费占比达到75%。以创新型企业为主体的硅谷最初的创新基础也是得益于美国政府对国防工业的大力资助。第二次世界大战期间,美国政府大力投入大学的实验室发展军工技术,这一政策刺激了新的行业和创新区域的发展,斯坦福大学的科研人员受益于政府的国防和航天合同,掌握了新技术和新产业的发展方向。这种资助一直延续了整个冷战时期,使大量的优秀科研人员和资金流入斯坦福和伯克利,以及周边地区,为硅谷的形成奠定了坚实的基础。

2) 政策激励

纽约市在促进研发创新型集群的发展过程中,政府的政策起到了关键性的作用。纽约市政府建立了专门的项目中心和机构来负责具体的政策制定与推进。例如,科学技术与研究办公室下设8个战略研究中心,5个先进研究中心,15个先进技术中心,10个地区技术发展中心。设立的技术办公室负责推进各项政策,如经济开发区税收优惠、帝国区税收优惠、研发税收优惠、固定投资税收优惠等。这些政策使影像技术、生物技术、生物医药、军事电子、纳米技术及环境保护技术在纽约有了显著的发展。

爱尔兰通过政府的优惠政策,吸引了全球主要的跨国公司,并且因此成为了全球重要的科技创新中心,其软件产业已经形成了全球最具影响力的高技术产业集群。

高技术产业的发展也依赖政府集群和产业政策。例如,新能源汽车产业、信息技术产业的发展中,美国、日本、韩国、中国及欧洲各主要国家均出台了大量的扶持性政策。

法国政府采取资金投入,先建立科技园区,再通过园区培育产业集群。该政策自2005年至今,已经投入15亿欧元,建成了60个不同领域的科技园区。这些科技园区被称为"竞争力群",突出的特征就是研发与创新的核心地位以及集群的价值链系统特征。

法国政府帮助企业、培训中心和研究机构建立合作关系,形成合力,抱团发展。这种集群政策促成了71个研发集群的形成,超过7 000家科研机构和企业、1.5万名研究人员参与到了研发价值链系统中。

以空间集聚和价值链系统构建为核心思想的集群政策,使法国成功地建立了6大具有全球领先竞争优势的产业集群,包括以里昂为中心的生物工程产业集群、以波尔多和图卢兹为中心的航空航天产业集群、以巴黎为中心的医药产业集群和软件产业集群、以蓝色海岸各城市为中心的通信产业集群以及以格勒诺布尔为中心的微电子产业集群。法国之所以在国际竞争中能够保持现有地位,很大程度上取决于竞争力项目的蓬勃发展。这些项目包括陶瓷业、粮食生产新技术、儿童产品、纳米技术、现代运输、可再生能源和建筑、高档纺织业、环保型车辆、化妆品等。①

3) 市场开发的协助

世界各国的高新技术产业的发展中,除了需要研发资源,还需要市场。而高技术产品在开拓市场时,会遇到各种问题,需要政府的辅助。例如,新能源汽车的大规模市场销售,需要配套的充电桩,还有其他的维修维护等设施服务。各国政府均出台了各种政策协助本国新能源汽车市场化。例如,日本采用补贴政策,使新能源汽车的市场化率显著提高。

3.1.2.3.5 大学推动型

大学的知识溢出效应是研发与创新型产业集群形成的一个重要

---

① http://www.chinatorch.gov.cn/cyjq/gjjy/201312/f1bd8e630152406a99eb4f0edee0ce66.shtml.

来源。德国慕尼黑、美国硅谷、日本东京、新加坡、中国香港、中国台湾地区的研发创新集群均是围绕大学逐渐形成的。我国的同济大学周边已经形成了环同济知识产业圈，北京的中关村是以北大、清华为依托建立发展起来的。大学在促进创新型集群产生的过程中，主要起到了以下3个作用：

1) 为企业提供基础研究与公共技术平台研究的支持

大学是政府资助基础研究与公共技术研究的主要对象，也是主要的人才和技术集聚机构。特别是理工科大学、学院往往是尖端技术和高新技术的主要研究者，也是重点实验室和先进研发设备的所有者。这些都是一般中小型企业和创业企业无法建立和拥有的。在我国，一些理工科大学参与产业发展的程度较深，与企业合作研发的项目较多。这些项目为更多的创业企业和衍生企业提供了发展所需的空间，通过技术上的专业化分工与细分市场的填补，成为产业的重要参与者，最后在大学的周边逐渐演化出产业集群。我国目前成功的以大学为核心带动起来的创新型产业集群案例并不多。同济大学因其在建筑研究方面的基础，深入参与了房地产开发与城市建设开发的实践工作。实际的业务联系为衍生企业和初创企业提供了生存发展的良好空间，大学周边地区的企业更容易找到业务，甚至参与较大型的项目。

高校与科研机构成为部分研发集群的组成部分，并以提高集群研发能力、推动创新为参与目的。例如，本溪制药创新型产业集群包含了沈阳药科大学、中国医科大学、辽宁中医药大学、辽宁科技学院。烟台海阳生物与医药产业集群中，高校与科研机构是提升集群研发水平的关键。中科院上海药物所国内首家分所、中科院烟台海岸带研究所、同济烟台转化医学研究院、中国农业大学（烟台校区）、滨州医学院（烟台校区）、烟台大学、鲁东大学是集群关键技术领域的主要研发参与者。

2) 孵化器与衍生企业

以建立大学科技园作为孵化器，来推动以大学为核心的创新产业集群，也是大学重要作用的体现。例如，英国的剑桥创新集群就是成功的以大学为核心，政策性地进行初创企业的孵化，并且重视衍生企业的发展。德国的大学在推动当地创新集群产生的过程中起到了十分核心的作用。德国企业选择在大学周围建立研发机构,与大学一起进行合作研究与开发。这种学产合作的模式使大学在德国的创新集群中具有十分明显的核心作用。

3) 创新环境

大学对于当地的创新环境有着明显的影响和塑造作用。大学不仅通过教职工和教育出来的学生来改变所在地区的人文环境,也通过各种学术研究活动、项目的参与等产生知识溢出,改变企业的经营理念和发展方向。大学开设的面向政府工作人员和企业经营者的各类课程对于改变学员的视野和管理水平有着明显的影响作用。人的理念决定了政策和管理模式,这些都是创新环境中的最根本的影响因素。

3.1.3 研发集群的发展模式

3.1.3.1 研发产业的环境影响因素

根据环境影响因素存在的范围大小和影响距离,可以将影响研发产业发展的环境因素分为以下4类:①全球产业发展现状与趋势是对所有研发产业均有影响的最外围环境因素。②国家的产业发展战略构成的创新环境。③区域创新环境是不可转移、难以复制的重要环境影响因素,这决定了一些研发集群的区位选择,或者是一些研发集群在区位上是否有选择。区域创新环境对创新资源的分配体系有重要的影响。④区域创新资源的分配体系与价值链体系是对研发产业有直接影响作用的环境因素。

如图3-8所示,4种环境影响因素之间存在着互相影响的关系。但是,影响关系在

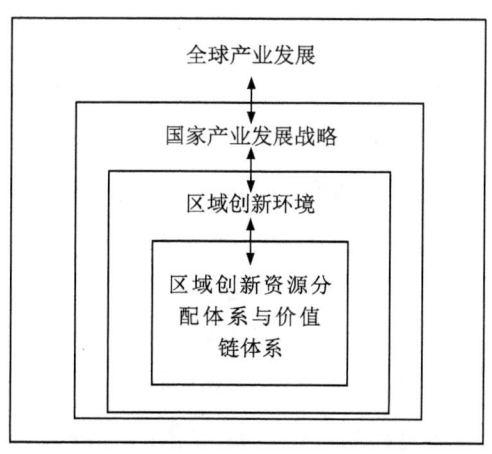

图3-8 研发产业的环境影响因素

不同的层次上有差别。

全球产业发展的影响存在于所有国家和地区。全球产业既包含产业链上的分工体系和价值分配体系,也包含产业的区位和由此产生的地区产业结构差异。由于存在分工、价值回报与结构上的差异,每个国家的产业政策和产业发展各有侧重,但是产业政策和发展战略的主导思想都是围绕如何提高整个国家在产业分工和价值收益这一目标。

创新是当今各国产业发展的关键,主要经济体在这一点上均有共识。因此,各国都尝试用各种经济与政策工具来推进创新。但是,区域创新环境本身无法复制和搬移,因此很多成功的区域创新案例,如美国硅谷、英国剑桥、爱尔兰香农自贸区的软件产业集群等,都是只能借鉴而无法照搬。无法复制的优势,在企业层面被称为"核心竞争力",而这种优势如果是存在于一个地区,就说明该地区的区域创新环境中,形成了一个高效率的区域创新资源的分配体系和有利于企业发展的价值链体系。

区域创新系统(Regional Innovation System,RIS)的形成,研发创新集群的诞生,还需要区域创新体系的配合。没有区域创新体系,研发集群的形成难以顺利进行。区域创新系统由英国研究者Cooke最先提出,包括大学、企业、专业性中介服务机构、相关政府部门。企业的空间集聚是创新集群形成的必要条件,而专业性中介服务机构在促成集群形成中的作用不容忽视。硅谷的科技创新型企业多是由技术人员开办的。企业从筹备到正式运营到上市或者参与企业并购(M&A)都需要专业的中介组织的专业化服务:法律、会计、金融、人力资源管理、知识产权、物流等专业性机构的存在是硅谷地区不断培育出引领全球产业发展的领导型企业的关键。

价值链本身是分工环节的整合。交易成本理论认为,企业的边界是由资源的交易成本决定,企业内部的分工合作能够降低各种资源的交易成本,那么企业就可以继续存在并发展,一直到内部的分工体系与通过市场的交易成本相同时,那么生产活动就会外移到市场机制下完成。这也解释了为什么外包、联盟等生产合作形式存在的经济原理。

一项工作可以在企业内部的不同部门分工合作完成,也可以由不同企业的分工合作完成。分工是生产专业化水平提高的最重要途径,也是不同企业合作生产能够提高效率的关键原因。

企业之间分工合作的结果就是价值链体系的形成。价值链体系是一个更加复杂的分工网络,既有核心工序上的分工,如研发、生产、销售,也有辅助性工作的分工合作,如法律、会计、金融等。

如果采用价值链主体身份来描述这个体系,那么区域创新体系是最为贴近的。但是,区域创新体系是静态的体系构成描述,并未说明为什么会存在这样一个体系:一个能够提高地区创新主体产出能力的分工网络。

价值链体系是一个由研发和创新来主导的分工网络,研发与创新是价值产生活动中最核心最重要的环节。研发和创新成果与产出的价值远远高于其他环节的价值。这也是高技术产业和战略性新兴产业为什么受到各国政府重视的原因。

研发价值链体系是企业进行创新的最直接影响的环境因素。这个体系不仅仅是分工体系,也是资源的分配体系。任何企业身在其中,生产经营决策与效果都受这个体系的影响。

3.1.3.2 研发产业的发展模式

研发产业的发展模式按照核心推动力的来源分为内生型发展模式、外生型发展模式和市场需求开发型发展模式。

3.1.3.2.1 内生型的研发集群发展模式

企业在参与全球产业链分工系统的过程中,为了提升自身的竞争力,通过在研发与自主创新上的大力投入,建立核心竞争力,增强在产业分工中的谈判力。实践这样的发展路径和创新理念的产业集群就是内生型的研发集群。

如表3-10所示,以华为、腾讯、鸿海、鸿富锦为代表性发展企业的广东的新一代信息技术产业集群具有典型的内生型为主的发展模式。我国排名前十位的新一代信息技术产业中的创新企业均是从小企业起步,通过参与全球价值链分工,逐渐成长为有实力的企业,并与合作企业一起通过创新提升了产业的整体竞争力。这些研发集群在广东省十分普遍。

表 3-10 我国新一代信息技术产业在华主要申请人排名与申请量(1995—2015 年)

单位：件

排名	申请人	申请量	发明	实用新型	占中国总申请量的比例
1	华为	16 543	99.2%	0.8%	2.2%
2	中兴	14 785	97.8%	2.2%	2.0%
3	三星	14 221	99.5%	0.5%	1.9%
4	松下	10 748	98.7%	1.3%	1.4%
5	鸿海	6 917	84.1%	15.9%	0.9%
6	IBM	6 641	99.9%	0.1%	0.9%
7	索尼	6 495	98.8%	1.2%	0.9%
8	鸿富锦	5 983	88.3%	11.7%	0.8%
9	微软	5 204	99.8%	0.2%	0.7%
10	高通	5 046	100.0%	0.0%	0.7%

资料来源：国家知识产权局统计数据。

作为民营企业，华为、腾讯的企业发展与核心竞争力主要依靠技术创新。而总部在台湾的鸿海精密工业股份有限公司和鸿富锦精密工业（深圳）有限公司是同属富士康集团的台资企业，也是具有全球影响力的信息技术产品原始设备制造商（OEM）企业。然而，富士康集团下属的企业仍然投入大量的资源进行研发。从统计数据可以看出，与其他的企业相比，鸿海精密工业股份有限公司和鸿富锦精密工业（深圳）有限公司申请的实用新型的比例相对较高，都超过了10%，这与其业务内容和市场需求息息相关，但是从该公司申请量中发明专利的绝对数量规模上可以看到，该企业在向全球产业价值链中高端转移采取的战略中，具有研发与自主创新的突出特征。

从成熟市场研发产业的发展历程来看，日本的研发产业发展具有典型的内生型研发产业的发展模式特征。王承云总结了日本企业研发机构的成立时间特征，认为日企普遍性地建立研发机构有两次高峰期。第一个高峰出现在1950—1970年,这一时期日本企业纷纷成立研发机构,存在两个非常重要的原因。第一,20世纪50年代,日本企业通过引进技术的经历普遍认识到,创新技术对企业发展的重要性,通过技术吸收,企业产生了自主创新开发技术的需求。随着生产自动化的进展,以低工资弥补高技术的优势越来越小,开发企业自主技术的需求,加上欧美跨国公司对日本企业资本渗入攻势的加强,使日本企业感到设立研究所的必要性。第二,第二次世界大战后的恢复生产过程中,企业在引进设备和技术改造方面取得了成功,随着资本积累,企业有了富裕的资金去投资研发项目进行自主创新。这一时期设立研发机构的热潮,反映了日本企业掌握自主技术的强烈愿望。第一次高峰之后,由于20世纪70年代初发生的石油危机,企业成立研发机构的数量出现明显下降,经历了一段低迷时期。第二次高峰是从1980年开始,到1990年达到顶峰,以微电子技术和知识经济为代表的高新技术、电子技术、新材料等的快速发展,使全球竞争更加激烈。日本企业意识到只有开发高新技术才能立足世界,保持竞争力。这一时期企业成立的研发机构数量明显增加,第二次高峰的顶峰是在20世纪80年代末至90年代初,恰好是日本经济发展势头最好、泡沫之前的上升时期。随后,日本经济进入20世纪90年代初至21世纪初的"十年低迷"状态。但是,在2000年之后成立研发机构的情况又开始好转,这一时期日本逐渐走出"十年低迷",企业再生能力得到恢复,特别是得益于中国经济的高速发展。①

在区位上集聚在大都市,集群的企业按照规模来看分为三类:根据王承云的研究统计数据,2005年大约有18%的研发机构其注册资金在10亿日元以下,有35%的研发机构其注册资金在10亿~50亿日元,有60%的研发机构注册资金在50亿~100亿日元,有83%的研发机构注册资金在100亿日元以上。可以明显看出,企业注册资金规模越大,拥有研发机构的比例就越高。

---

① 王承云.日本研发产业的空间集聚与影响因素分析[J].地理学报,2010,65(4):387-396.

按照行业日本形成了以机械制造、运输机械、电子电器、医药和生物技术、化学、橡胶和材料为主的研发产业格局。从行业结构来看,日本研发机构的空间分布更能体现日本经济的地域特色。主要表现为以东京为中心的关东地区,聚集着全国各种行业的研发机构,关东地区研发机构行业齐全,是其最大特征。其中钢铁和金属制造业的研发机构的40%集中在东京都内,信息服务业的半数以上集中在东京都。这两大行业在关东地区的聚集度最高。中部地区特别是爱知县主要集中了运输机械(14.5%)、石油化工(10.8%)和纺织机械(10.9%)的研发机构。特别是运输机械(主要是汽车)是仅次于神奈川县在全国第二大集中的地区。以大阪府为中心的近畿地区主要集中了机械制造(10.6%)、化学化工(15.2%)、电子电器(10.9%)等行业的研发机构。大阪府医药生物技术(15.2%)研发机构的比例较高,滋贺县则主要是纺织机械(10.9%)占有较高的比例。兵库县则主要是聚集了钢铁工业(15%)的研发机构。① 上述各地区的研发产业结构与当地的优势行业基本一致。这也是日本企业普遍接受和认同自主创新的发展理念的证明。研发集群是在原有产业基础上内生发展而成的,这正是日本企业能够形成自己独特的产品优势,与欧美跨国公司抗衡竞争的根本原因。

日本企业的研发机构在企业发展过程中也经过了初期的重视某种特定技术的研究,然后随着技术发展的需要,研究机构无论大小,其职能、形态经历了不断升级和扩大的过程,实现研发机构从"量"到"质"的提升,技术来源从"引进"到"自主研发"的战略转型。②

技术引进与消化吸收阶段:日本从20世纪50年代开始引进欧美先进技术并在此基础上进行消化吸收和创新,企业设立产品设计部门成为常态。

自主创新发展与深化阶段:20世纪60年代日本企业成立中央研究所,在连续的高度经济成长时期,日本产业界的核心技术进入一个

---

① 王承云.日本研发产业的空间集聚与影响因素分析[J].地理学报,2010,65(4):387-396.
② 同上。

成熟的阶段。为了对传统的技术进行革新和突破,企业加快研发部门的发展,并且纷纷强化对研发部门人力物力的投入,80年代以来,企业开始转向加强应用和基础领域的实力,到80年代后期,许多企业把综合研究所或中央研究所从基础研究部门独立出来。①

研发全球化阶段:20世纪90年代之后,日本企业采取与世界上著名企业进行联盟设置研发机构的策略。一些大企业还有计划地在海外具有技术优势的地区设立研发机构。②

3.1.3.2.2 外生型的研发集群发展模式

与内生型相对应的是外生型的研发集群发展模式。外生型发展模式是指研发集群的发展中,政府等外在推动力和资源调拨给予起到了关键性作用的发展模式。外生型的研发集群在国防、航空航天等公共技术产品生产领域十分普遍。该领域的外生型研发集群对于整个国家的发展和国际地位起着无可替代的重大战略性影响。

除了公共技术产品领域存在外生型研发集群,在市场化的私人产品与服务领域,外生型发展的研发集群也普遍存在,特别是技术追赶型国家和地区,在培育本地的高新技术产业集群的初期,外生型发展是主要的模式。

因此,外生型与内生型并不绝对的对立,他们各有优缺点,彼此之间也存在转化,在不同的生产领域和研发集群的不同阶段,都能产生相应的作用。

3.1.3.2.3 市场需求开发型的研发集群发展模式

市场需求开发型的研发集群发展模式,是领导型研发集群采用的典型发展模式。与内生型发展模式相比,市场需求开发型发展模式多为竞争实力强、对产业发展有较强掌控力的先进研发集群所选择。该类研发集群需要发现新的市场空间来实现手中掌握的技术的经济价值。而内生型发展模式主要是指研发集群在形成与发展中,靠企业自身提升竞争力。因此,这个两种发展模式并不相同。

---

① 王承云. 日本研发产业的空间集聚与影响因素分析[J]. 地理学报,2010,65(4):387-396.
② 同上。

采用市场需求开发型发展模式的产业集群一般拥有成熟规范的基础环境,可以以相对较低的交易成本获得企业发展的次要资源,从而专注于将关键资源投入到企业的核心价值领域——研发创新环节。美国的苹果公司、谷歌公司、英特尔公司、惠普公司等是全球的产业发展领导者,这些企业及其关联的价值链网络体系是典型的以市场需求开发为主要发展动力。换言之,这些企业将隐藏的市场需求显性化、市场化,并且制定了市场的标准和产业价值链的分工体系。

在开拓者绘制的产业发展地图上,其他企业开始寻找发展机会、细分市场、前沿创新技术分支,并以此获得新的竞争力和发展空间。

总结而言,研发集群的发展受到多种因素的影响,但是各个因素有主有次,主次也随着时间和集群的发展阶段有所变化。各种模式也并非完全独立和彼此排斥,只是在不同的阶段某一种模式的特征更加突出,对于集聚的发展作用更加明显。

3.2 研发集群的知识溢出研究

3.2.1 研发集群的知识溢出机制分析

3.2.1.1 基于研发价值链体系的知识溢出机制

为什么某些地区能够集聚研发活动,某些地区能够发展成为对全球产业链有直接影响的区域创新中心呢?有研究者提出协同创新理论,也有研究者用国家创新体系和区域创新体系理论来研究。本书借鉴以上两大理论以及相关经济学理论提出:一个能够提高本地区分工效率和资源分配效率的研发价值链体系,是该地区能否将研发集聚转化为研发集群,继而发展成为区域创新中心的关键。

知识溢出效应给研发企业带来的外部性受到地区价值链体系的影响。价值链体系越成熟、越高效、越敏感,知识溢出效应越明显,身处其中的企业研发信念越强大越自信;价值链体系越脆弱、越松散、越迟钝,知识溢出效应越差,企业研发目标就容易动摇,研发信念也容易坍塌。

知识溢出效应为什么会受价值链体系的影响?马歇尔从实际观察中总结指出,一个地区能够吸引企业前来扎根发展(集聚),继而形成经济中心,得益于外部性:"中间投入品共享、劳动力共享和知识溢出"。① 前两个因素也被称为资本的外部性,而知识溢出是知识的外部性。

这三个原因能够很好地解释以制造为主的企业空间集聚:本地区的熟练劳动力市场,围绕核心企业建立的丰富中间品市场以及丰富的生产制造知识溢出。

全球化为企业提供了整合不同空间优势资源的机会。企业在全球范围寻求最优的区位配置,将产业链分散在不同的空间,土地、资本和人力成本吸引了制造环节,那么,是什么因素在吸引技术创新行为主体的空间集聚上起到了重要的作用?

从实际现象的观察,容易理解接近市场、获得廉价而高素质劳动力、丰富的土地、低成本的资本对生产型企业的集聚有吸引力。但是,对于一个以技术开发和创新为主的企业,为什么要选择到某一个地区集聚?显然,这种集聚必然是对企业发展有无法替代的吸引力,才能促使企业做出到那里创立发展的决定。而这个吸引力也必然是遵从了企业的天性,即对投入产出效率最大化的天然追求。如果这个选择得到了大部分企业的赞同,也就是相当数量的企业都选择到一个地区集聚发展,就说明这个选择一定在经济上具有吸引力。

创新型企业的投入与产出的要素与工业制造的投入、产出的要素不同,经济效益的核算规律也不同。工业企业投入土地、资本和劳动力,在现有微观经济学理论的基础上,可以找到经济效益最大化的方案。而创新型企业投入的是知识,即人的知识与智慧,用于研发研究的

---

① 藤田昌久,保罗·R·克鲁格曼,安东尼·J·维纳布尔斯,等. 空间经济学:城市、区域与国际贸易[M]. 中国人民大学出版社,2013:5.

资本投入(如试验室、仪器,研究用的土地、设备、试验对象等);产出的也是知识。

空间经济学从企业活动的区位选择结果与地区的宏观知识产出发现,在一个独立完整的空间范围内,经济发达地区的技术成果产出质量和规模明显超越了其他地区;区域创新有强烈的本地化倾向;而且创新是一个相互作用的过程。[1]也就是说,创新型企业在"理性人"和"利益最大化"这些基本经济原理的作用下,选择到经济发达的地区集聚并本地化,从当地优越的经济环境、创新的交流促进以及创新的本地化机制中获得理想的技术产出效益。这样的选择使这个地区获得了创新能力,最终,透过产业链治理,成为了具有实质影响力的科创中心。

知识要素与知识生产的基础设施条件是研发创新型企业最看重的。在知识溢出与区域创新的研究中[2],研究者对美国、欧洲等经济发达地区的知识溢出对该地区创新产出和高技术产业集聚的影响进行了实证研究,研究结果验证了知识溢出的确与高技术产业的集聚有相关性。研究者们认为研发与创新活动比其他生产活动更倾向于集聚,这是研发集群知识溢出效应的作用,因为知识溢出提高了集聚区企业的知识生产效率,吸引了对知识依赖度较大的企业加入集群。而且,知识溢出受到区域内价值链网络的影响。

我国一直以来用廉价劳动力和市场吸引了价值链制造环节的空间集聚,以此促成我国参与全球产业价值链的目标的实现,并且成为了"世界工厂"。但是,在跨国公司推动的知识全球化的背景下,仅仅吸引研发的集聚还不能解决"产业升级"和"创新驱动发展"的问题。将研发的集聚通过价值链体系的构建,形成研发集群,充分释放和发挥知识溢出效应,才能刺激地区研发活动的活跃,强化知识溢出效应,增加创新活动效率,实现创新驱动型发展。

总结而言,区域创新产出的提高,取决于众多企业是否愿意将价

---

[1] 魏后凯. 现代区域经济学[M]. 经济管理出版社,2011.
[2] 详见第2章知识溢出的研究综述。

值链的技术研发环节集聚在某一区域,并且通过构建以研发为核心的价值链体系,提高知识溢出效应,进而提高企业的研发效率,促成区域创新中心的形成。

3.2.1.2 研发集群内的知识溢出:基于产业价值链的分析

对于研发集群内处于知识低端的企业群,知识溢出效应主要从最接近低端企业知识水平的领域开始产生效应,并沿着价值链,推动企业从低知识密集环节向高知识密集环节发展。这是研发集群对区域创新产生影响的关键性机制,为知识低端企业提供了一条向价值链中高端转移的通道。

如图3-9、图3-10所示,研究者们对照2003年和2007年我国IT产业的OEM企业如何从全球价值链低端向中高端转移的研究发现,中国大陆的OEM企业在价值链上的中高端延伸成果十分显著,这与我国知识产权局对全球和我国的知识产权统计数据相吻合。美、日、欧、韩在过去的20年里,在全球产业链的布局变化并不明显,一直都控制着研发与品牌两个高端。变化较大的是中国,从完全的低端制造环节,逐渐发展出研发创新能力,获得了外围产品与生产设计、零部件设计等能力,从OEM企业转向原始设计制造商(ODM)企业。

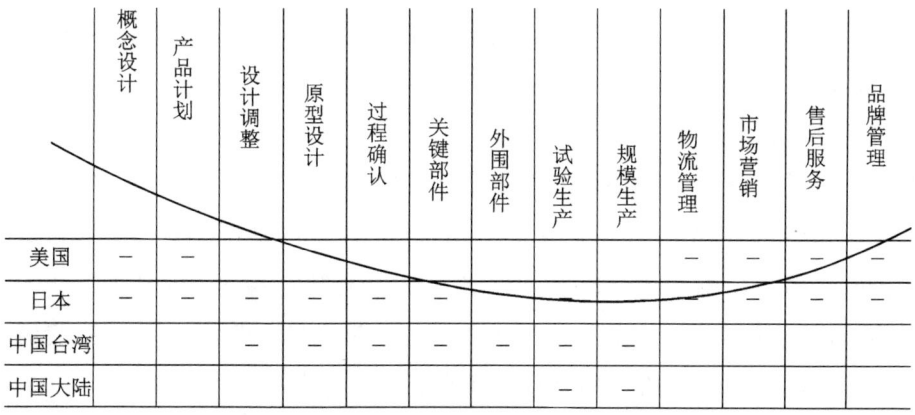

图3-9 技术价值链分工(2003年)

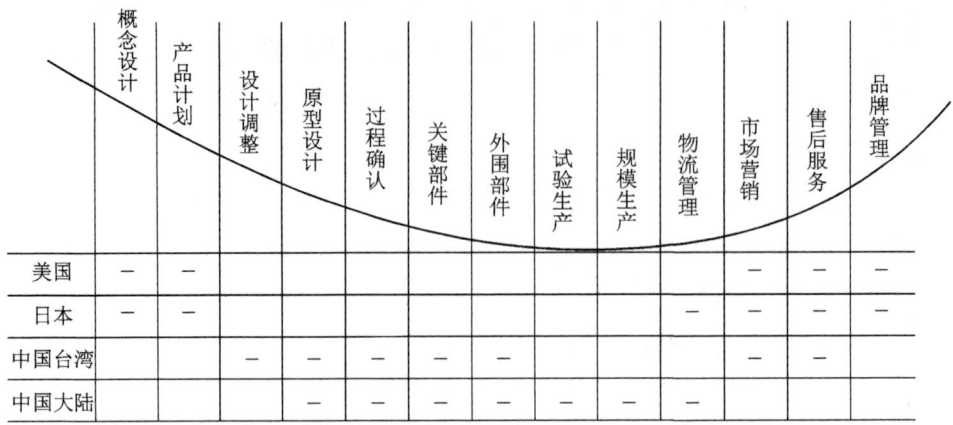

图 3-10　技术价值链分工（2007 年）

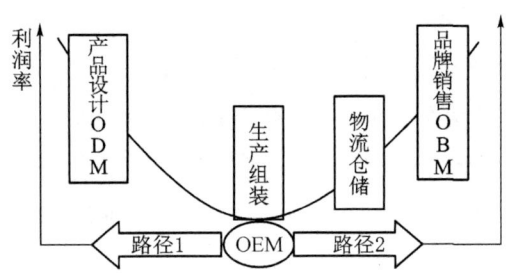

图 3-11　价值链中高端转移路径

如图 3-11 所示，企业从低附加值的 OEM 模式向知识密集型 ODM 模式、OBM 模式转变的过程，就是企业参与集群的价值链体系，通过分工合作的联系，获得知识溢出的过程。而这种知识溢出效应，只有参与了集群的分工网络才能够实现。

总结而言，企业的创新能力有赖于知识的积累，获得知识溢出是企业提高知识积累效率的重要途径。这里的知识溢出（不包括违法的学习行为，如假冒、仿造）包括受到该地区创新主体的启发而进行的借鉴、改造、升级等融入了新知识的创新活动。

国内研究者杜德斌（2000，2015）、祝影（2007）等学者从跨国公司区位选择的角度研究跨国公司研发机构的区位选择，并结合 Castells 的

"流动空间"(space of flows)概念研究发现,"不同行业、不同类型的跨国公司在全球范围内研发投资区域的叠加形成了全球研发投资的热点区域,即全球研发网络的节点"。并认为"这些节点区域,汇集了研发资源和创新能力,本身成为了能量巨大的场源,引发了各种要素的流动,实现了研发资源的全球集聚与扩散,占领了全球的技术高地,左右了全球的技术进步"。

全球研发网络及结点地区出现的研发集聚现象是静态的描述,是对跨国公司决策结果带来的全球空间布局结果的总结。本书在此基础上,从企业价值链的角度出发,认为跨国公司布局其研发环节的根本驱动力仍然是投入产出效率。正如生产环节的全球化是出于生产环节人力资本、土地、税收等各因素综合产生的成本产出效率的考虑一样,研发环节的全球布局也是出于研究投入与研究产出的综合效率考虑。

那么,跨国公司的研发机构和部门在全球范围内构建的研发网络中,节点地区成为众多跨国公司的共同选择,其直接结果是节点地区集聚了大量的不同行业不同类型的跨国公司研发组织。而跨国公司布局其全球研发网络,又主要在这些节点地区选择,这样就继续加强了在这些节点地区的集聚。

这样的过程和结果,客观地反映了跨国公司的判断:在这些节点地区布局其研发,能够提高研发环节的知识技术生产效率。

本书即在这样的假设前提下,以内生增长理论和空间经济学提出的知识溢出理论为基础,研究集聚如何通过与知识溢出的相互增强,提高区域的创新产出,也就是区域创新能力。而区域创新能力是一个集合的概念,是因为区域内的企业在研发方面有明显质与量方面的突出成绩,使整个地区表现出活跃、出色的创新能力。企业研发机构的集聚提高了企业价值链研发环节的效率,集聚地区的企业更容易获得全球产业价值链上的支配权。

以上论述可以总结为:企业的研发环节在全球范围内形成了区域集聚,通过集聚提高了研发的效率,研发环节的高效率进一步增强了企业的核心竞争力,并巩固了企业在全球产业价值链上价值分配的话语权。

因此,本节重点研究集聚的状态下,知识溢出是怎样产生的,知识溢出是如何提高企业的研发环节效率的。集聚是知识溢出效应累积和发挥的重要条件,同时知识溢出效应又强化了集聚,因此两者之间存在相互影响的关系。

高技术产业有在生产上高度依赖知识投入密度和创新,高度需要资金投入以及高集聚的特点。对知识、资金和集聚环境的敏感,使高技术产业的知识溢出效应尤为突出,这也是众多研究者选择高技术产业来研究知识溢出的原因。

由于跨国公司的研发机构已经从本土集聚战略转向建立全球研发网络,并在全球选择集聚区域,将该区域纳入到公司的研发网络,构成了知识技术创新的新全球化:从各个结点中心地区获取知识和技术,通过公司的统筹协同管理,进行更具有竞争力的技术创新和创新成果应用。

为什么跨国公司的研发网络结点选择在创新型企业集聚的地区?除了这些地区具备良好的基础设施和创新体系外,关键原因还是当地的知识溢出。

3.2.1.3 知识溢出的阶梯型扩散

知识溢出具有阶梯型扩散的特征,且从中心向外围逐级递减。知识溢出的扩散效应,存在于不同的维度,这些维度由知识溢出的影响因素构成。

通过对现有高技术产业集群相关文献的回顾,发现这样一个线索:创新能力是高技术产业集群竞争优势的最重要来源,也是集群持续发展的动力(Nunzia,2004);而获得同行或相关企业、机构的知识溢出是高技术企业集聚成群的主要动因,知识溢出效应可以增加集群的知识积累和新知识创造,是高技术产业集群提高创新能力,获得竞争优势的根本原因(Grossman和Helpman,1992);但知识溢出能否转化为企业的创新产出,与企业的吸收能力高度相关,集群内的知识溢出最终是由其中的企业所消化、吸收的(Cohen 和 Levinthal,1990),吸收能力对企业创新具有重要影响(Tsai,2001)。另外,在高技术产业集群中,由于地理邻近性与组织接近性,企业、机构之间会形成较强的社会网络关系,嵌入在这种社会网络关系中的社会资本是知识流动的主要通道,通过促进集群中知识的流动与吸收,进而提高企业的创新绩效(Kieron 和 Mark,2004)。①

以上研究结果说明,知识密集型集群的知识溢出效应首先在地理、组织和认知临近的企业间扩散,学习能力强和知识势能接近的企业接受知识溢出的程度更大,速度更快。而其他企业由于相对疏远,知识溢出效应扩散较慢,影响程度也不显著。

企业之间的联系方式与程度对集群的知识溢出效应有影响作用。集群主体之间分工越细、合作关系越紧密、合作频率越高,知识溢出效应越显著。反之,则会影响知识溢出效应的作用发挥。企业之间的合作与联系模式也是知识溢出效应阶梯型扩散特征存在的原因。如图3-12所示,企业之间的合作与联系,本质是分工合作关系。处于知识中心的核心企业与其合作企业之间的知识溢出效果最明显。与核心企业联系最紧密的企业网络是知识溢出效应最为强烈的,地区的其他企业处于次级知识溢出范围。

研发集群的知识溢出效应还受到集群主体之间地理距离、主体的知识存量水平差距、集群主体的学习吸收能力等因素的影响。总体而言,知识溢出呈现阶梯型扩散特征,并从中心向外围不断衰减。空间距离对知识溢出效应的影响已经在空间经济学研究中获得了大量的研究和论证,空间距离对知识溢出的影响是十分显著的。距离知识中心越近,溢出效应越明显;距离知识中心越远,溢出效应越薄弱。

企业的知识存量水平有差距。知识存量大的企业,技术实力与研发创新综合能力强,是知识溢出的中心企业;知识存量小的企业,技术实力与研发创新能力较弱。企业知识存量水平的差距,就像瀑布产生

---

① 朱秀梅.高技术产业集群创新路径与机理实证研究[J].中国工业经济,2008(2):66-75.

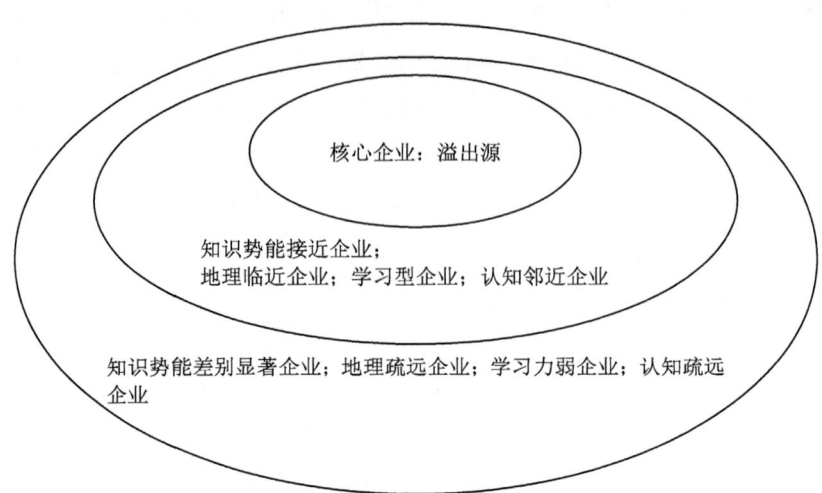

图 3-12　研发集群内知识溢出的阶梯型扩散特征

的水的势能一样,水平差距越大,知识势能①差距越大,两者之间的溢出困难越大。知识势能接近的企业,越容易产生知识溢出效应。

企业的知识存量与企业的学习能力有关。学习能力是企业内生型发展的最大促进因素。企业通过参与分工合作的价值链体系,得益于知识溢出效应从而获得提升的机会。但是只有积极学习的企业、知识吸收能力强的企业才能够逐渐从知识溢出的外围进入到知识溢出的直接效应层。富士康集团在新一代信息技术产业中从代工企业发展成为我国前十名创新型企业,其自主创新能力,正是得益于其学习能力。

3.2.2　研发集群内的知识溢出渠道

集聚地区的知识溢出是怎样产生的,通过案例及其他实证研究可以总结出,在企业集聚的环境下,知识溢出主要是通过产业联系(产业链、客户、生产网络)、地区创新体系、人员的流动和集聚、资本的流动和

---

① 杨皎平,侯楠,王乐. 集群内知识溢出、知识势能与集群创新绩效[J]. 管理工程学报,2016(3):27-35.

集聚这几个主要渠道产生。

3.2.2.1 基于产业内分工合作的知识溢出

现代企业的建立与运营基础是分工与合约。分工让企业专注于相对擅长的经济活动,因为自身具有了相对较高的效率而获得市场竞争力。由于企业在整个产业链条上是一个环节,整个链条的环节之间靠合约或者复杂的资本关系来形成。因此,新技术、新产品等行业发展信息就不可避免地会流出企业,在整个产业链上传播,而且这种信息和知识的传播对于接受者来说是免费得到的,不需要因为获得了"×企业在研究××技术""×企业在生产××类型的新产品"这样的情报而付费。特别是基于契约的生产合作中(如外包、"三来一补"等),产品的技术要求、设计等信息从技术位势高的企业流入到技术位势低的企业。通过"干中学"和模仿、改进、创新等行为,技术位势低的企业很快能够因为受到启发而找到适于自己的新技术和新商业,这就是知识溢出。位势低的企业不需要向位势高的企业提供的"启发"支付任何使用费。

产业链上的知识溢出可以分为水平型溢出与垂直型溢出。

水平型溢出,是指属于同一产业链环节的企业间的知识溢出,同类企业之间通过各种接触机会而获得启发和关键性知识信息。同类型企业之间并非完全的彼此隔绝,而是恰恰相反,有很多渠道让同类型企业彼此了解和交流,其结果就是 MAR 专业化溢出效应。例如,丹麦的 Salling 地区是一个集聚了很多家具企业的家具制造基地[①],该地区的家具制造业已经发展出了很多成功的品牌。该地区家具制造业的成功来自于不断的创新和设计。这个地区的企业主要是在现有生产线上对式样、原料和色彩进行多样化,属于渐进性创新。而创新主要是基于企业与一线员工的交流以及企业之间的相互关系。企业内部员工参与创新和实验是这个地区企业发现创新点的最普遍做法,同时企业间的相互启发是近邻之间无法避免的学习,这对于整个地区的创

---

① 任胜钢,陈凤梅. 国内外区域创新系统的发展模式研究[J]. 研究与发展管理,2007,19(5):45-52.

新产生了积极的推动作用。

类似的因为集聚于同一地区,同行间主动或被动的接触带来的知识溢出效应的地区还有 Sunmore 地区的造船业和日本中京的装配企业群①。

垂直型溢出发生在上下游产业链环节的企业之间。例如,任胜刚总结了瑞典的机械产业创新模式的核心就是海外客户的要求和需要,以及与供应商的合作是该地区企业创新概念和方向的来源。垂直型知识溢出对于地区产业多样化发展也起到了重要的作用,这在 Jacob 分析波士顿地区的产业演进中有详细的论述。

再例如,杭州的滨江地区已经发展出了一个以网络交易技术和支付技术为核心的企业集聚区,这些企业有各自的核心技术,主要是为给支付宝和阿里巴巴这个大企业开发各种技术而成立。阿里巴巴这样的大公司是基于网络交易的企业,身处一个技术更新速度极快的行业,自身的技术开发远远不能供应企业发展所需的全部,这种需求就带动了技术供应商的集聚,成为了一个典型的垂直溢出案例。

基于价值链系统形成的溢出效应对于下游企业创新能力提升十分有益。我国的富士康集团从 OEM 到跻身全国前十名创新型企业,得益于其参与了信息产业价值链的分工。

研发机构要进行的研究与开发活动,在和其他相关企业进行联系和发生业务关系过程中,所波及的技术转移和外溢效应也非常明显。另外,研究设备、仪器的购买及租赁、工作人员的培训和进修,研发所需的材料的采购等,对相关产业都会带来一定的经济效益。例如,日本的筑波研究学园都市,其所在茨城县的相关产业的实验用品、办公用品、信息数据处理费等产业和商品的销售额非常高,特别是研究实验设备、OA 器械、样品和试剂等在茨城县年内销售额占比达到 70%,在关东地区的"1 都 6 县"内这个销售比率更始达到 95.9%。显而易见,研发活动不仅给相关产业带来经济效益,还会为产业结构升级以及区域

---

① 任胜钢,陈凤梅. 国内外区域创新系统的发展模式研究[J]. 研究与发展管理,2007,19(5):45-52.

3 研发集群、知识溢出的区域创新效应分析框架

经济的增长做出重要贡献。岐阜县的东农研究学园都市,用于研发相关的经费每年为岐阜县带来 6 205 亿日元的经济效益。

3.2.2.2 基于创新网络的知识溢出

在现在的复杂的技术环境中,技术开发已经不是一家企业能够完全胜任的。因此,在开发与其产品和生产技术有关的活动中,与外部的企业、高校、科研机构、中介服务组织建立联系,形成一个网络,在契约的安排和协调下,共同合作开发技术成为了很多企业的战略选择。构建这个创新研发网络的基础是契约和协议,是通过构建战略联盟来组成一个在研发创新方面的知识生产价值链。

各个企业和高校机构嵌入进各类知识链、创新链,并与外部创新组织发生密切的知识联系,从而产生知识价值链内部和知识价值链之间的知识溢出。这种溢出可分为正式溢出与非正式溢出。正式溢出包括基于契约的合作研发、产学研合作、专利技术转让、企业衍生、专利出版物、专业期刊或文献。非正式溢出则包括非正式技术交流、专业会议或论坛、商业间谍、观察和模仿等。①

创新网络主体之间的关系建立在合作、协作、合同等契约之上。不论是技术转让、技术协作还是研发合作,参与主体之间共同参与创新都是为了取长补短、激发灵感、理清思路。Terleckyj 和 Nestor(1980)用"借入研发"表示溢出知识从创新生产部门向使用部门流动,并运用技术流动矩阵法研究表明,在制造业中介入研究的回报率为45%,自主研发的回报率为28%。其本质原因即为研发合作中的知识溢出效应。D'Aspremont 和 Jacquemin(1988)通过构造经典的 AJ 模型,分析知识溢出对企业研发行为与决策的影响,结果表明:知识溢出对企业合作动机具有正向激励作用,使各个企业相对于竞争状态更倾向于增加研发投资。

大企业通过在各创新网络集聚地区设立研发机构,来保持对该网络最新研发动态的追踪。日本的日立集团从 1989 年起开始了研发全

---

① 周小明.高技术产业集群知识溢出及其对区域创新能力影响的实证研究[D].天津大学,2013.

球网络的布局(见图3-13),选择建立研发机构的地区均是全球创新网络高度集聚地区,如爱尔兰的都柏林、英国的剑桥、法国的索菲亚-安提波利斯、美国的硅谷(圣克拉拉)和底特律、中国的北京和上海、新加坡。这些地区聚集了不同行业的创新网络,创新网络之间也保持着密切的联系,这是企业提升研发层次,获得全球技术发展最新视野的最理想的窗口。

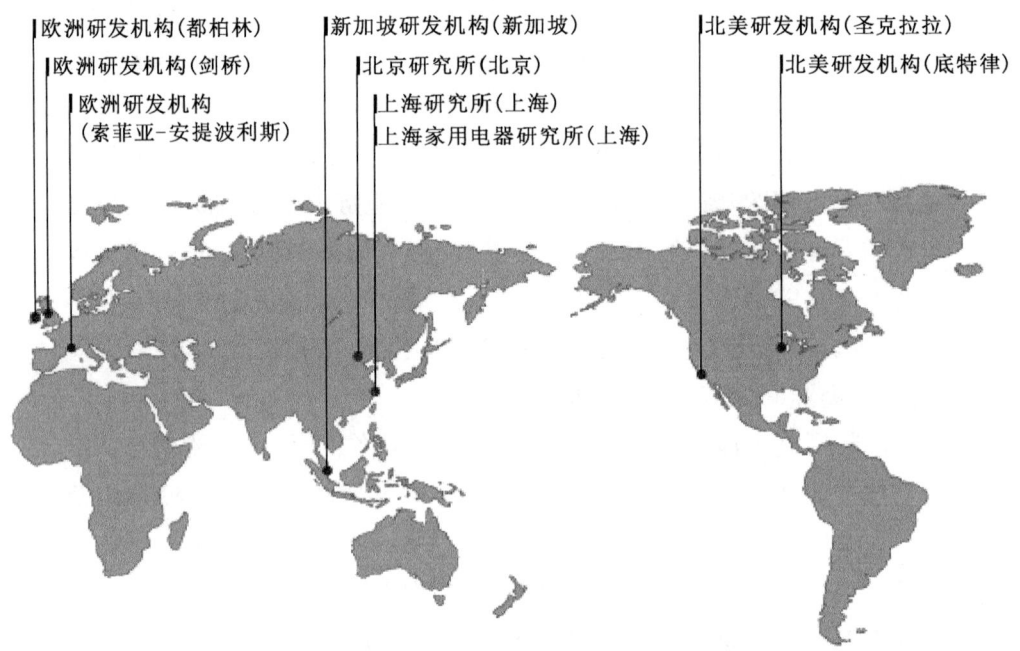

资料来源:http://www.hitachi.com.cn/micro/hcrd/company/global/index.html。

图3-13 日立集团海外研究基地地图

3.2.2.3 创业与知识溢出

企业家精神在知识溢出的早期阶段(20世纪六七十年代)就被认为是重要的知识溢出渠道。在美国的战后出现的创业潮在推动产品技术创新和多样化方面的确有很大的贡献,因此,企业家精神通过新创企业的锐意革新,给市场带来了丰富多彩的产品概念,也推动整个产业为了提升竞争力而进行技术创新。

企业家精神也用来解释了集聚区域内大量出现的衍生企业。一些具有企业家精神的人，离开原有企业，在集聚区域内开创自己的新企业，这些企业叫做衍生企业(spin-offs)。衍生企业与原企业之间保留了很多联系，甚至衍生企业本身就是原企业的一个供应商，或者外包商。高技术产业集群的衍生企业通过契约或者资本结构与其他企业保持了联系，成为集聚群体的重要组成成员。

3.2.2.4　人员流动及交流的知识溢出

研发人员的流动在知识溢出中的角色就像蜜蜂在花粉传播中的作用。特别是隐性知识的溢出，更是依赖研发人员的接触、交流和密切联系才能得以传播。

企业的员工流动，一方面是主动型。企业派员参观访问、短期进修、参加行业交流、技术援助等都是一种主动的流动。另一方面，企业也有被动的员工流动。研发人员跳槽、离职创业等，都是企业无法避免的。特别是在专业化集聚程度较高的地区，研发人员在同类企业之间跳槽的成本极低，而且非常普遍。例如，珠海格力的空调技术人员是珠三角地区同类企业的重点关注对象，其他企业通过吸引格力等大公司的技术人员来了解行业的最新发展动态，也获得了管理、市场等信息，这对中小企业的技术创新能力提升起到了很重要的作用。同时，来自高校和科研机构等外部组织的研究人员在知识结构、社会网络等方面与企业的研究人员进行了互补，提升了知识溢出的质量。

人员的流动和交流成为区域内知识溢出的重要渠道，社会网络也是知识溢出的一个重要渠道。作为交流中的一种，非正式交流已经成为知识溢出渠道研究中的一个重要研究对象。特别是高技术产业本身具有空间集聚的特征，而高技术产业的就业者以年轻人为主，人员流动性大，技术更新快，员工的学缘关系十分紧密，因此，知识溢出在高技术产业十分显著。正是由于高技术产业集聚区内的企业地理临近，学缘关系盘根错节，因此各组织及人员通过交流彼此熟悉，从而产生知识外溢。硅谷半导体产业中科学家40%的知识、工程师60%的知识是通过非正式沟通渠道获得的。

企业家的决策受移民群体的地位影响。其中,硅谷成长最快的移民工程师群体来自中国大陆和印度。特别是位于硅谷区域的大学中,计算机科学与工程系的中国学生数量明显增加。这些移民为硅谷与家乡之间的双向传播提供了一个重要的知识溢出通道。

3.2.2.5 资本流动与知识溢出

资本流动是知识溢出的重要机制之一,特别是通过外商直接投资(Foreign Direct Investment,FDI),国际贸易产生的国际知识溢出,被证明是国家间知识溢出的重要贡献。首先,外商的直接投资通过市场示范机制产生知识溢出,外资企业采用的管理理念和技术对本地企业产生示范效应,促进本地企业思考和实践资源优化配置,此外,还包括外资企业带来的新产品、营销等可以被直接观察到的案例。这种溢出效应有利于活跃本地的市场,让企业有机会通过学习、模仿、创新培养起自己的研发能力。其次,外资企业员工的在行业内流动,特别是技术创新能力突出的人才在流动中将外资企业的研发、生产、营销等知识溢出到本地企业。最后,外商直接投资企业通过产业链上的分工合作关系与上下游企业建立前后向联系,传递扩散关于经营管理等生产管理方面的知识,提高本地企业的管理水平和经营效率。因此,外资企业的知识溢出效应对本地企业的发展有重要的作用。

3.2.2.6 基于研发集群之间的协同网络

研发集群是指空间上高度集聚,彼此之间存在分工与合作的价值链网络。但是,从更大的范围看,一个产业在多个地区都会形成研发集群。产业的核心行业与辅助行业之间的分工越是细致,研发集群数量越多。并且,从空间上看,研发集群也有集聚的特征。

例如,美国的交通工具制造业是创新水平领先的产业,多个彼此间存在分工关系的研发创新集群高度集聚在美国的东部(见图 3-14),形成了"产业创新集群群"。①

---

① 葛伟民. 谈区域协同创新中的集群群概念[D]. 上海社会科学院应用经济研究所. 2016.

资料来源：http://www.chinatorch.gov.cn/cyjq/gjjy/201312/300ce6713b7f4c0b8140222f8bebd3a3.shtml。

图 3-14　美国交通工具制造业集群空间区位

美国的信息技术产业在全国各地有研发集群（见图 3-15），这些研发集群由于相对集中地聚集在一些区域，如美国东北地区、美国西海岸、美国五大湖地区等，从空间区位看，形成了研发集群群。

资料来源：http://www.chinatorch.gov.cn/cyjq/gjjy/201312/300ce6713b7f4c0b8140222f8bebd3a3.shtml。

图 3-15　美国信息技术产业集群空间区位

集群之间建立起来的竞争与合作网络是知识溢出的重要渠道。以生物技术产业为例,20世纪80年代德国的生物技术产业发展落后于美国、英国,根本的原因是该产业中的各个集群孤立存在,彼此隔绝。这种孤立降低了德国生物技术的产业化程度,风险资本不愿进入,加剧了资金短缺的局面。德国政府因此推出三大集群政策:InnoRegio计划旨在消除区域经济差距;BioRegio计划推动产业的集群发展;GA-networking计划则是为了激活集群之间的联系,培育集群之间的合作竞争网络。

三大计划政策的实施取得了成功,使德国的生物技术产业获得了空前的发展和进步。这三大计划政策的科学性表现在对集群的知识溢出效应客观存在的尊重与重视,通过循序渐进的科学方法,分三步建立集群的联系网络。

第一步:产业主体之间合作网络的建立,也就是价值链系统的建立,形成具有空间集聚特征的集群。

第二步:集群之间合作网络的建立。

第三步:核心集群与衍生集群之间合作网络的建立。

具体而言,首先,德国政府通过BioRegio计划及其后续的BioProfile(生物态势)计划促进集群的产生和初步发展。尽管BioRegio计划是以发展生物技术产业为主,但后续的BioProfile计划传承了BioRegio计划的实施经验,带动了德国其他高科技产业的全面发展,促进了产业的集聚。然而,德国产业的蓬勃发展也无法掩饰东部地区相对落后的经济。为了实现国家的整体经济发展,发展东部地区的产业经济迫在眉睫。其次,德国政府1999年以区域创新理论为指导在东部地区实施了InnoRegio计划,通过创新网络激发中小企业的创新能动性,从而促进集群主体间的合作。作为InnoRegio计划的后续计划,创新区域增长极计划(Innovative Regional Growth Poles)将InnoRegio计划的经验传播到全国地区,以"自下而上"的方式带动了全国经济的全面发展。在此期间,德国传统产业集群成功转型成为创新集群,区域竞争力得到持续有效的发展。20世纪末至21世纪初是德国集群策动蓬勃发展的时期。然而,大量集群策动也带来了德国区域间的过度竞争和政府资源的浪费。最后,德国政府于2005年发动的GA-networking计划在深化了集群策动的同时,重点对集群进行有效的管理,关注集群核心区域与集群外延区域的合作联盟,通过核心区域带动外延区域的发展,扩大集群影响范围。①

3.2.3 开放环境下的知识溢出

开放环境与封闭环境下的知识溢出效应存在十分明显而且巨大的差距。特别是知识密集型产业的发展,对环境开放性有更强的依赖性。依赖性表现在两个方面:一是接受国际高新技术产业知识溢出;二是高新技术产业实现国化的必要条件。

发达国家一般是高新技术产业发展的桥头堡,也是重要的国家知识溢出源头。在跨国公司构建的全球研发网络的大背景下,吸引跨国公司的研发机构,吸引研发人员和管理人才,吸引国际创投资金,都需要相应的对外开放政策构筑资源的通道。国际创新要素的流动、交流、合作是知识溢出的重要渠道,也是知识存量基础薄弱地区获得知识溢出的重要发展途径。

开放环境下的知识溢出,一般采用国际贸易与海外直接投资的间接指标来研究。但是,现状是我国高新技术产业出现了二元化的发展模式:一些拥有优势的大型创新型企业,纷纷到海外设立研发中心,开拓国际市场,直接参与了高新技术产业的国际化竞争。这一类企业由于进入了国际知识溢出的直接接受范围圈,发展速度极快,成为国内同行业内的龙头企业。而中小型企业和内地部分企业由于资源有限和其他客观的环境约束,难以参与到跨国公司和大型龙头企业主导的知识溢出圈,只能在外围接受减弱的知识溢出效应,跟随地区的发展水平。这类企业不能直接受益于开放的环境,难以成为国际知识溢出的最先受益人,其发展受到的制约因素更多。

---

① 陈强,赵程程. 德国政府创新集群策动的演化路径研究及启示[J]. 德国研究,2011(3):57-63.

这种二元结构对我国促进高新技术产业以及传统产业通过研发与创新实现升级产生了如下的影响:①创新的结构性分化,甚至是极化;②创新资源配置的失衡;③区域创新差距进一步加大。

在研发与创新方面,能够及时了解国外最新的产业技术发展动态,能够参与或者跟踪领导型跨国公司主持的开发项目,是我国企业实现产业发展达到国际水平的重要战略。但是,我国能够建立海外研发机构,参与国际合作的企业数量极为有限。大部分企业,特别是中小型企业在保持技术的先进性与实现创新成果商业化这两项核心业务上,面临着客观的权衡取舍决策。企业有限的资源如何分配才能即保证生存、发展又能保持核心技术竞争力的可持续性,这也是所有创新型企业面临的问题。

另外,现阶段的经济发展,企业不仅有在"技术创新"和"商业化"这两个业务上的分配难题,还有要不要创新这个问题。资本市场里的投资投机收益对企业的资源配置也产生影响。在资本市场活跃的地区,资本投资与房地产等行业的投资收益对很多研发创新企业和其经营者的决策产生了客观的冲击。

创新的结构性分化甚至极化由此产生:少数龙头企业,能够追赶上国际水平,成为我国高新技术产业或者知识密集型产业的代表,但是为数众多的知识密集型企业在创新成果、核心技术以及商业化运作能力上差距明显。

同时,创新地域上也存在二元结构:沿海地区集聚了众多跨国公司的研发机构,处于跨国公司知识溢出的核心效应圈。内地仅陕西、四川两省集聚了部分跨国公司研发中心,其余省市基本处于空白区域,成为跨国公司知识溢出的外围效应圈。

我国研发创新企业和创新区域共同存在的二元结构,既是我国知识密集型产业发展起步晚、追赶任务重、时间紧造成的客观结果,也与我国产业存在的结构性问题有关。

这种双重的二元结构,对创新资源的配置会产生影响,对研发集群的培育和发展也会产生影响。

3.2.4 知识溢出效应的影响因素

影响集聚区域内知识溢出效应的因素归纳起来主要有：环境因素、知识溢出主体因素和知识类型因素。

3.2.4.1 环境因素

环境因素是企业和集群无法改变，只能顺应接受的客观存在。具体包括政策环境、社会文化环境、经济制度环境、法律环境、社交环境。

3.2.4.1.1 政策环境

在产业的发展问题上，各国都十分重视政策的作用，并且实践结果也证明了政策在推动高新技术产业等技术创新型产业的发展中起到了积极的作用，[①]理论上已经认可采用政策解决"市场失灵"问题。集群是一个相互联系的价值链网络，也存在失灵问题。实践与理论均证明，集群在形成与发展中出现的不同失灵问题可以采用相对应的政策来修正或者改善。表3-11为研究者整理的集群政策与其解决的对应问题[②]。

表3-11　　　　集群政策与其解决的对应问题

市场和系统失灵	集群政策
·市场功能失效	·改革竞争规则和管理体制
·信息失灵	·搜集战略性市场信息，进行战略性集群研究
·创新系统行为者间相互作用有限	·发挥中介和网络代理的作用，制订和实施网格计划；提供建设性对话平台；促进企业网络的合作（集群发展计划）
·（公共）知识基础设施与市场需求不匹配	·设立优良的产业—研究合作中心，促进产研合作；加强人力资本开发；制订技术转移计划
·消费者需求不足	·制定和实施公共采购政策

政策环境对集群的知识溢出效应的影响在于政策设计和实施目

---

① COOKE P. Regional Innovation Systems: Competitive Regulation in the New Europe[J]. Geoforum, 1992, 23(3): 365-382.
② 刘恒江, 陈继祥. 国外产业集群政策研究综述[J]. 外国经济与管理, 2004(11): 36-41.

标正是建立和发展集群知识溢出的渠道。

第一,促进集群新技术和新企业的增长,鼓励风险投资,建立市场开发的平台和信息技术交流中心,进行战略性市场信息与集群研究,建立专门的技术与研究中心,采用激励性措施促进知识溢出。①

第二,研发集群价值链系统的建立:各国的集群政策都以鼓励和推动集群内和集群间的价值链系统建立为重要的目标,鼓励发展企业联系,发展专业的中介体系,为集群内企业提供高质量的服务和资源配置,实现衍生集群的发展。

第三,针对信息失灵,激励和发展集群的知识溢出,创建合作平台、建立数据库,为集群发展提供公共平台和公共服务,降低集群企业的成本。

因此,政策环境是对集群知识溢出影响最为直接和显著的因素。

3.2.4.1.2 社会文化环境

社会文化环境对人们的理念、态度和行为都有潜移默化的影响。具体到技术创新和交流这两个重要环节,一个地区的人们是否具备创新意识和创新态度受到地区的人文文化的影响。创新作为系统工程,它的发展模式与其所根植土壤的地理、社会、经济、政治、历史、宗教等诸多因素息息相关,同时又是互相渗透、互相影响的关系。②

霍夫斯蒂德提出,一个地区的技术创新受制于该地区社会群体的自主创新意识和能力,而自主创新意识和能力又被不确定性规避倾向、个人主义和集体主义倾向、权力距离倾向、刚性和柔性倾向等四个文化维度影响:①不确定性规避倾向表示人们在应对未来不确定性时表现出的态度,而规避倾向的高低则反映了人们对未来的适应能力的强弱,是地区创新冒险精神的反映。②个人主义和集体主义倾向反映个人与社会的关系。如果地域文化中的集体主义倾向更为强烈,会促使人们之间的关系更为紧密,并形成相互依赖的状态,人们之间更倾向于结成长期的且强有力的集体以此来保护个人的利益。例如,美国

---

① 柳晓明,王学平.国外产业集群研究进展评述及启示[J].经济研究导刊,2009(15):174-175.
② 方媛媛.驱动创新的文化要素系统层面解析[D].中国科学技术大学,2012.

地域文化中的个人主义和日本地域文化中的集体主义形成鲜明对比。③权力距离倾向反映了地域文化中社会权力在资源分配中的支配程度。具有较高权力距离的地域文化体现了人们对于独裁、权力以及财富的分配不公容易接受和容忍；而具有较低权力距离的地域文化体现出了文化群体中的人们崇尚民主和公平。但权力距离会随着人们的努力而被拉近和缩短，促使创新主体具有比较强烈的追求平等的欲望，在这种情况下，试图消除权力距离的技术创新活动会不断出现，技术进步和区域经济增长也会实现。④地域文化属于刚性还是属于柔性会对创新主体产生不同的影响，进而导致对区域技术创新和技术进步产生作用。刚性的地域文化会促使人们充满自信，并追求成就感，同时也鼓励相互之间的竞争和通过努力获取比其他人更大的成就，充满自信和竞争。①

3.2.4.1.3 经济制度环境

经济制度环境是一个地区资源生产和分配体系的关键要素之一。对创新和知识溢出有影响的经济制度环境因素分为两类：一类是政府的政策环境；另一类是地区的所有制环境。

高技术产业集群的知识溢出效应受到政府政策与制度安排的直接影响。集群所在区域的政策资源是集群形成与发展的关键动因之一，是推动集群创新的重要保障，是克服知识溢出所导致的知识转移中"市场失灵"问题的有效途径。在各类研发资源的约束条件下，集群企业面临外部网络与研发资金等限制。地方政府通过政策促进、制度保障、平台支撑及专项经费资助等方式，协助企业的集聚，加速集聚区内的创新。Eom 和 Lee(2010)调研了538家韩国企业，指出政府支持是推动韩国产学研合作以及创新网络发展的积极因素。此外，日本的筑波科学园、中国台湾的新竹科技园等高技术产业集聚区，在建设与

---

① 殷晓峰.地域文化对区域经济发展的作用机理与效应评价——以东北地区为例[D].东北师范大学,2011.

发展过程中政府的政策起到了关键性的作用。①

在我国,还有当地企业所有制带来的政策二元问题。国有企业与民营企业,外资企业与内资企业在政策适用和实际的资源获得能力上,并不相同。国有企业在政策、金融、税收、行政管理等各方面具有优势;民营企业更依赖自身的竞争力和策略才有获得相应的资源的机会。这也对两类企业的创新动机和创新魄力产生影响。同样,外资企业与内资企业在创新的动机和创新的管理上也有明显的区别,所有制不同是这种区别产生的根本原因。

3.2.4.1.4 法律环境

法律环境特别是知识产权环境,对高技术产业集聚区内企业的创新意愿以及知识溢出效应产生直接的影响。知识产权环境健康,有利于知识溢出,促进整个地区的创新;相反,知识产权环境恶劣,技术科研人员会因为顾忌太多而不愿创新,更不愿意交流,隔阂与封闭将大大降低一个地区对于创新企业的吸引,也让这个地区失去集聚的吸引力。

3.2.4.1.5 社交环境

知识溢出本身就是因为人们近距离频繁接触而产生的知识外部性。而目前微信、微博等社交平台的应用,对于交流的影响,特别是新信息的传播都产生了与传统传播迥然不同的模式。最突出的社交特点就是:信息传播的速度、覆盖面以及参与性。这些对于知识溢出都会产生影响。

社会资本已经被认为是创新的重要影响因素,社会资本在地区的知识溢出渠道影响方面的作用不容忽视。在硅谷等地区,学缘关系是重要的知识溢出和研发资源整合的基础。而我国一些领域的核心研究人员在国外留学工作创业期间建立的社会资本正是其推进该领域技术引进,产业产品概念扩散的关键性基础。

3.2.4.2 知识溢出主体因素

区域内的创新主体包括企业、政府、高校与科研机构、专业中介机

---

① 周小明.高技术产业集群知识溢出及其对区域创新能力影响的实证研究[D].天津大学,2013.

构。但是，知识溢出的主体除了创新主体之外，客户与消费者本身也是知识溢出的主体。产业集群的大部分企业的创新并不完全源自企业自身的研发投入的产出，而是借助于集聚区内外创新源的技术创新知识的溢出。

3.2.4.2.1 集群的知识溢出源的多样性

知识溢出主要发生在存在知识落差的主体之间。溢出源主体包括掌握先进理论及研究成果的高校及科研机构、行业领导型企业、消费者等。

高校参与创新的程度对于当地的知识溢出有关键的影响。大量的研究表明，集聚区内的高校对于当地企业的创新有积极的溢出效应。例如，芬兰的科学园全部建设在大学周围，科学园与大学不仅有地理上的优势，而且通过相互参股、项目合作、成果转让与引进以及进驻等多种方式，实现了内在的有机融合。特别突出的是，科学园一般是根据当地大学和科研机构的优势来确定自己的专业领域，而各种项目也是围绕这些优势领域展开的。这同时也是当地大公司的专业优势，所以芬兰几乎所有大公司也都要在当地科学园中占有一席之地。① 类似的以大学为核心和知识源集聚起来的创新集群在英国、德国、美国十分普遍。

行业领导型企业通常掌握和运作一个庞大的价值链网络。领导型企业的一举一动都与行业的发展密切关联。领导型企业的研发机构是企业的知识中心，也是其他企业重点关注的知识源。因此，领导型企业设立的研发机构，通常都会吸引同行以及相关企业研发机构的集聚。

消费者作为创新思想的重要来源，也是知识溢出的主体之一。2007年全国研发资源普查的数据对消费者的创新贡献给予了支持，企业认为创新理念主要来源是客户提出的要求。消费者的意见对于产业内的所有企业都是重要的创新方向信号。纽约市是全球著名的时

---

① 马凤岭. 芬兰科学园的特色及对我们的启示[J]. 科学与科学技术管理，1998(10)：55-57.

尚产业集聚地,时尚集群对时尚机构的吸引力不仅是来自集群的知识溢出,还有市民的时尚意识带给设计师的灵感。时尚之都,就是消费者与设计机构之间相互启发、相互提升的创意知识溢出循环。

3.2.4.2.2 集群内企业的知识吸收能力

集群企业对知识的吸收能力直接决定了知识溢出效应发挥的程度。吸收能力一般由企业自身的研发投入、创新管理机制、人力资本、研发基础设施等诸方面条件共同决定。

我国一直对企业引进、消化吸收、改造现有的先进技术有政策上的支持。这是提高企业知识吸收能力的一种被动做法,即通过经济手段推动企业提升知识吸收能力。而现在的市场竞争要求企业有主动创新能力。企业的主动知识吸收能力不仅仅是技术方面的,更多的是涉及管理和体制。在管理机制和创新体制上,企业有内生的创新动力。这是集群内企业能够受益于知识溢出,强化集群溢出效应的重要影响因素。

3.2.4.2.3 知识溢出主体间的空间距离

知识溢出效应也受到各主体间空间距离的影响。一般情况下,集群是一个空间内集聚的企业群,空间上彼此临近,对知识溢出效应的产生有积极作用。很多研究也通过实证的方法来论证空间距离对知识溢出效应的影响是否存在,以及其影响程度。

实证研究的结论证实了空间距离对知识溢出效应的确有影响。这种影响是溢出效应随着与知识溢出源的中心距离的增加而减弱。

由于互联网的广泛应用,实体空间距离对溢出的影响更加复杂了。互联网与行业的结合,改变了行业的知识溢出渠道结构。有些行业的知识溢出突破了空间距离的限制。例如,教育领域的开放共享课程始于美国,但是其溢出效应则主要是通过互联网这个渠道产生。在很多的时间内,共享开放课程理念和制作技术在我国获得了从上而下的推广和推进。金融领域创新的知识溢出中,互联网也突破了空间距离对溢出效应的制约。美国的金融创新主要是"互联网+"的突破。美国金融行业的创新对欧洲和我国的金融创新溢出效应十分明显。丹麦已经实践了无现金金融管理。我国的金融创新也主要以跟踪和借鉴美国的新金融模式为创新导向。

3.2.4.2.4 知识溢出主体之间的社会网络

知识溢出研究中也将社会资本，或者社会网络纳入为重要的影响因素。社会网络的存在既是知识溢出的渠道，也影响溢出效应。一般而言，知识溢出中的隐性知识溢出需要高频次和紧密的人际交流学习机制才能产生溢出效果。社会网络的存在是隐性知识传播和溢出的优良渠道。社会网络有利于传授专有知识、经验心得等难以文字化的知识，也为激发模仿性学习和竞争性创新提供了优势性条件。

3.2.4.3 知识类型因素

知识类型对于集聚和知识溢出本身有着关键的影响。例如，巴黎、纽约、米兰等地是时尚之都，集聚了全球主要的设计和各类时尚产业的核心企业。特别是纽约，成为全球市场产业的创新中心。时尚企业为什么选择到这几个地区来集聚？主要是大街小巷里人们的穿戴和生活理念这些重要的设计灵感只有在这些地方才能捕捉到。而设计师之间的专业交流和日常接触也是时尚设计灵感的重要来源。设计这样的创新活动，需要灵感，巴黎、纽约等全球为数不多的地区才拥有设计所需的知识原料，这种类型的知识不是来自实验室和数据，而是散落在城市各个角落的。因此，这些地方带给时尚创新工作者的知识溢出是其他地区不能提供的。

一般而言，知识溢出研究者将知识分为显性知识和隐性知识（缄默知识）。

显性知识易于传播，是知识溢出的主要内容。企业、高校和科研机构见诸于纸面的各种报告、文书以及技术文件等是其他参阅者的关注重点。在各种会议、论坛和非正式交流中，显性知识也是最先被捕捉到的创新信息。例如，设计师设计出的服装、首饰，放在橱窗里展示，被其他设计师看到，就是一种知识溢出。但是，设计师是否能够透过这些成品感受到原作者的设计理念、灵感和灵性，就要看接受者的领悟能力。

而隐性知识的溢出则主要是通过频繁的接触和钻研才能真正被

接受方获得。如果设计学习者能够经常与设计师接触,观察设计师的工作方式,体会设计师对作品的诠释,理解设计师的个人艺术世界,那么这样的溢出,才能真正让学习者学会真正的设计,并找到自己的设计风格。

3.3 研发集群、知识溢出的区域创新效应理论分析框架

3.3.1 研发集群的区域创新效应

研发集群在3个方面对区域创新主体的产出能力有不可替代的影响作用。这3个方面是:①研发集群与知识溢出效应的交互作用产生的累积因果效应下的路径依赖;②研发集群的创新要素集聚效应;③研发集群与创新环境的塑造。

3.3.1.1 累积因果效应下的路径依赖

知识积累、专用资产是企业参与价值链利益分配的决定因素。企业价值链是企业创造价值的内部要素分配体系。由于知识的粘性,隐性知识传播的空间局限性,创新环境的不可转移性,价值链有地理边界,知识溢出有距离边界,区域创新发展成果对本地区的创新产生的影响力和推动力远远大于对其他地区的影响力。这种自我惠及效应使一些地区的区域创新沿着自己特有的轨道不断发展壮大,形成了一种路径依赖,难以改变。

3.3.1.2 研发集群的创新要素集聚效应

研发集群能够集聚创新要素,这是研发集群对区域创新的最突出贡献。资本、人力资源以及其他要素都会流入本地的研发集群中。有学者用"虹吸作用"来描述,这种描述对一些成功的创新区域很适合。例如,硅谷、纽约、剑桥等成功的创新区域的确出现了这样的要素集聚现象。

资本与创新之间有着不可分割的纽带。对创新最为推崇的美国提供了丰富的证明这个天然纽带存在的案例。J•P•摩根投资爱迪

生的直流电技术,Westinghouse资助Tesla研究交流电技术获得成功。J·P·摩根最后收购了交流电技术的拥有者Westinghouse公司,成立实力雄厚的GE公司,快速实现了电灯和电器的发展和广泛应用。一项创新从概念到产业化,资本的贡献无可替代。

人才是创新的核心。美国等移民国家在创新上始终处于世界的领导地位。一些新兴行业的领导企业也是由移民或移民子女建立。人掌握知识、拥有信念和毅力,是创新的最重要要素。因此,全球最成功的创新区域都采取了各种政策吸引人才。

资本与人才的集聚产生了巨大的吸引力,吸引创新概念、新技术等各种资源的集聚,通过集聚的知识溢出效应和累积因果效应,推动了地区的创新发展。

3.3.1.3 研发集群与创新环境的塑造

创新环境包含创新制度、创新主体、创新价值链系统、要素的分配机制。创新环境具有"不可搬移,不可复制,只能学习借鉴的特征;而创新要素具有流动性、短期性和环境弹性的特征"。因此,创新环境对于创新要素的产出有关键性的影响作用:"创新要素可以流入,但是,如果环境不好,也可以流出。"创新要素的作用具有环境弹性,"环境适宜,创新要素会有极高的产出;环境不好,创新要素的能力下降,人才不能出成果,资金配置无效率"。[①]

研发集群的发展过程,就是地区的创新政策、产业政策、集群政策、金融人才政策、法律政策不断调整的过程。研发集群的发展,也是创新要素配置机制不断优化的过程。这个过程还会对当地的文化产生影响。

因此,研发集群的发展既是创新环境的产物,也是创新环境的塑造者,推动区域创新向有利于释放要素的创新产出能力的方向发展。

---

① 李湛.谈"创新要素与创新环境的特征与主次关系"[D].上海社会科学院应用经济研究所,2017.

3.3.2 知识溢出的区域创新效应

知识溢出是知识的外部性,外部性带来了更高的创新效率。研发机构的空间集聚以及研发集群的形成正是溢出效应作用的结果。知识溢出本身对区域创新的发展在3个方面起到了促进或者影响作用:①知识溢出的累积因果效应;②知识溢出带来的规模经济效应和范围经济效应;③由市场结构及竞争环境产生的溢出效应。

3.3.2.1 知识溢出的累积因果效应

高技术产业集聚产生知识溢出,而知识溢出进一步促进创新主体和创新资源的集聚。知识溢出为什么会引起企业和资源的集聚?

知识溢出就是知识的外部性。外部性是企业的创新成本降低、创新风险下降、创新租金和生产者剩余提升、集群及区域整体的技术创新投入增强,规模经济形成。知识溢出形成的区域知识池,促使创新要素的边际产出率相对较高。集群内富有效率的投入产出环境,既有利于吸引外部企业进入集聚群体,又促使新企业不断衍生,从而使集聚区域内的企业规模不断扩大。

累积因果效应的直接结果就是区域创新的路径依赖特征。路径依赖,就是区域创新一旦形成了一种稳定的模式,这个模式就会一直存在下去,无法改变或扭转。这既有好的一面,也有消极的一面。模式的可持续性以及与社会发展的相互适应性就成为区域创新能否保持积极发展的关键。

累积因果效应与路径依赖也使一个地区的创新模式、创新环境无法被模仿和复制。每个地区只能结合自己的特点把握机会,在区域创新模式萌芽初期就尽量消除可能的不利因素。

3.3.2.2 知识溢出带来的规模经济效应与范围经济效应

MAR知识溢出效应出现在集聚提升创新效率的情况下,而Porter知识溢出效应出现在市场结构对创新效率产生影响的情况中。MAR知识溢出效应关注同一产业内相同或相近企业间的知识溢出,并强调垄断型市场结构对区域创新和经济增长的作用,认为市场垄断能够使知识生产者拥有更多的创新资源和独占创新成果。美国硅谷的芯片制造业是 MAR 外部性的典型代表,在 Intel 公司等技术绝对领先的创新主体的市场主导下,技术模仿和人员流动等知识溢出机制推动创新知识在同类型的相邻企业间迅速流动。Porter 外部性理论侧重分析知识在特定区域集聚的产业集群内溢出能促进经济增长,但认为竞争型市场机构更能促进技术创新与成果转化。①

知识溢出带来的范围经济主要是通过 Jacobs 知识溢出效应产生。Jacobs 外部性是指由于集聚空间存在多样化的知识,激发了创新,带来了经济活力和产业的更迭。因此,Jacobs 知识溢出效应强调产业地理集聚的多样性与差异性促进企业的创新行为,而不是专业化的产业集聚促进区域创新。该理论提出,集聚在同一空间内的不同行业和各类人才会交融碰撞,主动寻找创新的方向,并整合创新资源,这就是多样化带来的知识溢出效应。这种外部性给地区的经济注入了活力,降低了创新成本,提高了研发效率。

3.3.2.3 由市场结构及竞争环境产生的溢出效应

受市场结构与竞争环境影响,企业之间的知识溢出效应会有所不同。波特溢出效应是指市场结构趋向于竞争,或者趋向于垄断时,该市场所在的区域内知识溢出效应的特征。竞争与垄断在理论上都可以找到有利于或者不利于知识溢出效应的分析:竞争激励市场导向的企业寻求竞争优势,研发创新是当今经济发展模式中企业竞争优势的基础,因此理论上,竞争的市场结构有利于知识溢出效应的强化,并推进区域创新发展。但是,过度竞争也会压缩企业的利润空间,减少其研发创新投入,抑制区域整体的创新。理论上,垄断既有因为受保护而缺乏创新意识和行动,拖累区域创新的发展的可能性,也有因为利润丰厚而大胆投资研发创新的动机和可行性。

市场竞争还包含来自国际市场的产品和服务的竞争。特别是来自发达成熟的国际市场的企业和产品(服务)对本地企业造成的冲击、

---

① 周小明. 高技术产业集群知识溢出及其对区域创新能力影响的实证研究[D]. 天津大学,2013.

压力和启发都能够通过企业采取的创新策略而对整个区域产生影响。

3.3.3 理论分析框架的建立

综合以上 3 节的理论论述,研发集群以及知识溢出对区域创新的影响关系归纳如图 3-16:

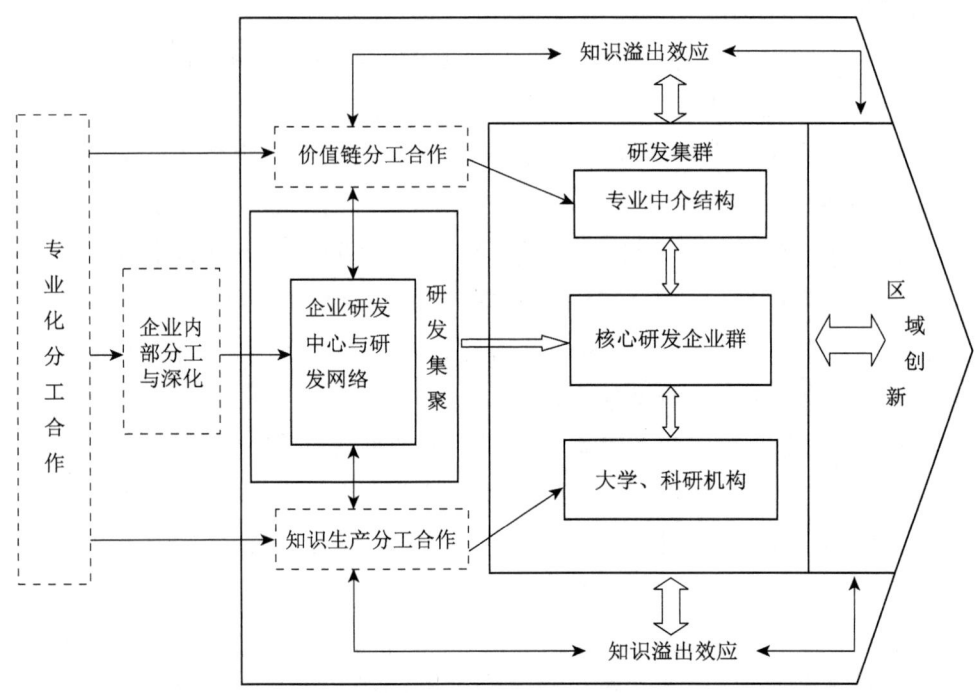

图 3-16 研发集群以及知识溢出对区域创新的影响关系示意图

全球分工与合作的持续深化,推动企业将更多的资源配置到研发创新环节。为了提高研发创新的效率,企业布局全球研发网络,通过知识全球化,提升创新力。研发投资受知识空间粘性特点的影响,出现了集聚。研发的集聚受价值链分工合作机制的影响演化为研发集群,同时,专业中介结构、高校与科研机构也因为知识生产价值链的拓展,成为研发集群的重要组成部分。从研发企业的空间集聚到研发集群的形成,都有知识溢出的产生,知识溢出反过来推动了集聚规模和集群的发展。最终,研发集群及其知识溢出效应带动了区域创新的整体发展。

基于以上理论阐述,本书构建了理论分析框架,如图3-17所示。

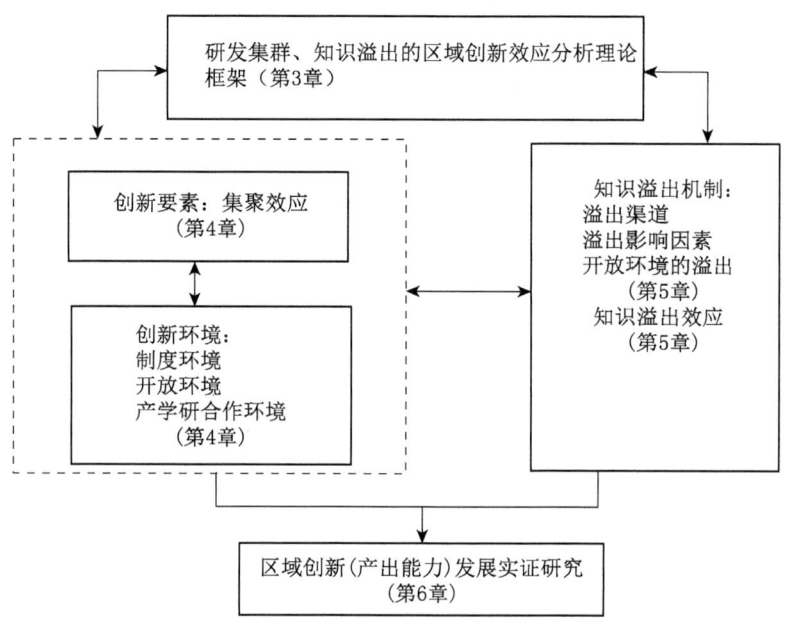

图3-17 理论分析框架

本书第3章在理论上论证了研发集群的本质是基于分工与合作的价值链系统。研发集群有两大效应对区域创新产出能力产生核心影响:一个是知识溢出效应,一个是要素集聚与创新环境塑造的效应。

本书在建立的这个理论分析框架下,分别在第4章、第5章、第6章通过数据实证分析、案例分析等方法展开阐述与分析,以达到充分论证的目的。

通过数据和案例来分析研发集群的特征、产生与发展,并详细探讨研发集群产生知识溢出效应的渠道以及影响因素。同时,也探讨了在开放环境下,研发集群知识溢出效应的产生特征。

第4章主要探讨研发集群的要素集聚效应及其对区域创新发展产生的效应影响。

第5章主要探讨知识溢出对区域创新的影响。本章主要采用案例法和实证法,说明知识溢出对区域创新的影响,以及4种溢出效应的实证计算方法与结果。

第6章主要对研发集群、知识溢出的区域创新效应进行实证检验及分析。

4 研发集群对区域创新发展影响的现状研究

跨国公司海外研发投资及知识溢出效应促成了研发机构的集聚。为了进一步提高创新的效率,研发机构与本企业内其他部门、集聚地区的研发机构之间建立紧密的联系。这种联系既有纵向一体化关系,也有基于分工与合作形成的横向关系,这些关系的形成与发展使研发集聚转化为研发集群。研发集群的存在成为一个地区创新发展的重要推动力和贡献者。本章在前三章已经建立的理论分析框架下,通过实证分析等方法重点展开研发集群对区域创新发展影响的现状研究。

4.1 我国区域创新的现状分析

4.1.1 我国创新增长的周期性波动

我国已将促进创新,实现创新驱动作为实现经济增长方式转变的重要战略。在这个战略方向的指导下,我国的创新出现了较快且稳定的增长。以专利授权量 1995 年至 2014 年的数据为观测对象,通过计算全国的年增长率和 3 年移动平均增长率[①],可以看到我国的创新表现出了"稳定增长趋势下的周期性波动"特征。

过去 20 年间(1995—2014 年),我国的创新总体上均保持着增长趋势,但是,这个增长趋势是呈现周期性波动的。从年增长率上看,基

---

① 年增长率计算公式为:$P'_{t+1} = P_{t+1} \div P_t$,3 年移动平均增长率 $P''_{t+1} = (P'_{t+1} + P'_t + P'_{t-1}) \div 3$。

本保持了 4 年一个增长期的特征,即 1996 年至 1999 年,2000 年至 2003 年,2004 年至 2007 年。2008 年以后,波动周期缩短至 2 年,并且有了一个明显的连续 3 年(2012—2014 年)增长率下降的波动周期。

从 3 年移动平均增长率过滤掉了一些小波动的干扰,有利于看清大周期和大趋势。图 4-1 显示,我国自 2006 年以来,经历了一个明显的创新发展大周期,有快速增长期,也有增长率下降期。但是整体上,我国的创新仍然处于增长的大趋势里。

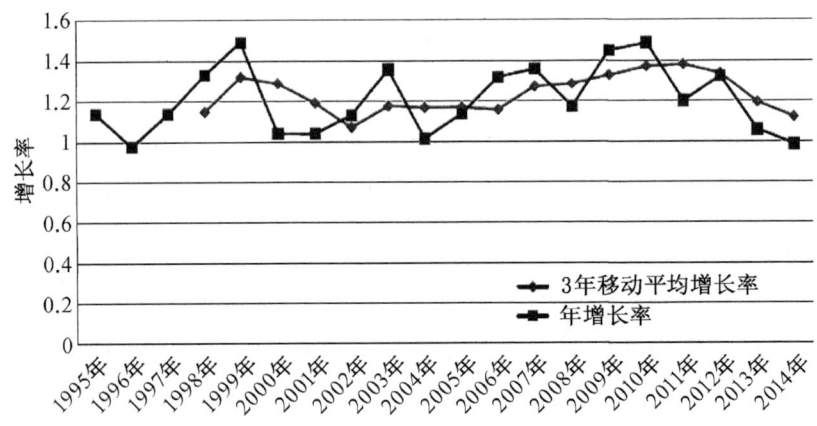

图 4-1 全国创新增长的周期性波动(1995—2014 年)

4.1.2 我国区域创新的地区分布特征

区域创新活动具有空间集聚特征,我国的区域创新活动也不例外,本书通过相关数据的分析,对我国创新的区域分布特征进行客观描述,并对创新的集聚与分布程度进行全面的考察。

4.1.2.1 创新的空间集聚

微观企业创新的过程易于观察研究,但是以区域为研究的范围界定,创新活动整体上难以直接衡量。因此,研究者一般采取替代指标来间接分析创新活动。专利数据是知识溢出研究领域研究者普遍采用的指标,将无形的知识溢出过程显性化,并可以客观地反映空间因素对知识溢出的制约作用。因此,本书采用我国 31 个省(自治区、直辖

4 研发集群对区域创新发展影响的现状研究

市)的专利数据来反映各省的创新行为。由于专利申请量并不代表一个地区真正能够成为专利的总量,为了衡量一个地区的创新实力,本书采用专利授权量来反映这个区域的创新,数据年度为 2000—2014 年,数据取自《中国科技统计年鉴》。

HHI、基尼(Gini)系数与 E-G 指数是测算产业集聚度的指数,也是用来衡量创新的区域分布的地理集中度的指标。

Herfindahl 指数,也称为 HHI 指数,计算公式为:

$$H = \sum_{i=1}^{N} X_i^2, \ H \in \left[\frac{1}{N}, 1\right]$$

其中,$X_i = \dfrac{x_i}{\sum_{i=1}^{N} x_i}$,$x_i$ 为 i 地区的选用数据指标,本书为专利授权量。

创新活动的 HHI 指数是各区域专利占全国专利总量的比重的平方,指数越大代表集中度越高。HHI=1/N 表示创新活动平均分布在各个区域,HHI=1 表示活动集中在一个区域。

创新活动的 Gini 系数(G)的计算公式为:

$$G = \frac{\sum_{i=1}^{N}\sum_{j=1}^{N} |X_i - X_j|}{2N^2 \overline{X}},$$

x_i,x_j 分别是地区 i 和地区 j 专利数的比重,$\bar{x}$ 为所有单元比重的平均值,系数越高,集聚值越大,表明创新活动在地理上集中程度越高。E-G 指数的计算公式为:

$$EG = \frac{\left[G - (1 - \sum_{i=1}^{N} X_i^2)H\right]}{(1 - \sum_{i=1}^{N} X_i^2)(1 - H)}$$

其中,X_i 表示 i 地区专利授权数,H 代表 H 指数。

表 4-1 为我国区域创新的地理集中度比较。从我国 15 年里的三大指数可以看出,HHI 指数自 2000 年开始,逐渐上升,2000 年时,

HHI 指数为 0.073 9，其中，2009 年至 2013 年指数保持在 0.1 以上，2014 年 HHI 指数 0.094，说明我国的区域创新的地理集中度不断提高；而基尼系数和 E-G 指数也同样保持上升趋势，证明我国的创新活动已经形成了地理上的集聚而且这种集聚是稳定的。

表 4-1　我国创新的区域集中度指数

年份	HHI	基尼系数	E-G
2014	0.094 0	0.573 9	0.595 4
2013	0.103 2	0.589 5	0.617 9
2012	0.116 0	0.611 0	0.650 7
2011	0.114 6	0.617 9	0.658 7
2010	0.108 1	0.617 8	0.655 4
2009	0.108 3	0.618 7	0.656 6
2008	0.099 1	0.598 9	0.627 9
2007	0.097 5	0.590 2	0.616 5
2006	0.096 6	0.577 3	0.600 4
2005	0.099 1	0.564 2	0.585 2
2004	0.093 7	0.547 5	0.563 2
2003	0.093 3	0.558 0	0.575 8
2002	0.091 0	0.533 2	0.545 2
2001	0.081 1	0.501 8	0.506 1
2000	0.073 9	0.483 3	0.483 7

4.1.2.2　创新发展的区域分析

我国的区域创新在整体上呈现地区集聚的特征。为了能够了解具体是哪些地区保持创新活跃度，本书继续用对各地区的专利占全国总量的比值进行排序，找到前 4 个地区和前 8 个地区的创新总量占全国总量的比值，也就是 CR4 和 CR8，对我国的区域创新进行详细的说明和分析。

表 4-2 是 2000 年至 2014 年按专利占比排名的最活跃的 4 个地区和 8 个地区的创新情况。数据显示，江苏、广东、浙江是我国创新最为活跃的地区，这 3 个地区在专利方面占全国总量的一半。其次为上海、山东、北京、辽宁、福建、四川、安徽，这些地区的专利占全国的 2/3，且连续 15 年保持稳定的梯队形发展。随着我国创新活动总量的提高，创新活跃区与落后区的差距越来越大。

4 研发集群对区域创新发展影响的现状研究

表 4-2 我国专利产出主要地区排名

年份	排名第一 地区	占比	排名第二 地区	占比	排名第三 地区	占比	排名第四 地区	占比	CR4	排名第五 地区	占比	排名第六 地区	占比	排名第七 地区	占比	排名第八 地区	占比	CR8
2014	江苏省	17%	浙江省	16%	广东省	15%	北京市	6%	54%	山东省	6%	上海市	4%	安徽省	4%	四川省	4%	72%
2013	江苏省	20%	浙江省	17%	广东省	14%	山东省	6%	57%	北京市	5%	安徽省	4%	上海	4%	四川省	4%	74%
2012	江苏省	24%	浙江省	16%	广东省	13%	山东省	7%	60%	上海市	5%	山东省	4%	安徽省	4%	四川省	4%	77%
2011	江苏省	23%	浙江省	15%	广东省	15%	山东省	7%	60%	上海市	6%	北京市	5%	安徽省	4%	四川省	3%	77%
2010	江苏省	19%	广东省	17%	浙江省	16%	山东省	7%	59%	上海市	7%	北京市	5%	四川省	4%	福建省	3%	77%
2009	江苏省	18%	广东省	17%	浙江省	17%	上海市	7%	59%	山东省	7%	北京市	5%	四川省	4%	辽宁省	3%	78%
2008	广东省	19%	浙江省	16%	江苏省	13%	山东省	8%	56%	上海市	8%	北京市	5%	四川省	4%	辽宁省	3%	76%
2007	广东省	20%	浙江省	15%	江苏省	11%	上海市	9%	55%	山东省	8%	北京市	5%	四川省	4%	辽宁省	3%	75%
2006	广东省	21%	浙江省	15%	江苏省	9%	上海市	8%	53%	山东省	7%	北京市	5%	辽宁省	4%	四川省	3%	73%
2005	广东省	23%	浙江省	12%	江苏省	9%	上海市	8%	52%	山东省	7%	北京市	6%	辽宁省	4%	福建省	3%	72%
2004	广东省	23%	浙江省	11%	江苏省	8%	上海市	8%	49%	山东省	7%	北京市	6%	辽宁省	4%	福建省	3%	71%
2003	广东省	21%	上海市	12%	浙江省	11%	江苏省	7%	51%	山东省	7%	北京市	6%	辽宁省	4%	福建省	4%	72%
2002	广东省	23%	浙江省	10%	江苏省	8%	山东省	7%	48%	上海市	7%	北京市	6%	辽宁省	5%	福建省	4%	69%
2001	广东省	21%	浙江省	9%	山东省	8%	北京市	7%	44%	江苏省	7%	上海市	6%	辽宁省	5%	四川省	4%	66%
2000	广东省	18%	浙江省	9%	山东省	8%	江苏省	8%	43%	北京市	7%	辽宁省	6%	上海市	5%	四川省	4%	64%

4.1.2.3 各地区专利的贡献主体

创新伴随着更大市场风险,所以,没有更高的经济回报,就不能激发创新意愿。① 企业是创新成果产业化的核心主体,也是产业链价值分配的主要角色。而高校和科研机构在创新中也扮演了十分重要的角色。高校承担起了基础科学、应用科学技术以及创新创业孵化的角色,不断培养创新人才、生产新知识、衍生新企业,因此成为全球科技创新的主要推动力。"大学—产业—政府"三螺旋理论已成为创新研究的主流理论之一,该理论认为大学、企业和政府是推动地区创新发展的三大核心驱动要素,三者交互作用,形成螺旋上升的路径:大学是知识源头,企业是创新的引擎,政府则为其发展提供规制保障。

从事实数据看,创新发展水平较高的地区,大多拥有世界一流大学。例如,硅谷地区有斯坦福大学、加州大学伯克利分校、加州大学旧金山分校和加州州立大学圣何塞分校,分别在科学、工程、应用技术的发展与突破,技术人才和商业人才的培养、创业支持等方面成为硅谷发展的重要支撑基础。大波士顿地区聚集了哈佛大学、麻省理工学院、波士顿大学、塔夫茨大学等世界名校,以及众多研究机构和其他50多所大专院校,这些世界一流大学是波士顿地区创新发展的重要支撑力量。英国有1/3的高等教育机构位于大伦敦地区,包括剑桥大学、牛津大学、伦敦大学学院等世界一流大学。这些大学拥有世界级科学研究中心、技术中心和世界领先的创意与艺术中心,为大伦敦地区的创新发展提供了强有力的智力支持。

企业是创新的引擎。对企业而言,创新产出的成果主要是专利,但创新的最终目的是技术的商业化应用和创新产品在市场上获得成功,最终影响到全球产业链的价值分配体系。从全球2013年《专利合作条约》(PCT)专利申请量来看,美国专利申请量排名前100位的企业,PCT专利申请总量为20 722件。其中,硅谷的企业共有13家,PCT专利申请数量共计5 040件,占前100家企业专利申请总量的24.3%。

---

① SOLOW R M. Technical Change and the Aggregate Production Function [J]. In The Review of Economics and Statistics, 1957,39(3):312-320.

美国PCT专利申请量居前10位的企业中,硅谷地区占4家,包括英特尔、惠普、谷歌、苹果。这4家企业的PCT专利申请总量共计3 859件,占硅谷13家企业PCT申请总量的76%。东京的PCT专利申请量每年都遥遥领先于世界其他地区。2013年PCT专利申请数量排前20位的企业中,东京占14家,其PCT专利申请总数为10 618项,占前20家企业PCT申请总量的62%,其中,丰田汽车、三菱电机、NEC、富士胶卷的年PCT申请量都超过1 000项。

我国各个地区企业、高校、科研机构、非职务研究者均可以进行研发和专利申请,而我们最关心的问题是对产业链产生影响力的创新活动,以及创新产业化的机制建设,因此,有必要先了解各地区创新主体的产出贡献。

通过对2014年《中国科技统计年鉴》三主体的有效发明专利占该地区有效专利的占比数据,本书首先对各地区企业、高校和科研机构的创新贡献率进行比较分析。其次,由于企业将创新成果产业化是创新影响产业价值链最直接的渠道,而企业按照规模、所有制以及资本结构分为不同的类型,每一种企业的创新动力和创新资源不同,这些对当地的创新和成果产业化都有影响作用,因此,本书根据大型、中型和小型企业,内资企业与外资企业,国有和非国有企业在本地区的创新贡献,来进一步了解各个地区的创新主体。

1. 企业、高校和科研机构的专利比例

本书选取规模以上企业、高等院校和科研机构的地区专利占比来分析这三类创新主体的实际创新贡献率。从表4-3的数据可以看到,我国各个地区的创新主体的贡献率不同,有些地方的创新出现了对企业创新的倚重,其他主体的贡献率过低;有些地区则主要以科研主体创新研究为主,而企业创新活力不足。

表4-3的数据说明,从全国总体水平看,企业是创新贡献最大的主体,其次是高校,最后是科研机构。从大的区域看,东部地区与全国总体水平保持一致,企业的创新贡献占11.48%,高校占3.51%,科研机构占1.46%。中部地区企业与高校的创新贡献率均高于全国和东部

地区,分别为 13.19% 和 4%。西部地区高校的贡献率更加突出为 5.73%,企业的创新贡献较低为 10.36%。东北地区尤为明显,高校的贡献率占地区的 9.13%,而企业的贡献率仅占 8.68%。

表 4-3 我国各地区企业、高校与科研机构的专利贡献度

地区	企业、高校与科研机构的有效专利贡献度		
	高校	科研机构	规上企业
全国	3.92%	1.63%	11.13%
东部地区	3.51%	1.46%	11.48%
中部地区	4.00%	1.41%	13.19%
西部地区	5.73%	2.54%	10.36%
东北地区	9.13%	4.24%	8.68%
北京	10.68%	7.90%	6.82%
天津	6.01%	1.64%	14.66%
河北	1.64%	1.27%	7.51%
山西	5.48%	3.46%	12.05%
内蒙古	1.73%	1.02%	12.09%
辽宁	7.22%	3.83%	11.31%
吉林	9.10%	11.36%	7.64%
黑龙江	11.84%	1.72%	5.41%
上海	6.52%	2.60%	12.62%
江苏	3.31%	0.69%	12.33%
浙江	2.21%	0.29%	4.73%
安徽	2.00%	0.93%	15.96%
福建	2.69%	0.72%	7.27%
江西	3.05%	0.50%	9.82%
山东	2.83%	0.93%	11.54%
河南	2.87%	1.41%	8.53%
湖北	7.01%	2.57%	12.87%
湖南	4.95%	0.55%	16.24%
广东	1.18%	0.43%	18.94%
广西	5.25%	1.34%	9.43%
海南	1.80%	7.89%	24.06%
重庆	5.19%	0.46%	8.50%
四川	3.70%	2.36%	11.75%
贵州	1.81%	1.09%	11.25%

(续表)

地区	企业、高校与科研机构的有效专利贡献度		
	高校	科研机构	规上企业
云南	5.46%	1.99%	10.72%
西藏	0.51%	4.76%	7.48%
陕西	14.35%	5.67%	10.03%
甘肃	6.62%	7.02%	8.39%
青海	1.70%	7.04%	12.64%
宁夏	2.16%	0.54%	15.99%
新疆	1.98%	3.19%	6.75%

总体而言,高校的创新贡献从低到高分别为:东部地区、中部地区、西部地区、东北地区;而企业的贡献率与高校正好相反,中部、东部地区最高,东北地区最低。从各个省市的主体贡献结构来看,北京、吉林、黑龙江、陕西是高校的创新贡献率高于企业创新贡献率的地区;浙江、福建、黑龙江的规模以上企业的创新贡献大大低于其他地区。科研机构在吉林、海南和西部地区的陕西、甘肃和青海的贡献率远远大于科研机构在其他地区的作用,而且也接近规模以上企业的贡献。因此,我国的创新在区域上有明显的主体结构区别,这对于各个地区的创新发展模式、政策制定以及创新成果产业化的路径都有关键性的影响。

2. 企业主体结构

企业在创新中不仅仅是参与者,更是创新成果产业化的最直接通道。而国外的科技创新中心也主要是因为集聚在此的企业的创新成果能够应用于商业并且改变全球产业价值链而形成,因此,有必要对我国各个地区不同类型的企业在创新中的贡献进行分析。

本书通过采用《工业企业科技活动统计资料(2015)》的数据,整理出了各个地区不同类型企业的创新贡献程度。具体而言,本书主要考察了不同规模、不同所有制和不同资本性质的企业的创新贡献。

表4-4归纳了全国,东部、中部、西部、东北地区以及31个省市的大型企业、中型企业、小(微)企业、外资企业、内资企业、国有及国有控股企业、非国有企业的创新贡献。

表 4-4 我国各地区创新主体的贡献

地区	按企业规模分类			按投资本来源分类		按所有制分类	
	大型企业	中型企业	小(微)企业	外资企业	内资企业	国有及国有控股企业	非国有企业
全国	49.58%	23.22%	27.20%	22.23%	77.77%	24.88%	75.12%
东部地区	50.72%	22.81%	26.47%	27.23%	72.77%	18.67%	81.33%
中部地区	41.01%	27.10%	31.89%	7.78%	92.22%	34.59%	65.41%
西部地区	51.95%	23.20%	24.85%	6.17%	93.83%	53.81%	46.19%
东北地区	51.90%	17.51%	30.59%	11.66%	88.34%	46.86%	53.14%
北京	44.49%	31.11%	24.40%	28.33%	71.67%	43.90%	56.10%
天津	27.27%	22.69%	50.04%	14.30%	85.70%	23.53%	76.47%
河北	47.49%	30.95%	21.56%	20.05%	79.95%	35.00%	65.00%
山西	67.99%	13.26%	18.75%	2.39%	97.61%	61.97%	38.03%
内蒙古	77.22%	12.95%	9.83%	5.47%	94.53%	76.87%	23.13%
辽宁	41.67%	20.97%	37.35%	15.24%	84.76%	34.15%	65.85%
吉林	72.33%	12.80%	14.87%	6.90%	93.10%	66.43%	33.57%
黑龙江	56.11%	13.28%	30.61%	7.13%	92.87%	59.48%	40.52%
上海	40.05%	29.21%	30.74%	33.91%	66.09%	33.53%	66.47%
江苏	31.41%	28.54%	40.05%	28.88%	71.12%	11.11%	88.89%
浙江	26.53%	29.44%	44.02%	29.33%	70.67%	6.57%	93.43%
安徽	23.44%	27.22%	49.34%	8.98%	91.02%	17.81%	82.19%

(续表)

地区	按企业规模分类			按资本来源分类		按所有制分类	
	大型企业	中型企业	小(微)企业	外资企业	内资企业	国有及国有控股企业	非国有企业
福建	34.41%	36.02%	29.57%	47.87%	52.13%	16.38%	83.62%
江西	46.51%	28.20%	25.29%	15.17%	84.83%	30.99%	69.01%
山东	46.23%	26.55%	27.22%	14.82%	85.18%	23.34%	76.66%
河南	48.30%	33.63%	18.07%	6.55%	93.45%	39.04%	60.96%
湖北	49.69%	23.03%	27.28%	9.39%	90.61%	50.17%	49.83%
湖南	43.07%	30.00%	26.93%	5.56%	94.44%	33.53%	66.47%
广东	74.91%	13.27%	11.82%	26.88%	73.12%	16.41%	83.59%
广西	34.57%	29.80%	35.63%	13.50%	86.50%	34.25%	65.75%
海南	29.72%	43.34%	26.94%	8.49%	91.51%	7.17%	92.83%
重庆	52.38%	25.63%	21.99%	9.41%	90.59%	37.17%	62.83%
四川	56.96%	20.67%	22.37%	6.93%	93.07%	51.20%	48.80%
贵州	45.44%	21.96%	32.59%	2.72%	97.28%	55.87%	44.13%
云南	43.68%	27.50%	28.82%	7.06%	92.94%	52.41%	47.59%
西藏	0.00	12.50%	87.50%	0.00	100.00%	15.63%	84.38%
陕西	48.76%	24.89%	26.35%	2.20%	97.80%	69.54%	30.46%
甘肃	54.47%	20.33%	25.19%	0.49%	99.51%	69.16%	30.84%
青海	70.24%	9.27%	20.49%	0.00	100.00%	89.76%	10.24%
宁夏	46.77%	27.13%	26.10%	13.18%	86.82%	39.02%	60.98%
新疆	45.32%	25.61%	29.06%	0.14%	99.86%	60.00%	40.00%

从全国整体情况看,我国大型企业、内资企业和非国有企业的创新贡献更为突出。从大范围区域来说,东部地区的创新情况接近于全国整体情况。中部地区的小(微)企业的作用有所提高,内资企业是绝对的创新主体,国有及国有控股企业的作用明显要高于东部地区和全国整体水平。而西部地区按规模分,各类企业的贡献与全国整体水平一致,而内资企业的创新贡献比起外资企业的创新贡献占据了绝对主体作用,同样,国有及国有控股企业对地区创新的贡献程度远远高于全国及东、中部地区。

具体到省级直辖市,吉林、内蒙古、山西、广东、青海大型企业的创新贡献远远高于我国其他地区;福建、上海、北京、江苏、浙江、河北的外资企业的创新贡献比我国其他地区更为突出;山西、内蒙古、吉林、陕西、甘肃、青海、湖北国有及国有控股企业的创新贡献远远高于我国其他地区;江苏、浙江、福建、安徽、海南、广东的非国有企业是地区的绝对创新主体。

4.1.3　我国区域创新的依赖度特征

由于创新活跃地区存在了大量的中小企业,特别是初创科技企业都是小(微)企业。同时,这些活跃地区也是各大跨国公司设计研发机构的首选,因此,了解一个地区的创新对企业规模的依赖度,可以从一个侧面获知该地区的创新是否是依靠大中型企业,还是这个地区的小(微)企业更有创新的动力。由于创新创业是一个地区发展创新的重要战略,也是绝大多数科技创新中心形成中的重要贡献因素,因此,一个地区如果过度依赖大中型企业的创新贡献,就会失去在新技术、新产品方面的创新活力。

我国通过吸引外资来实现产业升级,但是制造业方面的海外投资并不能直接实现我国技术创新发展的战略需要。因此,研究我国各地区在创新方面的对外依赖度,有利于了解海外投资对当地创新的实际贡献。

国有企业因为其国家所有权的背景,在市场竞争动机方面弱于民营企业和外资企业。因此,本书通过计算各地区国有企业与非国有企业在地方创新方面的贡献比率,来判断一个地区的创新中市场竞争导向的程度。本书构造了三个依赖度指标,分别来判断各个地方的创新特征:①地区创新的企业规模依赖度=大中型企业的创新产出/小微型企业的创新产出;②地区创新的对外依赖度=外资企业创新产出/内资企业创新产出;③地区创新的市场导向度=非国有企业的创新产出/国有及国有控股企业的创新产出。根据这三个指标,可以进一步对各地区创新的特征进行分析,如表 4-5 所示。

表 4-5 我国各地区创新发展的三个依赖度指标比较

地区	各地区创新的地区特点		
	创新的企业规模依赖度	创新的对外依赖度	创新的市场导向度
全国	2.68	0.29	3.02
东部地区	2.78	0.37	4.36
中部地区	2.14	0.08	1.89
西部地区	3.02	0.07	0.86
东北地区	2.27	0.13	1.13
北京	3.10	0.40	1.28
天津	1.00	0.17	3.25
河北	3.64	0.25	1.86
山西	4.33	0.02	0.61
内蒙古	9.17	0.06	0.30
辽宁	1.68	0.18	1.93
吉林	5.72	0.07	0.51
黑龙江	2.27	0.08	0.68
上海	2.25	0.51	1.98
江苏	1.50	0.41	8.00
浙江	1.27	0.42	14.21
安徽	1.03	0.10	4.61
福建	2.38	0.92	5.11
江西	2.95	0.18	2.23

(续表)

地区	各地区创新的地区特点		
	创新的企业规模依赖度	创新的对外依赖度	创新的市场导向度
山东	2.67	0.17	3.29
河南	4.53	0.07	1.56
湖北	2.67	0.10	0.99
湖南	2.71	0.06	1.98
广东	7.46	0.37	5.09
广西	1.81	0.16	1.92
海南	2.71	0.09	12.94
重庆	3.55	0.10	1.69
四川	3.47	0.07	0.95
贵州	2.07	0.03	0.79
云南	2.47	0.03	0.91
西藏	0.14	0.00	5.40
陕西	2.79	0.02	0.44
甘肃	2.97	0.00	0.45
青海	3.88	0.00	0.11
宁夏	2.83	0.15	1.56
新疆	2.44	0.00	0.67

三个指标更加明确地对各个地方的创新特征进行了总结，从规模依赖度指标来看，西部地区依赖度高，这与西部地区的市场条件有关，小(微)型企业因为西部地区的市场规模和需求多样性方面的限制，不能获得来自市场的创新支持。而大部分小微企业要有足够的市场需求才能生存并投资研发。

创新的对外依赖度指标越高，说明该地区的创新中外资企业的重要性和贡献越大；指标越低，说明本地区的创新主要是由内资企业承担。数据表明，外资企业在东部地区的创新中贡献较大，在西部地区贡献最小。对于具体省份而言，福建的外资企业对当地的创新贡献程度为全国最大。

创新的市场导向度指标是用来衡量地区创新中国有及国有企业与非国有企业之间的贡献比。指标高,说明市场竞争导向高;指标低,说明市场竞争导向低。由于非国有企业对市场更加依赖、更加敏感,因此,如果该地区的创新主要是由非国有企业承担,说明该地区的创新由市场竞争推动的成分更大。反之,如果国有企业在创新中承担了更重要的角色,该地区创新受政策导向和市场结构维护导向的成分更大,对产业价值链上治理的影响更弱。数据表明,东部地区的市场竞争导向更高,西部最弱。具体省份里,浙江、江苏、福建的创新受市场竞争导向驱动的成分更高。而山西、内蒙古、西北五省的创新受市场竞争导向最弱。

4.1.4 区域创新成果转化的投入规模与产出

创新研究中一般将专利作为创新的产出,将新产品作为创新产业化的结果。尽管创新还包括工艺、生产流程、管理和材料等生产环节的改进,但是,出于数据的可得性、连续性等的要求,一般将新产品作为对一个地区创新成果商业化的衡量指标。新产品蕴含了新技术、新工艺、新材料、新的管理、新的市场需求、新的营销管理等一系列环节的整合,因此,新产品能够反映出从对市场需求的分析到加工制造营销等各个环节的创新。

创新的目的并不是仅仅停留在有创新的成果,更重要的是这个创新能够实现经济价值,创造经济价值,对于产业价值链上的高附加价值的分配有积极的影响。新产品作为一个有效的观察对象,可以以此观察到一个地区的创新商业化产业化的基础和能力。

本书采用各个地区在新产品开发的投入经费以及新产品产值的数据,通过周期性的观察对比,来全面分析我国各个地区创新产业化的发展。

表4-6采用各地区数据的全国占比来比较各地在新产品经费投入和新产品销售收入方面的地区差异,反映了各地区从2004年到2014年11年间在新产品开发方面的发展状态。

表 4-6 我国各地区新产品经费投入和销售收入占比

地区	2014年		2012年		2008年		2004年	
	销售收入占比	开发经费投入占比	销售收入占比	开发经费投入占比	销售收入占比	开发经费投入占比	销售收入占比	开发经费投入占比
北京市	2.97%	2.94%	3.00%	3.16%	5.36%	2.86%	4.85%	3.78%
天津市	3.96%	2.53%	4.04%	2.74%	4.82%	3.63%	5.94%	2.20%
河北省	2.33%	2.31%	2.22%	2.25%	1.87%	2.16%	1.62%	2.27%
山西省	0.65%	0.99%	0.84%	1.28%	1.17%	1.54%	0.85%	1.18%
内蒙古	0.39%	0.68%	0.53%	0.66%	0.60%	0.55%	1.16%	0.42%
辽宁省	2.83%	3.13%	2.89%	3.61%	3.37%	3.68%	4.12%	5.70%
吉林省	1.16%	0.77%	1.95%	0.97%	2.12%	1.35%	0.69%	0.99%
黑龙江省	0.37%	0.83%	0.51%	0.97%	0.79%	1.27%	0.85%	1.15%
上海市	5.91%	5.80%	6.70%	5.05%	8.58%	5.55%	12.37%	11.81%
江苏省	16.47%	17.43%	16.15%	18.68%	12.70%	16.86%	12.12%	15.09%
浙江省	11.55%	8.85%	10.21%	8.93%	11.24%	11.10%	10.26%	10.77%
安徽省	3.70%	3.64%	3.38%	3.49%	1.94%	2.78%	1.84%	2.30%
福建省	2.46%	2.81%	2.98%	2.85%	3.06%	3.20%	3.63%	3.22%
江西省	1.23%	1.28%	1.16%	1.15%	1.05%	1.27%	0.77%	0.91%
山东省	10.19%	11.46%	11.68%	10.19%	9.80%	10.40%	10.21%	9.62%

4 研发集群对区域创新发展影响的现状研究

(续表)

地区	2014年		2012年		2008年		2004年	
	销售收入占比	开发经费投入占比	销售收入占比	开发经费投入占比	销售收入占比	开发经费投入占比	销售收入占比	开发经费投入占比
河南省	3.62%	2.94%	2.33%	2.89%	2.55%	3.02%	2.05%	2.52%
湖北省	3.69%	3.60%	3.35%	3.67%	3.15%	2.86%	2.23%	3.18%
湖南省	4.42%	3.11%	4.31%	2.98%	2.81%	2.73%	2.00%	1.83%
广东省	14.22%	16.04%	13.94%	14.83%	13.10%	14.47%	14.37%	11.95%
广西	0.94%	0.84%	1.12%	0.96%	1.04%	0.99%	1.21%	0.59%
海南省	0.10%	0.12%	0.12%	0.13%	0.12%	0.12%	0.29%	0.08%
重庆市	2.53%	1.84%	2.20%	1.58%	2.95%	1.71%	2.23%	1.79%
四川省	1.90%	2.32%	1.90%	2.23%	3.15%	2.47%	2.19%	2.99%
贵州省	0.29%	0.38%	0.35%	0.50%	0.33%	0.51%	0.33%	0.63%
云南省	0.36%	0.60%	0.40%	0.50%	0.54%	0.47%	0.32%	0.64%
陕西省	0.79%	1.69%	0.79%	1.61%	0.86%	1.25%	0.96%	1.82%
甘肃省	0.50%	0.47%	0.54%	0.44%	0.41%	0.49%	0.20%	0.19%
青海省	0.01%	0.10%	0.01%	0.09%	0.09%	0.08%	0.02%	0.09%
宁夏	0.13%	0.17%	0.17%	0.18%	0.13%	0.22%	0.11%	0.21%
新疆	0.34%	0.32%	0.25%	0.42%	0.28%	0.37%	0.19%	0.10%

数据表明,各地区新产品经费投入与新产品销售收入之间存在一定的对应关系。经费投入规模较大的地区,同样也有较大规模的新产品销售收入,如浙江、江苏、山东、上海和广东。而11年间,这些新产品投入规模大且收益也大的地区,在全国始终保持规模不变。其他地区也基本在11年间保持不变。说明创新的产业化在以上5个地区已经形成了稳固的基础。

4.1.5 区域创新成果商业化的依赖度

各地区的企业是创新商业化最核心的主体。而不同规模、不同所有制、不同资本背景的企业是否在本地区的创新商业化方面有同样的贡献度?不同类型的企业在新产品开发上的贡献,对于设计合理的政策有重要的影响作用。因此,有必要通过3个依赖度指标对各地区的创新商业化做进一步的分析。

表4-7是我国2014年各地区创新商业化发展的三个依赖度指标,表中数据说明,东部地区在创新商业化方面对企业规模的依赖最小,其次为中部地区,依赖度最高的地区为西部地区和东北地区。在对外依赖度和市场导向依赖度方面,东部地区依赖度是最高的,东北地区对外资和市场竞争的依赖度最小。

表4-7　2014年我国各地区创新商业化发展的三个依赖度指标

地区	创新商业化的地区特点		
	创新商业化的企业规模依赖度	创新商业化的对外依赖度	创新商业化的市场导向度
全国	7.08	0.53	2.20
东部地区	6.65	0.70	3.45
中部地区	6.74	0.28	1.29
西部地区	11.99	0.23	0.59
东北地区	12.39	0.20	0.55
北京	3.08	0.75	1.36
天津	5.19	0.98	1.83
河北	19.49	0.28	1.46

(续表)

地区	创新商业化的地区特点		
	创新商业化的企业规模依赖度	创新商业化的对外依赖度	创新商业化的市场导向度
山西	28.94	0.03	0.19
内蒙古	16.32	0.08	0.59
辽宁	13.66	0.20	0.50
吉林	8.27	0.22	0.99
黑龙江	11.55	0.15	0.50
上海	13.45	2.01	0.48
江苏	5.62	0.80	7.77
浙江	2.74	0.40	18.36
安徽	4.42	0.14	1.33
福建	6.99	1.91	7.08
江西	5.45	0.16	0.93
山东	16.39	0.12	2.80
河南	28.74	0.76	3.66
湖北	5.88	0.43	0.95
湖南	5.11	0.11	1.13
广东	15.40	1.28	4.65
广西	17.87	0.80	0.60
海南	4.66	0.12	70.01
重庆	13.85	0.52	0.76
四川	10.63	0.05	0.64
贵州	7.32	0.04	0.27
云南	4.74	0.08	0.68
西藏	0.00	0.00	缺失
陕西	9.39	0.07	0.25
甘肃	26.66	0.00	0.11
青海	1.79	0.00	0.79
宁夏	20.49	0.06	0.80
新疆	10.55	0.02	2.88

从具体的省份来看，山东、河南、广东、河北、山西、内蒙古、辽宁、黑龙江、上海、广西、重庆、四川、甘肃、宁夏、新疆的创新商业化主要依靠大中型企业。这些地区的规模依赖度指标远远高于全国其他地区，也远远高于全国平均水平。

在创新商业化方面，上海、福建和广东是对外资依赖度最高的地区，说明外资企业在这3个地区是创新商业化方面的重要甚至是主要力量。

市场驱动在各地区创新商业化方面起的作用上，浙江、江苏、福建、广东、河南、山东、北京、天津、河北、新疆、海南是市场驱动程度较大的地区。其中，海南因为其地理特点和产业特点，非国有企业的数量占据主导，因此，数据上出现了异常高的指标。而从实际情况看，浙江省因为有大量的民营企业，且市场开拓意识强，因此，符合表4-7中指标所描述的特征。

创新的商业化需要一定的市场基础才能实现，其中科技中介服务的作用不可忽视。

专业技术中介服务，也称技术第三方、科技中介公司、科技桥梁、科技经纪商等。科技中介服务业是指为促进科技进步和提升科技管理水平提供各种服务的所有组织或机构的总和，包括行业协会、商会、企业孵化中心、创新服务平台以及生产力促进中心等各种形式的中介组织或机构。它们在科技创新过程中扮演着不同的角色，具有不同的服务功能：第一，知识、信息扩散和技术转移。科技中介服务加速了新知识、新技术以及新产品信息的扩散，提升了他们的普及率和应用率。第二，科技中介服务具有科技创新的管理职能，有些科技中介机构还为客户提供系统的技术解决方案。第三，知识产权服务，负责知识产权的确权、维权、评估、交易、保护及配置业务。企业的资源有限，但是创新过程要求企业掌握相关领域的最新发展动态，并且需要企业能够在各个环节和细节都获得高质量的专业服务，这就是具备高素质专业技能的服务机构存在的市场基础。创新型企业最大的资源是知识产权。有关知识产权的认定等就需要专业知识产权服务机构的评估及服务，有效地应对其他企业设置的专利屏障,并在权利受到侵害时,获得及时和有效的保护。第四,有效协调与规范市场行为,不断帮助政府和市场激活资源,促进创新所需各种知识与信息的快速流动和高效配置。第五,通过组织人才招聘会,定期举办各种战略管理培训班与专题讲座,引进和培育各类科技创新人才。

正是专业化的创新中介的存在,提高了创新集聚区内企业的整体经营效率。在硅谷地区,人力资源服务机构、技术转移服务机构、金融资本服务机构、管理信息咨询服务机构、财务服务机构和法律服务机构等多种类型科技中介服务机构十分发达,形成了完善的科技中介服务体系,极大地提高了硅谷企业创新活动的效率。① 例如,硅谷专门从事法律服务的事务所有 WSGR、Cooley、Godward、Kronish LLP、Gunderson Dettmer LLP 等。这些机构为初创公司提供一系列免费服务,包括新公司注册、投资条件起草、法律表格准备等。一个没有信用记录的初创公司(无论是经验丰富的企业家还是大学毕业生)可以很容易地得到这些免费服务。1983 年,美国硅谷银行成立,全球业务拓展迅速,并且与重要科技创新中心地区建立了密切的商业关系。硅谷银行的主要服务对象是科技型创新企业,脸书、推特等企业均在创业发展初期就获得硅谷银行的金融支持方案。硅谷银行采取的商业模式主要是利息和期权,盈利主要来自所投资公司的上市股票带来的资本收益。其完善的金融服务可以让企业专注于核心技术的开发与商业化,因此是推动创新成果商业化十分关键的要素。

4.1.6 区域创新的国际竞争力

各地区的新产品是否具有国际市场竞争力,有利于了解该地区创新商业化的国际影响力。全球主要科技创新中心的集聚企业对于全球的产业链有关键性影响甚至是控制力。因此,一个地区新产品的国

---

① 胡曙虹,黄丽,杜德斌.全球科技创新中心建构的实践——基于三螺旋和创新生态系统视角的分析:以硅谷为例[J].上海经济研究,2016(3):21-28.

际市场竞争力对判断该地区是否能够发展成为科技创新中心地区十分重要。

表4-8是新产品的出口销售产值与国内各地区销售产值的比例数值,用以说明各地区新产品的国际市场竞争力。

表4-8 2011—2014年我国各地区新产品的国际市场竞争力比较

地区	2011—2014年各地区新产品的国际市场竞争力比较			
	2014年	2013年	2012年	2011年
北京	10.84	14.69	16.80	18.59
天津	22.39	21.40	20.89	19.55
河北	9.63	10.05	11.91	12.05
山西	6.28	12.33	16.45	17.69
内蒙古	5.73	5.26	6.72	6.60
辽宁	10.79	9.11	7.07	14.02
吉林	3.39	5.53	2.99	3.10
黑龙江	5.20	6.77	9.57	5.71
上海	12.18	10.08	14.25	13.29
江苏	22.78	21.91	29.55	29.60
浙江	21.16	20.03	23.70	25.23
安徽	5.22	6.33	8.41	7.37
福建	23.29	27.45	32.49	25.55
江西	9.50	9.36	13.58	13.81
山东	12.68	12.14	14.44	15.81
河南	45.97	41.07	8.20	8.53
湖北	3.46	4.34	6.40	5.21
湖南	6.50	3.92	3.41	4.83
广东	36.60	33.53	38.82	39.53
广西	3.47	3.20	3.64	5.23
海南	11.05	12.03	14.39	13.73
重庆	10.73	4.99	6.42	12.97

（续表）

地区	2011—2014年各地区新产品的国际市场竞争力比较			
	2014年	2013年	2012年	2011年
四川	6.12	8.22	7.18	5.87
贵州	13.73	9.92	9.24	6.95
云南	3.30	4.70	5.87	6.77
西藏	缺失	0.60	1.24	0.67
陕西	7.56	3.02	4.55	4.23
甘肃	6.00	7.08	6.96	5.99
青海	0.28	缺失	0.03	0.34
宁夏	10.11	12.95	21.89	14.21
新疆	3.08	5.57	2.80	3.26

本书选取了2011年至2014年连续4年的数据做观察，通过计算该地区新产品中出口销售产值占地区全部新产品销售产值的比例可以发现，天津、江苏、浙江、福建、广东在新产品的出口上保持了较高的比例，其他地区如上海、天津、宁夏、重庆、海南、山东、辽宁、北京也有较大比例的出口。这说明，这些地区的创新商业化受到国际市场的影响程度较大。

4.1.7 区域创新特征的总结

我国区域创新发展中存在类似于二元结构的分布特征。本节从不同方面对我国的区域创新进行了分析，总结而言，我国的区域创新在总量水平、增长速度等创新产出方面存在明显的二元化结构特征。

如图4-2所示，我国的整体创新发展主要由少数沿海省市的快速增长拉动：①全国50%的创新产出集中在4个省市，75%的创新产出集中在8个省市，剩余的22个省市创新产出总量仅占全国的1/4。②创新成果转化产出的50%总量集中在5个省市，也就是说我国1/6的省市占有全国1/2强的创新产出量。

区域创新的二元结构还体现在空间布局上：我国创新产出极为突

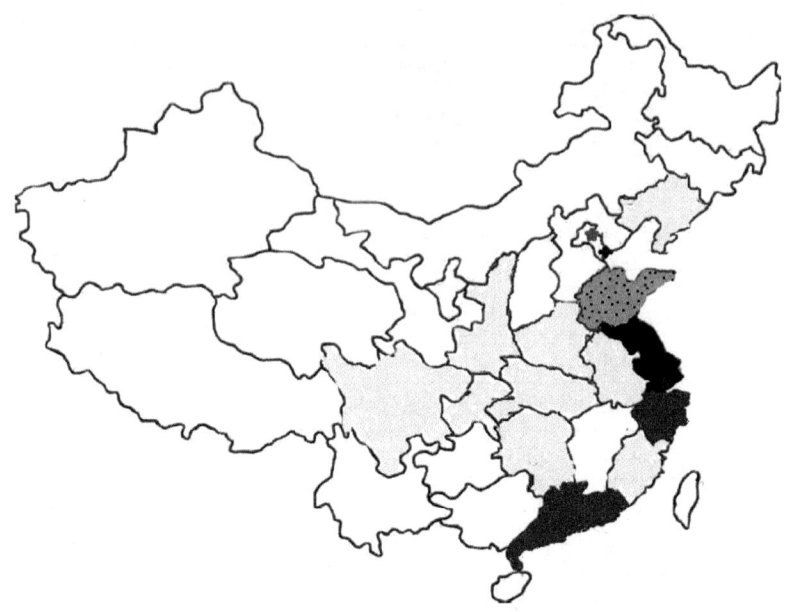

注:江苏、广东、浙江是我国创新最为活跃的地区,这三个地区在专利方面占全国总量的一半。其次为上海、山东、北京、辽宁、福建、四川、安徽,以上省市的专利总量占全国总量的2/3强。江苏、浙江、山东、广东、上海四省一市的创新成果转化收益总量占全国总收益量的55%。

图 4-2 我国区域创新的空间集聚

出的地区集中在沿海地区、三大经济圈核心区域,而中部、西部地区的省市,除了四川、陕西两省外,其余省市的创新发展极为缓慢,且总量始终处于低水平阶段。

国外成功的区域创新案例具备的特征之一就是:空间范围内研发集群的存在和溢出效应对区域创新发展和科技创新中心的形成具有十分关键的作用。那么,我国的研发集群及其溢出效应在二元结构特征下是否也发挥了同样的拉动区域创新发展的作用?

4.2 研发集群带来的创新要素的空间集聚效应

4.2.1 研发人力资本要素的集聚

大卫·努德福什认为,一个有才智、有创造力的人善于发明;一个有认识智慧的集体能够创新。[①] 科技创新领域个人英雄主义与集体智慧缺一不可。科技创新活动从其本质上说,是一种整合智力的过程。其发生、发展高度依赖知识与技能的积累、转移及融合。作为不同国家或地区间不同专业领域内知识流动的重要载体,人才在地理空间上的集中能够产生知识溢出效应。由于知识在传递过程中,有效性会因为时空的阻隔及传递者的理解表达差异而发生一定的衰减,尤其是缄默知识在表达与传授上的限制,使人们只有在接触和交流中才能真正地完成知识的传递。因此,科技创新活动需要人才的高度集聚,以促进知识的积累和沟通质量。

创新人力资本的集聚使集聚地区获得了规模效应,驱动当地创新发展。以硅谷为例,硅谷所在的旧金山湾区,面积只有1.9万平方公里,人口仅700多万。而科技人才的密度极高,这里有50多位诺贝尔奖获得者、100多万高科技人员、众多国家工程院和科学院院士、几万名工程师。从人口的学历构成来看,25岁及以上的人口中,拥有研究生学历的占20%,高于美国平均的11%。大量高级人才的集聚为惠普、英特尔、苹果、思科、甲骨文、谷歌、脸书等世界级科技创新公司提供了优良的人才支持。

同样,波士顿地区人口的学历构成与硅谷类似,25岁及以上人口中,研究生学历比例接近20%。哈佛大学、麻省理工学院等高校培养了大量的精英。丰富的高素质人才使波士顿有足够的能力来轻松应对发展进程中的不良冲击,吸引了大量公司来此投资,推动了波士顿高技术产业的集群发展,成为美国和全球著名的科技创新城市。

基于此,本书选择两个指标来观察我国各地区的人力资本要素的集聚现状。

第一个指标是各地区研发人力资源的密度:该指标为各地区研发人员占本地城镇就业人口的比例。从这个指标可以看到各地的科研人才基础。

[①] 大卫·努德福什. 什么是创新[J]. 美国电子期刊,2009(11):3-7.

第二个指标为研发人力资源的地区集聚度：采用区位熵计算。具体公式＝(各地研发人员÷城镇单位就业人数)÷(全国研发人员÷全国就业人数)。

表 4-9　我国各地区研发人力资源的密度

地区	2009 年	2010 年	2011 年	2012 年	2013 年	2014 年
北京	4.08	4.17	4.33	4.49	4.50	4.54
天津	3.60	4.20	4.16	4.37	4.75	5.55
河北	1.68	1.77	2.01	2.01	2.09	2.36
山西	1.69	1.70	1.65	1.65	1.59	1.64
内蒙古	1.28	1.32	1.38	1.55	1.59	1.67
辽宁	2.34	2.44	2.24	2.37	2.24	2.44
吉林	2.13	2.44	2.54	2.67	2.20	2.31
黑龙江	1.55	1.81	1.87	1.92	1.92	1.96
上海	4.42	4.52	3.99	3.76	3.67	3.65
江苏	5.12	5.32	5.61	6.61	4.17	4.22
浙江	2.94	3.25	3.26	3.53	3.88	4.03
安徽	2.44	2.54	2.98	3.58	3.48	3.85
福建	1.81	2.00	2.16	2.48	2.59	2.83
江西	1.79	1.80	1.65	1.51	1.59	1.64
山东	2.53	2.88	3.12	3.44	3.17	3.41
河南	1.80	1.92	1.99	2.10	2.00	2.09
湖北	2.70	2.80	2.84	3.11	2.94	3.09
湖南	1.95	2.17	2.31	2.55	2.51	2.72
广东	3.64	3.99	4.16	4.82	3.32	3.42
广西	1.49	1.66	1.79	1.81	1.63	1.63
海南	0.83	0.88	0.98	1.16	1.17	1.18
重庆	2.15	2.21	1.94	2.06	2.08	2.25
四川	2.22	2.29	2.18	2.42	2.06	2.45
贵州	0.91	1.04	1.03	1.11	1.22	1.25

(续表)

地区	2009年	2010年	2011年	2012年	2013年	2014年
云南	1.18	1.17	1.25	1.20	1.16	1.26
西藏	0.91	0.73	0.80	0.85	0.75	0.77
陕西	2.66	2.71	2.55	2.88	2.62	2.72
甘肃	1.53	1.61	1.60	1.74	1.44	1.55
青海	1.48	1.45	1.24	1.27	1.14	1.24
宁夏	1.85	1.75	1.97	2.08	2.00	2.24
新疆	0.81	0.83	0.86	0.93	0.87	0.89

从表4-9中可以看到，部分省市的研发人员占比比例较高，如江苏、上海、北京、天津、广东、四川、重庆、浙江、湖北、安徽、陕西。而这些地区在创新研发方面也是较为突出的地区，特别是密度较高的江苏、上海、广东，本身就是研发创新的领先地区。

表4-10 我国各地区研发人力资源的地区集聚度

地区	2009年	2010年	2011年	2012年	2013年	2014年
北京	1.61	1.54	1.55	1.48	1.62	1.55
天津	1.42	1.55	1.49	1.44	1.71	1.90
河北	0.66	0.65	0.72	0.66	0.75	0.81
山西	0.67	0.63	0.59	0.54	0.57	0.56
内蒙古	0.50	0.49	0.50	0.51	0.57	0.57
辽宁	0.93	0.90	0.80	0.78	0.81	0.84
吉林	0.84	0.90	0.91	0.88	0.80	0.79
黑龙江	0.61	0.67	0.67	0.63	0.69	0.67
上海	1.75	1.66	1.43	1.24	1.32	1.25
江苏	2.02	1.96	2.01	2.18	1.50	1.44
浙江	1.16	1.20	1.17	1.16	1.40	1.38
安徽	0.96	0.93	1.07	1.18	1.25	1.32
福建	0.71	0.74	0.77	0.82	0.94	0.97
江西	0.71	0.66	0.59	0.50	0.58	0.56
山东	1.00	1.06	1.12	1.14	1.14	1.17

（续表）

地区	2009年	2010年	2011年	2012年	2013年	2014年
河南	0.71	0.71	0.72	0.69	0.72	0.71
湖北	1.07	1.03	1.02	1.02	1.06	1.05
湖南	0.77	0.80	0.83	0.84	0.91	0.93
广东	1.44	1.47	1.49	1.59	1.20	1.17
广西	0.59	0.61	0.64	0.60	0.59	0.56
海南	0.32	0.33	0.35	0.38	0.42	0.40
重庆	0.85	0.81	0.69	0.68	0.75	0.77
四川	0.88	0.84	0.78	0.80	0.74	0.84
贵州	0.36	0.38	0.37	0.37	0.44	0.43
云南	0.47	0.43	0.45	0.40	0.42	0.43
西藏	0.36	0.27	0.29	0.28	0.27	0.26
陕西	1.05	1.00	0.92	0.95	0.95	0.93
甘肃	0.60	0.59	0.57	0.57	0.52	0.53
青海	0.59	0.54	0.44	0.42	0.41	0.42
宁夏	0.73	0.64	0.71	0.69	0.72	0.76
新疆	0.32	0.30	0.31	0.31	0.31	0.30

表4-10的集聚度指数说明，我国在过去5年里的人才集聚度在某些地区有所提高。如天津、浙江、安徽、山东。也有集聚度下降的地区，如陕西、广东、上海、江苏等地。集聚度的变化反映了研发人员占地区总就业人口与全国总体水平的比较。这主要取决于各地的研发人才的流动和累积。

以硅谷为例，2012年硅谷地区外国出生人口比例为36%，而加利福尼亚州和美国全国的这一比例则显著低于硅谷地区，分别仅为27%和13%；从2011年到2013年，硅谷地区的净外国移民数一直在增长，2011年不到1万人，而2013年已增加至约2万人，是10年来的峰值。同样，美国纽约、洛杉矶的外国出生人口比例分别为28%和34%，法国巴黎和新加坡的外国出生人口比例接近23%。

一方面，外来技术创新人才的移民比例高；另一方面，高层次人才的集聚趋势更加明显。在硅谷,科学、技术、工程和数学(STEM)领域的人才集聚现象十分明显。2007 年硅谷地区的 STEM 就业人口中 61% 为外来人口,2011 年这一比例上升到 64%。新加坡的科技人才集聚也很突出,科学家和工程师共有 30 109 人,其中外地移民来的科学家与工程师有 8 729 人,占总数的 29%。

4.2.2 研发资本要素的集聚

研发资本包括企业自有资金、税收优惠补贴、政府投入以及风险资本等。

企业的研发投入是重要的资本来源,特别是大中型企业,实力雄厚,研发投入巨大,如 2016 年苹果公司的研发投入就达到 80 亿美元。在硅谷销售额前 150 家的科技企业中,全年研发支出总额超过 730 亿美元,平均研发强度超过 10%。其中,英特尔的研发支出超过 106 亿美元,研发强度超过 20%。另外 16 家企业的研发支出在 10 亿美元以上,包括谷歌、思科、甲骨文、苹果、惠普、吉利德科学、ebay、脸书等。这 150 家企业中,研发强度在 30% 以上的有 58 家。

另一个市场导向的研发资本来源是风险投资。从投资主体上看,风险资本可分为三个类别:第一类是正式的或专业的风险资本(formal or professional venture capital),投资主体是公司,持有所投资企业的股份,由专业人士进行管理,并积极参与企业的运营;第二类是非正式的风险资本(informal venture capital),是指个人投资者通过股权合同直接投资于初创阶段的企业,这些个人投资者通常被称为天使投资人(angel investor or business angel);第三类风险资本是政府部门为推动创业活动而进行的投资。

在吸收风险投资方面,美国的成绩最为显著。其中,硅谷(旧金山-圣何塞)约占全球风险投资的 20%,波士顿地区占 5.6%,纽约占 4%。我国的北京占 1.5%,上海占 1.1%。

风险投资对于科技创新企业的发展至关重要。硅谷的天使投资人是链接企业与科研、企业与市场、企业间的关键环节。这些投资人经过长期实践而总结的经验与积累的能力能够给被投企业提供创新发展的帮助。20世纪90年代,美国德州的奥斯汀和北卡研究三角园区的高技术产业成长基本来自于大型企业分支机构的扩张,创业活动十分薄弱,并没有风险投资的参与。90年代以后,这两个地区的创业活动陡然升温,吸引了大量风险资本的到来。由于风险资本对创业活动的重要作用,又催生了数量众多的高技术企业,推动了两地的创业活动。

以色列特拉维夫也是全球重要的创新中心,不亚于硅谷、纽约的影响力。特拉维夫的天使投资超过了硅谷,私募基金略低于硅谷。特拉维夫的风险投资的风险系数极高,在公司创立早期,大量的风险投资现金就注入进创新公司,约40%属于种子阶段和早期阶段的资金注入。强大的天使投资使特拉维夫成为世界科技创业企业密度最高的地区,并使其创业生态系统发展充满活力。

我国的研发资本投入,目前还属于自然发展阶段,大部分的研发资本来自企业的投入,或者政府的投入。为了能够对我国各地区的研发资本基础有所了解,本书将采用其他研究者的方法,对各地的研发资本存量进行测算。

由于研发活动是一个持续的行为,而资本的投入是有累积效应的,因此,一个地区的研发资本的积累不仅仅是当期的流量资本,还包括存量资本。本书在处理资本要素的集聚时,考虑了时滞效应和累积效应,具体的处理方法是借鉴吴延兵(2006)使用的永续盘存法来估算研发资本的投入存量,计算公式如下:

$$RDC_{it} = IE_{it} + (1+\delta) RDC_{(it-1)}$$

其中,RDC_{it} 是当期 t 的研发资本存量,$RDC_{(it-1)}$ 是上一期($t-1$)的研发资本存量;IE_{it} 是经过价格指数平减后的研发经费内部支出量,是去除了通货膨胀等货币因素后的研发资本的实际值,价格指数 = 0.55×消费者价格指数 + 0.45×固定资产投资价格指数;[①]$\delta = 16\%$,是资本的折旧率。

---

① 白俊红(2009)构造了研发支出的价格指数。

基期的资本存量计算公式为：

$$RDC_{(i0)} = IE_{i0}/(g+\delta)$$

其中,δ 仍然为 16%,g 为平均增长率,本书采用基期前三年的 GDP 的年均增长率值。

表 4-11　我国各地区研发资本存量

单位:亿元

地区	2009 年	2010 年	2011 年	2012 年	2013 年	2014 年
北京	24.5	36.5	51.2	69.7	92.5	119.9
天津	5.8	8.9	13.2	18.8	26.1	34.8
河北	4.9	7.2	10.3	14.3	19.4	25.6
山西	2.9	4.2	6.0	8.3	11.1	14.4
内蒙古	1.5	2.4	3.6	5.1	7.1	9.5
辽宁	7.8	11.9	17.2	23.8	32.0	41.4
吉林	2.6	3.7	5.2	7.1	9.4	12.2
黑龙江	3.9	5.8	7.9	10.6	13.9	17.7
上海	15.2	22.3	31.5	43.3	57.8	75.6
江苏	23.6	35.6	51.8	72.3	98.5	130.5
浙江	14.2	21.2	30.2	42.2	57.0	75.1
安徽	4.8	7.1	10.2	14.6	20.5	27.6
福建	4.6	7.0	10.2	14.5	20.0	26.7
江西	2.7	4.0	5.5	7.5	10.0	13.1
山东	17.8	27.1	39.5	55.8	76.4	101.5
河南	6.0	9.0	13.0	18.1	24.5	32.3
湖北	7.3	11.0	15.8	22.1	30.1	39.9
湖南	5.2	7.8	11.3	15.9	21.7	28.7
广东	23.0	34.6	50.0	70.1	95.5	126.5
广西	1.6	2.5	3.6	5.2	7.1	9.3
海南	0.2	0.3	0.4	0.7	0.9	1.2
重庆	2.7	4.1	6.0	8.5	11.6	15.4
四川	7.4	11.2	15.8	21.8	29.2	38.3

(续表)

地区	2009年	2010年	2011年	2012年	2013年	2014年
贵州	0.9	1.4	1.9	2.7	3.5	4.7
云南	1.4	2.0	2.9	4.0	5.4	7.1
陕西	6.1	9.2	13.0	17.9	24.1	31.6
甘肃	1.3	2.0	2.7	3.8	5.0	6.6
青海	0.3	0.4	0.6	0.8	1.1	1.4
宁夏	0.4	0.5	0.8	1.1	1.4	1.9
新疆	0.8	1.2	1.7	2.3	3.2	4.1

注：数据采用2009—2014年我国各地区大中型企业、高校及科研机构的内部经费支出。

表4-11的计算结果说明我国各地区的研发资本存量存在巨大的地区差异。北京、广东、江苏是研发资本存量基础水平最高的地区。上海、浙江、山东也是研发资本存量基础雄厚的区域。其他地区的研发资本存量保持在低水平。这与我国的创新产出规模的区域分布有明显的相关性。

为了更清楚地比较研发资本的地区集聚度，我们仍然采用比较各地的研发资本占比的方法，来了解各地研发资本的相对规模。

表4-12的数据明确地列举了各地区研发资本相对于全国总量的规模。北京、上海、江苏、浙江、山东、广东、四川、湖北的研发资本基础明显好于全国其他地区。其中，北京、上海、江苏、浙江、广东、山东等地的实力特别突出。这也能从侧面说明这些地区创新产出规模连年提升的原因。

表4-12 我国各地区研发资本要素的集聚指数

地区	2009年	2010年	2011年	2012年	2013年	2014年
北京	3.65	3.62	3.55	3.47	3.40	3.35
天津	0.86	0.89	0.91	0.94	0.96	0.97
河北	0.73	0.71	0.71	0.71	0.71	0.71
山西	0.43	0.42	0.42	0.41	0.41	0.40
内蒙古	0.23	0.24	0.25	0.26	0.26	0.26
辽宁	1.17	1.18	1.19	1.18	1.18	1.16

（续表）

地区	2009年	2010年	2011年	2012年	2013年	2014年
吉林	0.38	0.37	0.36	0.35	0.34	0.34
黑龙江	0.59	0.57	0.55	0.53	0.51	0.49
上海	2.26	2.21	2.19	2.15	2.13	2.11
江苏	3.51	3.53	3.56	3.60	3.62	3.64
浙江	2.11	2.10	2.10	2.10	2.10	2.10
安徽	0.71	0.70	0.71	0.73	0.75	0.77
福建	0.69	0.70	0.71	0.72	0.73	0.74
江西	0.40	0.39	0.38	0.37	0.37	0.37
山东	2.65	2.70	2.74	2.78	2.81	2.83
河南	0.90	0.90	0.90	0.90	0.90	0.90
湖北	1.09	1.10	1.10	1.10	1.11	1.11
湖南	0.77	0.78	0.78	0.79	0.80	0.80
广东	3.43	3.44	3.47	3.49	3.51	3.53
广西	0.24	0.25	0.25	0.26	0.26	0.26
海南	0.03	0.03	0.03	0.03	0.03	0.03
重庆	0.40	0.41	0.41	0.42	0.43	0.43
四川	1.11	1.11	1.09	1.08	1.07	1.07
贵州	0.14	0.14	0.13	0.13	0.13	0.13
云南	0.20	0.20	0.20	0.20	0.20	0.20
陕西	0.91	0.91	0.90	0.89	0.89	0.88
甘肃	0.20	0.20	0.19	0.19	0.19	0.18
青海	0.04	0.04	0.04	0.04	0.04	0.04
宁夏	0.05	0.05	0.05	0.05	0.05	0.05
新疆	0.12	0.12	0.12	0.12	0.12	0.12

4.2.3 专业科技中介的形成

科技中介是指在各种参与技术创新的市场主体之间，利用自身拥有的知识、人才、资金、信息等资源，为技术创新的成功实现，起到沟通、联系、组织、协调等作用以及为参与技术创新的各种市场主体、各个具体实体过程提供专业服务的机构。科技中介是知识和技术流动、扩散和转移的桥梁,是联系科技与经济的纽带,是创新体系的重要组成部分。当今世界竞争是综合国力的竞争,其核心竞争力则是高新技术的竞争。高新技术的发展取决于科技创新能力和科技创新转化为现实生产力的速度、能力和水平。

目前我国已基本建成较为完整的科技中介服务机构体系,主要形式有生产力促进中心、创业服务中心、知识产权服务机构、技术转移中心、创新驿站、科技资源共享平台、孵化器、科技园、创投公司以及各种评估类、咨询类、审计类专业科技中介机构等。

目前我国科技中介服务机构的主要特点:一是科技中介从业人员具备较高的知识素养,具备高学历与专业化的市场经验,同时熟悉科技创新过程的管理。科技中介从业人员具备多专业背景,从事的业务涉及技术、咨询、评估、投融资等各个环节。二是科技中介机构的专业性突出,同时业务的局限性也十分明显。目前较多的科技中介机构专业从业人员都在10人以下,而且只能从事某单一功能的服务,调配科技资源能力差,限制了其提供高质量服务的能力。三是科技中介机构的激励机制不到位,难以吸引高素质或复合型人才的加盟。

4.2.4 我国各地区的创新投入比较分析

研发资源的集聚是地区创新发展的基础。而各地区研发资源的投入方向和投入模式对于地区的创新发展也有重要的影响。为了能够了解我国各地区的研发资源投入模式的基本特征,本书选择对《中国科技统计年鉴(2015)》的数据进行分析,根据各地人力、资金投入量和投入方向的全国占比来描述各地的创新资源利用发展模式。

表4-13的数据表明,各地区科研机构、规模以上企业和高校的创新资源投入存在明显的差别。

北京是典型的以科研机构与高校的研发创新为主要资源倾向对象的地区。规模以上企业的投入资源比例小于科研机构与高校。相似的地区还有陕西、四川这样的教育大省,这些地区的创新资源模式可以定义为基础研究主导的创新。

表 4-13　我国各地区研发资源分布

地区	研发经费内部支出			研发人员全时当量			研发经费外部支出		
	科研机构占比	规上企业占比	高校占比	科研机构占比	规上企业占比	高校占比	科研机构占比	规上企业占比	高校占比
东部地区	62.6%	67.9%	57.9%	54.3%	67.7%	48.8%	75.4%	66.3%	65.4%
中部地区	9.5%	16.7%	15.4%	14.1%	17.5%	17.7%	10.5%	14.0%	13.3%
西部地区	22.3%	9.9%	15.7%	24.1%	10.0%	20.0%	8.6%	13.2%	16.5%
东北地区	5.6%	5.4%	11.0%	7.5%	4.7%	13.5%	5.5%	6.5%	4.8%
北京	33.3%	2.5%	16.2%	26.0%	2.2%	10.0%	64.8%	6.2%	28.3%
天津	2.0%	3.5%	6.4%	2.6%	3.0%	3.3%	1.6%	2.8%	1.8%
河北	1.6%	2.8%	1.2%	2.2%	2.8%	2.7%	0.3%	3.0%	0.9%
山西	0.6%	1.3%	1.2%	1.1%	1.4%	1.8%	0.2%	1.9%	0.4%
内蒙古	0.3%	1.2%	0.5%	0.7%	1.0%	1.3%	0.0%	1.1%	0.2%
辽宁	2.8%	3.5%	4.7%	3.5%	2.4%	5.0%	5.4%	3.0%	2.4%
吉林	1.4%	0.9%	2.4%	2.0%	0.9%	4.1%	0.0%	1.4%	0.9%
黑龙江	1.5%	1.0%	3.9%	2.0%	1.4%	4.4%	0.1%	2.1%	1.5%
上海	12.1%	4.9%	8.0%	7.8%	3.6%	6.6%	3.2%	8.3%	5.6%
江苏	6.3%	14.9%	9.8%	6.3%	16.0%	6.9%	2.2%	14.7%	13.6%
浙江	1.4%	8.3%	5.5%	1.5%	11.0%	4.2%	1.1%	5.0%	5.5%
安徽	2.5%	3.1%	3.0%	2.5%	3.6%	3.7%	0.1%	4.1%	1.9%
福建	0.7%	3.4%	1.3%	1.0%	4.2%	2.3%	0.1%	2.4%	1.2%
江西	0.6%	1.4%	1.1%	1.4%	1.1%	1.6%	0.9%	1.7%	0.9%
山东	2.4%	12.7%	3.7%	3.2%	8.7%	6.2%	1.3%	12.8%	3.1%
河南	1.6%	3.6%	1.9%	3.0%	5.1%	2.0%	0.2%	1.8%	0.7%
湖北	3.3%	3.9%	5.2%	4.0%	3.5%	4.6%	8.8%	2.1%	7.0%
湖南	0.9%	3.4%	3.0%	2.1%	2.9%	4.0%	0.4%	2.4%	2.3%
广东	2.8%	14.9%	5.5%	3.4%	16.1%	6.2%	0.9%	10.7%	5.3%
广西	0.7%	0.9%	1.0%	1.2%	0.9%	2.6%	0.2%	0.8%	0.4%
海南	0.2%	0.1%	0.2%	0.2%	0.1%	0.3%	0.0%	0.4%	0.1%

(续表)

地区	研发经费内部支出			研发人员全时当量			研发经费外部支出		
	科研机构占比	规上企业占比	高校占比	科研机构占比	规上企业占比	高校占比	科研机构占比	规上企业占比	高校占比
重庆	0.4%	1.8%	1.9%	0.9%	1.7%	2.1%	0.3%	1.7%	1.1%
四川	9.8%	2.1%	4.9%	8.1%	2.4%	4.9%	4.1%	2.8%	8.5%
贵州	0.4%	0.4%	0.7%	0.8%	0.6%	1.3%	0.4%	0.4%	0.3%
云南	0.9%	0.6%	1.0%	1.7%	0.5%	1.8%	0.1%	0.7%	0.4%
西藏	0.1%	0.0%	0.0%	0.1%	0.0%	0.2%	0.0%	0.0%	0.0%
陕西	8.0%	1.7%	4.2%	7.8%	1.9%	3.2%	3.3%	2.4%	4.5%
甘肃	1.1%	0.5%	0.8%	1.7%	0.5%	1.0%	0.1%	2.2%	0.6%
青海	0.1%	0.1%	0.2%	0.1%	0.0%	0.2%	0.0%	0.1%	0.1%
宁夏	0.1%	0.2%	0.2%	0.1%	0.2%	0.4%	0.0%	0.2%	0.2%
新疆	0.4%	0.4%	0.4%	0.9%	0.3%	1.0%	0.0%	0.9%	0.3%
全国	100.0%	100.0%	100.0%	100.0%	100.0%	100.0%	100.0%	100.0%	100.0%

而江苏、山东、广东是另一个典型,规模以上企业的资源投入比例最高,是典型的企业与市场主导的创新资源利用模式。

其他地区在资源投入比例方向上区域平均,差异不明显,是常规性的创新资源利用模式。

市场化水平的高低反映市场配置资源的有效性,同时也是衡量地区经济改革、吸收资源能力以及经济活力的指标。理论上,某一地区市场化程度越高,该地区的市场就越规范,主要表现为对外开放程度高、相关法律法规健全。因此,在市场化程度高的地区,创新活动的开展相对容易,区域创新能力的提升也能得到促进。与传统产业和集聚区外的企业相比,高技术产业集聚区内的企业面临更强的竞争对手,激烈竞争的环境会加速市场成熟和规范化,并为企业间的公平竞争提供良好平台。在产权制度明确的市场环境下,集聚区内的企业能充分发挥能动性、最大限度地利用从业人员的才能,使资源配置效率最优化。①

---

① 高妍伶俐.产业集聚、知识溢出与区域创新能力[D].暨南大学,2014.

4.3 我国区域创新的环境分析

根据产业经济学中的 SCP 理论,企业的行为受到产业结构的影响,企业的行为又决定了企业的业绩。在此理论的指导下,本书认为:市场环境和企业的创新行为和企业的业绩产生关键性的决定作用。因此,本书选用所有制的制度环境(OWN)、市场开放度(EXP)和产学研合作(UEI)作为衡量各地的创新环境的三个主要指标。

4.3.1 所有制的制度环境

该指标的计算公式为:各地区规上国有控股企业的工业销售产值÷该地区规模以上企业工业销售产值增加值。该指标值越大,表明市场化程度越低;相反,该指标值越小,说明市场化程度越高。市场化程度取决于资源非分配受以价格为信号的市场主导的程度。由于缺乏必要的直接数据能够反映本书所需的数据,再者我国的国有企业在获得金融、政策和市场支持方面存在政策上的优势,本书采用国有企业与非国有企业数据间接反映市场化程度。

表 4-14 数据说明,西部地区的市场化程度最低,市场化程度最高的地区是浙江、广东、江苏、福建、天津;其他地区属于居中情况。一个地区国有规上企业的总体规模对于整个市场的竞争活力和竞争方向有宏观性指导,这也是企业经营环境中难以控制的因素。创新成果转化为生产力,实现产业化,只有市场竞争驱动才能成为稳定活跃的创新基础,只有以追求和实现创新的市场价值为核心动机的创新活动才能具有可持续性。

4.3.2 市场开放度的影响

市场开放度是对一个地区与国际市场的联系紧密度的描述。国际市场是国际知识溢出的源头。客户的需求,同业竞争对手的策略都是通过国际市场联系传递给本地企业。而一个地区与国际市场的联

表 4-14 我国各地区所有制的制度环境指数

地区	2000年	2001年	2002年	2003年	2004年	2005年	2006年	2007年	2008年	2009年	2010年	2011年	2012年	2013年	2014年
北京	0.69	0.65	0.58	0.54	0.57	0.52	0.45	0.47	0.48	0.50	0.53	0.57	0.59	0.58	0.58
天津	0.33	0.33	0.33	0.36	0.35	0.39	0.40	0.38	0.38	0.40	0.40	0.40	0.36	0.33	0.30
河北	0.53	0.50	0.46	0.41	0.39	0.37	0.32	0.31	0.29	0.29	0.29	0.27	0.25	0.23	0.22
山西	0.70	0.69	0.63	0.57	0.52	0.53	0.52	0.52	0.52	0.56	0.54	0.52	0.53	0.50	0.49
内蒙古	0.81	0.77	0.73	0.59	0.54	0.53	0.45	0.40	0.40	0.36	0.33	0.35	0.35	0.33	0.33
辽宁	0.67	0.66	0.63	0.59	0.57	0.54	0.46	0.45	0.40	0.33	0.31	0.30	0.27	0.24	0.26
吉林	0.82	0.80	0.78	0.76	0.70	0.67	0.62	0.56	0.49	0.45	0.44	0.42	0.38	0.36	0.36
黑龙江	0.85	0.84	0.80	0.80	0.78	0.77	0.78	0.73	0.68	0.60	0.58	0.57	0.52	0.48	0.47
上海	0.52	0.49	0.46	0.43	0.39	0.38	0.38	0.36	0.36	0.38	0.37	0.38	0.37	0.37	0.37
江苏	0.30	0.27	0.23	0.19	0.15	0.16	0.14	0.13	0.12	0.11	0.11	0.11	0.11	0.11	0.10
浙江	0.20	0.15	0.14	0.13	0.15	0.15	0.14	0.13	0.13	0.13	0.13	0.15	0.15	0.15	0.14
安徽	0.63	0.62	0.58	0.56	0.53	0.53	0.48	0.44	0.44	0.41	0.37	0.33	0.30	0.27	0.24
福建	0.33	0.30	0.27	0.23	0.20	0.19	0.18	0.15	0.14	0.13	0.14	0.12	0.13	0.12	0.13
江西	0.79	0.76	0.73	0.65	0.58	0.52	0.47	0.38	0.31	0.26	0.25	0.23	0.20	0.19	0.16
山东	0.43	0.39	0.37	0.34	0.27	0.24	0.24	0.22	0.20	0.18	0.20	0.20	0.16	0.16	0.15
河南	0.54	0.53	0.52	0.51	0.43	0.39	0.32	0.33	0.27	0.25	0.24	0.22	0.20	0.17	0.15

(续表)

地区	2000年	2001年	2002年	2003年	2004年	2005年	2006年	2007年	2008年	2009年	2010年	2011年	2012年	2013年	2014年
湖北	0.64	0.63	0.61	0.57	0.54	0.53	0.48	0.49	0.45	0.42	0.40	0.38	0.31	0.29	0.27
湖南	0.67	0.63	0.59	0.54	0.52	0.44	0.43	0.40	0.34	0.30	0.28	0.26	0.25	0.22	0.20
广东	0.25	0.24	0.19	0.18	0.21	0.18	0.17	0.16	0.17	0.16	0.16	0.15	0.16	0.16	0.15
广西	0.67	0.62	0.61	0.56	0.55	0.49	0.45	0.43	0.38	0.41	0.39	0.35	0.33	0.30	0.30
海南	0.68	0.67	0.62	0.65	0.52	0.52	0.43	0.32	0.25	0.25	0.26	0.20	0.21	0.23	0.18
重庆	0.68	0.62	0.61	0.54	0.55	0.52	0.52	0.49	0.42	0.40	0.37	0.33	0.31	0.28	0.26
四川	0.61	0.59	0.54	0.48	0.40	0.41	0.40	0.35	0.32	0.29	0.27	0.25	0.26	0.25	0.24
贵州	0.81	0.78	0.74	0.69	0.69	0.70	0.67	0.65	0.61	0.63	0.59	0.54	0.52	0.45	0.41
云南	0.81	0.81	0.79	0.74	0.69	0.65	0.62	0.61	0.59	0.60	0.59	0.58	0.54	0.53	0.53
西藏	0.78	0.70	0.73	0.77	0.74	0.67	0.53	0.42	0.45	0.46	0.45	0.63	0.56	0.49	0.40
陕西	0.79	0.78	0.78	0.75	0.71	0.69	0.72	0.71	0.68	0.63	0.62	0.62	0.61	0.58	0.56
甘肃	0.78	0.75	0.73	0.78	0.80	0.80	0.81	0.81	0.80	0.79	0.79	0.80	0.75	0.73	0.71
青海	0.89	0.87	0.83	0.78	0.81	0.82	0.80	0.75	0.68	0.62	0.59	0.59	0.52	0.50	0.48
宁夏	0.74	0.73	0.66	0.61	0.56	0.56	0.52	0.49	0.50	0.51	0.51	0.52	0.53	0.47	0.46
新疆	0.89	0.85	0.84	0.82	0.81	0.83	0.84	0.81	0.79	0.74	0.72	0.74	0.71	0.66	0.62

系紧密度,难以由一家企业来完全掌控,而是一个地区的整体通商环境。因此,本书选择地区的进出口总额,可以看到这个地区与国际市场的关联程度,产品的进出口是国际知识溢出的一个重要渠道,也是一国在国际市场上地位的反映。也有研究选用了进出口与 FDI 两项观察指标,但本书认为,创新的市场价值和产业竞争力在贸易中体现得最为重要。海外直接投资如果不能提升本地企业在国际市场的竞争力,这种投资对当地参与全球产业链价值分配体系就没有帮助。

因此,国际贸易作为市场竞争的最前沿,能够体现本地在各类产业链上的地位。而一个地区国际市场联系紧密度构成了一种开放环境,对区域内的所有企业都有影响。

表 4-15 为我国各地区进出口贸易总值与当地 GDP 的比值,用以描述我国各地区市场对外经济联系度。数据表明,北京、上海、广东国际市场开放度最高的地区。而西部省市如陕西、甘肃等地市场开放度极低。

市场开放度是地区接受各种国际知识溢出的基础条件。国际贸易、FDI、交流合作等都是重要的溢出渠道。而封闭的环境会降低地区研发集群获得知识溢出的程度,不利于研发集群的发展。

4.3.3　产学研合作的规模

产学研合作是地区创新及产业化的重要影响因素,产学研合作的内容和形式很多,从数据的客观性和可获得性出发,本书选用各地区的企业、高校与研究机构对外研发经费支出来测量各地的产学研合作程度。研发经费外部支出是指委托外单位或者与外单位合作进行研发活动而拨给的经费①。本书选用了规模以上企业支付给高校、科研机构的经费,高校支付给企业、高校和科研机构的经费,科研机构支付给企业、高校和科研机构的经费作为数据,来研究各地区产学研合作程度。

---

① 概念解释来自《中国科技统计年鉴(2015)》的指标解释。

表4-15 我国各地区市场对外经济联系度

地区	2014年	2013年	2012年	2011年	2010年	2009年	2008年	2007年	2006年	2005年	2004年	2003年	2002年	2001年	2000年
北京	122.7	136.5	143.8	151.0	134.7	111.3	154.0	123.5	122.6	113.4	98.8	86.2	76.7	87.6	98.9
天津	53.6	56.1	56.5	57.6	56.1	53.5	75.4	85.7	91.0	85.9	85.1	71.7	66.8	59.7	63.5
河北	12.8	12.2	12.0	13.8	13.0	10.8	15.1	11.8	10.2	10.1	10.1	8.2	7.0	6.6	6.5
山西	8.0	7.9	7.8	8.3	8.6	7.3	12.4	12.1	8.6	8.3	9.5	6.8	6.3	6.0	6.0
内蒙古	5.2	4.5	4.5	5.2	4.7	4.4	6.6	7.6	7.6	7.9	7.7	7.5	7.9	7.5	10.7
辽宁	25.1	26.5	26.4	27.2	27.5	26.1	33.4	33.6	32.8	32.1	32.5	27.8	25.1	24.8	25.7
吉林	12.0	12.5	13.0	13.2	12.2	10.2	13.1	12.3	11.7	11.4	13.7	14.6	9.9	9.5	8.3
黑龙江	16.3	16.9	17.3	19.3	15.5	11.9	17.5	15.3	13.0	10.9	9.0	8.3	7.5	6.3	6.0
上海	124.7	127.4	136.3	143.6	135.4	116.3	144.2	142.6	135.6	126.9	124.9	105.7	79.7	73.6	72.2
江苏	54.5	58.1	63.9	69.2	70.8	61.9	79.8	84.6	82.3	77.2	71.7	57.5	41.7	34.2	33.6
浙江	55.7	56.0	56.8	60.3	57.6	51.4	62.0	59.4	55.8	50.4	46.1	39.9	33.0	30.0	28.6
安徽	14.9	14.9	14.4	12.9	12.4	9.8	14.4	13.6	12.6	10.7	9.5	9.6	7.5	7.0	7.3
福建	46.5	48.8	49.9	51.5	46.5	41.0	49.4	50.7	52.1	52.3	52.0	44.7	40.0	35.0	35.5
江西	17.1	16.1	16.3	16.9	14.4	10.5	12.3	10.3	8.1	6.3	6.4	5.7	4.4	4.4	5.1
山东	29.4	30.4	30.9	32.8	30.4	25.8	32.3	29.9	27.4	26.3	25.4	23.3	20.8	19.8	18.9

（续表）

地区	2000年	2001年	2002年	2003年	2004年	2005年	2006年	2007年	2008年	2009年	2010年	2011年	2012年	2013年	2014年
河南	2.8	3.2	3.3	4.3	4.9	4.6	5.0	5.4	6.1	4.4	4.9	7.6	11.0	11.7	11.7
湖北	5.7	5.8	5.9	6.8	7.6	8.7	9.7	10.0	11.5	8.4	10.2	10.8	9.1	9.2	9.9
湖南	4.5	4.5	4.4	5.0	6.1	5.7	6.0	6.5	6.8	4.9	5.8	6.1	6.2	6.4	7.2
广东	99.8	92.4	103.2	112.7	119.3	119.5	124.9	125.7	117.3	97.5	107.5	108.2	108.6	110.1	100.0
广西	6.2	5.0	6.1	7.1	7.8	8.2	8.9	10.0	11.9	11.6	11.7	12.6	14.3	14.3	16.3
海南	15.4	19.0	18.3	20.1	26.1	17.4	16.8	17.7	19.0	18.6	26.4	31.9	31.6	29.7	28.5
重庆	6.3	5.8	5.1	6.4	8.0	7.8	8.8	10.0	10.4	7.4	9.9	18.4	29.4	33.9	42.2
四川	4.1	4.5	6.0	6.7	6.8	6.7	8.0	8.6	11.1	10.8	12.0	14.3	15.6	15.4	15.5
贵州	4.0	3.6	3.5	4.3	5.7	4.4	4.4	5.0	6.0	3.7	4.3	5.4	6.1	6.5	7.3
云南	5.7	5.9	6.1	6.6	7.6	8.6	9.8	11.6	10.6	8.2	11.7	11.4	12.8	13.5	14.6
西藏	7.0	4.2	5.1	5.4	5.7	5.2	7.1	7.3	12.2	5.7	10.4	14.1	30.8	25.6	15.4
陕西	7.5	6.5	6.2	6.8	7.2	7.3	7.1	7.5	7.2	6.5	7.5	7.4	6.5	7.8	9.7
甘肃	3.4	4.4	4.5	6.0	6.6	8.6	10.6	12.9	12.1	7.2	11.3	11.0	9.9	10.2	8.1
青海	3.8	4.3	3.6	5.5	7.8	4.8	6.3	4.8	4.3	3.4	3.7	3.5	3.9	4.2	4.7
宁夏	9.5	9.9	7.4	9.2	10.7	9.9	12.5	10.8	9.8	5.6	7.3	6.9	6.0	7.9	12.4
新疆	10.5	7.5	10.5	15.9	16.1	19.2	18.8	24.5	33.5	20.5	19.8	21.7	21.1	20.6	18.8

4 研发集群对区域创新发展影响的现状研究

本书采用因子分析法,计算各地区的综合得分并进行排序,来确定各地区产学研联系紧密度。

在进行因子分析之前,先对选用的数据进行 KMO 抽样适当性和 Bartlett 球形检验(见表 4-16)。KMO 检验值趋近 1,说明因子分析的有效性越强;Bartlett 检验如果接受假设变量间的相关系数矩阵是单位矩阵,则数据不适合进行因子分析;如果拒绝这个假设,则说明适合采用因子分析。经过检验,KMO 检验值为 0.764,大于 0.5;Bartlett 球形度检验近似卡方值为 410.792;显著性水平为 0.000,小于 0.1。因此,所选数据适合采用因子分析法。

表 4-16 KMO 和 Bartlett 的检验

	取样足够度的 Kaiser-Meyer-Olkin 度量	.764
Bartlett 的球形度检验	近似卡方	410.792
	df	28
	Sig.	.000

变量共同度表示各变量中所含原始信息被提取出的公因子解释的程度。如表 4-17 所示,所有指标共同度均在 70% 以上,可被因子解释,而且丢失信息较少。因此,提取出的几个公因子对各变量的解释能力较强,因子提取的总体效果好。

表 4-17 公因子方差

	原始		重新标度	
	初始	提取	初始	提取
规上企业对国内研究机构支出	4.604E9	4.546E9	1.000	.987
规上企业对国内高等学校支出	1.176E9	9.631E8	1.000	.819
研究机构对国内研究机构支出	4.233E9	4.208E9	1.000	.994
研究机构对国内高等学校	2.172E7	1.711E7	1.000	.788
研究机构对国内企业支出	2.289E8	2.209E8	1.000	.965
高校对国内研究机构支出	1.481E8	1.218E8	1.000	.823
高校对国内高等学校支出	8.946E7	8.035E7	1.000	.898
高校对国内企业支出	1.604E8	1.449E8	1.000	.903

初始特征值(见表 4-18)一表中,可以看到一共提取了两个主成分,主成分 1 的方差贡献率为 67.636,主成分 2 的贡献率为 28.993,两个成分的累计贡献率为 96.629,足够替代原来的变量来较好地反映各地区产学研合作的程度。

表 4-18　　　　　　　　　初始特征值

成分		初始特征值			提取平方和载入		
		合计	方差的%	累积%	合计	方差的%	累积%
原始	1	7.211E9	67.636	67.636	7.211E9	67.636	67.536
	2	3.091E9	28.993	96.629	3.091E9	28.993	96.629
	3	2.937E8	2.755	99.385			
	4	4.746E7	.445	99.830			
	5	7879799.891	.074	99.904			
	6	6255606.577	.059	99.962			
	7	3058667.656	.029	99.991			
	8	957269.058	.009	100.000			
重新标度	1	7.211E9	67.636	67.636	5.286	66.080	66.080
	2	3.091E9	28.993	96.629	1.891	23.639	89.719
	3	2.937E8	2.755	99.385			
	4	4.746E7	.445	99.830			
	5	7879799.891	.074	99.904			
	6	6255506.577	.059	99.962			
	7	3058567.656	.029	99.991			
	8	957269.058	.009	100.000			

通过因子载荷矩阵进行正交旋转,使因子具有命名解释性。从表 4-19 可以看到,主成分 1 是高校对外经费支出和科研机构对外支出数据具有较高载荷的成分,可称为高校及科研机构创新成果产业化程度因子,企业对高校的支出在主成分 2 上的载荷较大,高校以基础性研究为主,可以理解为企业从高校那里获得基础性研究支持,主成分 2 可以称为校企的基础研究合作因子。

4 研发集群对区域创新发展影响的现状研究

表 4-19　　　　　　　　　成分矩阵

	原始		重新标度	
	成分		成分	
	1	2	1	2
高等学校对国内高等学校支出	8 553.409	2 680.514	.904	.283
规上企业对国内研究机构支出	60 693.441	−29 364.687	.894	−.433
高等学校对国内企业支出	11 205.533	4 392.642	.885	.347
高等学校对国内研究机构支出	10 662.925	2 853.167	.876	.234
研究机构对国内企业支出	12 441.962	8 130.743	.822	.537
研究机构对国内研究机构支出	53 164.633	37 163.884	.817	.571
研究机构对国内高等学校	3 568.114	2 093.433	.766	.449
规上企业对国内高等学校支出	14 854.879	−27 247.941	.433	−.795

表 4-20 数据是通过计算我国 31 个省(自治区、直辖市)在主成分 1 和主成分 2 的综合得分并进行排名,可以看到,2014 年的数据显示北京、山东、江苏、广东、湖北和浙江的综合得分较高。这些地区本身也是高校集聚的地区,而且有着悠久的文化历史,重视教育,又因为其市场开放度较高,或者是科研资源十分丰富,如陕西,因此成为外资企业集聚的首选地。

表 4-20　2014 年我国 31 省(自治区、直辖市)产学研合作规模主成分综合得分

综合得分名次	地区	FAC1_1	FAC2_1	主成分1得分	主成分2得分	综合得分
1	北京	4.31	3.07	11.58	5.40	9.72
2	山东	1.83	−3.26	4.90	−5.73	1.71
3	江苏	1.31	−1.97	3.51	−3.46	1.42
4	广东	1.12	−1.54	3.02	−2.71	1.30
5	湖北	0.28	0.66	0.74	1.16	0.87
6	浙江	0.44	−0.79	1.18	−1.39	0.41
7	四川	0.07	0.04	0.19	0.08	0.16
8	辽宁	−0.08	0.21	−0.22	0.37	−0.04
9	陕西	−0.16	0.19	−0.44	0.34	−0.21

(续表)

综合得分名次	地区	FAC1_1	FAC2_1	主成分1得分	主成分2得分	综合得分
10	安徽	0.01	−0.43	0.03	−0.76	−0.21
11	上海	−0.16	0.09	−0.44	0.16	−0.26
12	湖南	−0.13	−0.20	−0.36	−0.35	−0.36
13	天津	−0.19	−0.02	−0.51	−0.04	−0.37
14	黑龙江	−0.23	−0.11	−0.62	−0.20	−0.49
15	甘肃	−0.18	−0.30	−0.48	−0.53	−0.50
16	河北	−0.20	−0.34	−0.54	−0.59	−0.55
17	山西	−0.29	−0.06	−0.78	−0.10	−0.57
18	重庆	−0.33	0.09	−0.89	0.15	−0.58
19	河南	−0.36	−0.03	−0.97	−0.04	−0.69
20	福建	0.40	0.10	1.07	0.18	0.70
21	吉林	−0.43	0.19	−1.15	0.34	−0.70
22	江西	−0.48	0.33	−1.29	0.59	−0.72
23	广西	−0.55	0.37	−1.46	0.65	−0.83
24	内蒙古	−0.57	0.35	−1.53	0.61	−0.89
25	新疆	−0.57	0.30	−1.53	0.52	−0.91
26	云南	−0.60	0.40	−1.62	0.71	−0.92
27	海南	−0.62	0.44	−1.66	0.78	−0.92
28	贵州	−0.65	0.51	−1.76	0.90	−0.96
29	青海	−0.71	0.54	−1.90	0.96	−1.05
30	宁夏	−0.72	0.55	−1.93	0.96	−1.06
31	西藏	−0.75	0.60	−2.01	1.05	−1.09

产学研合作是世界大部分科技研发中心发展起来的重要贡献因素。例如，从美国斯坦福大学毕业的 Overstraeten 在1984年回到比利时，向比利时弗拉芒地方政府提议，在比利时鲁汶大学微电子系的基础上，联合其他几所当地大学的微电子系，成立一个独立的微电子研

究中心,以发展当地微电子产业。① 1986年,大学校际间微电子研究中心(Inter-University Microelectronics Center, IMEC)正式建立。不到40年时间里,这个人口仅1 000多万的小国,凭借这种政府、高校、产业的联系互动,成为欧洲最大的独立微电子研究中心,拥有2 000名员工,包括600多常驻研究员和客座研究员,收入约为3亿多欧元。

在德国,产学研合作是当地创新中心发展中获得的最强大的支持力量。大约有300个科技园区及初创企业孵化中心,这些集群主要集中在化学、生物技术及医药等行业领域。这些集群的发展,都因为获得了来自当地政府、企业或行业协会、高校等的联合支持,才能使集群内的中小企业获得研究的基础设施和相关辅导。产学研的合作不仅为集群内的企业提供了场所、研究设施、经营管理辅导,也为知识溢出和合作创新提供了平台,这些都是德国创新中心成功的重要实践经验。

韩国首尔也是世界上有影响力的科技创新中心。在推动产学研合作方面,1993年韩国实施《合作延吉开发振兴法》,对于产业、高校、研究机构之间开展的联合研究活动优先提供研究经费、研究设施和信息等方面的支持。为了从制度上加快成果转化机制的建立,韩国修订了《合作研究开发促进法》和《科学技术革新特别法》。国家研究项目实施对象的选定推进产学研优先政策;政府研究机构的研发设施向产学研优先开放,政府的研发预算向产业化领域倾斜;通过建立大德研发特区和创新集群,构筑产学研紧密结合的网络化、开放化的研发体系。韩国目前的产学园合作的形式有:共同研究、技术指导、技术培训、科研培训、科研器材的共同使用、关键技术信息的服务、专利使用等,总体可分为三大类:建设以高校为中心的产学研合作研究园区;制定和设立科学研究中心、工程研究中心和地区合作研究中心;建立地区合作开发志愿团。

日本的产学研合作在5个层面展开:①研究层面。企业和高校的共同研究、委托研究;②教育层面:高校在企业的实习、教育计划的共同

---

① 高腾. 比利时微电子研究中心 IMEC 的成功经验[J]. 中国集成电路,2003(46):114-117.

开发;③技术转移层面:高校的成果通过技术转移机构向企业转移;④咨询层面:基于兼职制度的技术指导等研究者的咨询活动;⑤创业层面:基于高校研究成果和人力资源的创业活动。而政府也采取各种方法推动、支持产学研合作,采取的措施有:共同研究、委托研究、委托研究员、奖学捐助金、捐助讲座等。①

4.4 价值链视角下的研发集群与区域创新

研发是企业价值链上的关键环节,Scott 从企业经营的角度提出了研发是牵引力的理论观点②。跨国公司构建研发网络的最终目的是增强其自身市场竞争力,并在全球产业价值链上拥有价值分配话语权。

研发集群对区域创新的影响通过两个渠道产生影响:一是创新资源的集聚和创新环境的改善;二是集群的知识溢出效应。本节仅讨论第一个影响作用的产生。

创新资源具有流动性,创新环境具有地域根植性,这两个推动区域创新发展的重要条件的具备以研发集群的形成和发展为基础。换言之,研发集群形成并发展,吸引了创新要素的集聚,通过价值链的分工与合作,推动创新环境的形成,最终对整个地区的创新产生影响。

4.4.1 研发集群与创新资源集聚

研发集群是吸引创新资源集聚到本区域的直接原因。德国巴伐利亚州 20 世纪 90 年代以来通过扶持重点行业和高新技术产业发展成为德国最具经济活力的地区之一,首府慕尼黑与巴黎、伦敦并称为欧洲三大高科技产业基地。2006 年起,巴伐利亚州在其已经具备的研发实力的基础上,以汽车、电子、生物工程等行业已形成的集群雏形为起点,实施集群政策,促进区位更多集群的形成和深化。该州的研发集群

---

① 闫瑞军. 日本产学官合作创新模式对中国自主创新的启示[J]. 消费导刊,2009(21):45-46.
② SCOTT A J. New Industrial Spaces: Flexible Production Organization and Regional Development in North American and Western Europe. London: Pion, 1988.

在促进和吸引创新资源集聚方面起到了积极的作用。首先,以政策实施之后第二年的统计数据为例,仅信息技术等5个集群就促成了50多个合作项目。2007年巴伐利亚州新增就业岗位11.5万个,失业率降到5%,集群政策功不可没。其次,巴伐利亚州核心竞争力明显增强,在德国联邦教研部举办的"2021年生物工程"大赛中,巴伐利亚州生物技术集群的"白色"生物技术获得500万欧元大奖;2007年德联邦政府举办全国超级集群竞赛,巴伐利亚州有关机构递交了8份申请,在各州中居第一位。再次,集群政策已成为巴伐利亚州宣传生产与研发基地优势的重要依据,吸引了更多投资,促进了集群的良性发展,并带动了上下游相关产业的发展。2007年,仅日本企业就在该州投资了10个项目。最后,巴伐利亚州集群品牌号召力不断增强,该政策引起了欧盟的重视,欧洲复兴信贷计划(EFRE)于2007年9月为其提供2000万欧元资金,慕尼黑大区以外的科研机构和中小企业均可通过集群代言人提出申请。[①]

4.4.2 研发集群的价值链系统与区域创新发展

王承云研究发现,日本企业的研发与其市场营销机构和生产机构贴近,目的是为了更有效地服务生产与销售。这种研发集群不仅带动研发产业的发展,还会为区域创新和经济发展带来贡献和效益。原来分布在名古屋大学的"核融合科学研究所"后来因为种种原因,搬迁到岐阜县(更名为"东农研究学园都市"),其建设投资425亿日元,为岐阜县内带来676亿日元的直接经济效益,同时,其研发成果在市场化过程中带来了技术转移进而推动了区域产业结构升级。日本多数城市和地区高科技产业门类齐全,各个行业领域均已形成较为完整的产业链条,产业链上下游环节相互配套,其中一些重点领域、关键环节具备明显竞争优势,研发机构的发展进一步带动整个产业群体发展。[②]

---

① 德国巴伐利亚州产业集群政策分析及对我国的借鉴意义. http://www.e-gov.org.cn/xinxihua/news003/200807/92394.html.
② 王承云. 日本企业的技术创新模式与在华研发活动研究[M]. 上海:上海人民出版社,2009.

研发集群的价值链系统从核心区域向外扩张衍生,将更多的周边企业吸收纳入到分工合作系统中,这是研发集群促进区域创新的最直接作用。研发集群的核心企业是集群价值链系统衍生的最大动力来源,通过创新提升技术水平和专业化程度是加入研发集群价值链系统的"入门资格",研发集群整体效率持续提升是价值链系统衍生的根本所在。通过研发集群的扩张和发展,整个地区的研发创新环境有了更加积极的发展,最终推动了区域创新的整体发展。

4.4.3 研发集群与区域创新环境

研发集群对区域创新环境的形成有直接的影响。例如,意大利由于历史原因,产业结构与大多数发达国家有所不同,生产性支柱行业很多都是传统产业,如纺织、皮革、机械、食品,同时这些传统行业又以中小企业为主。"传统产业+中小企业"在当今的高科技产业推动的全球经济背景下,却支撑意大利实现了30年的快速增长,成为世界七强之一。究其原因是意大利传统产业中的中小企业强调研发与创新,强调价值链上的分工与合作,强调集群化发展。

意大利在20世纪六七十年代,正面临原材料价格上涨、石油危机等一系列问题。部分大型企业着手改革企业结构,重整公司业务,集中资源保证核心业务的竞争力和控制权,将非核心业务以及为核心业务提供服务和支持的其他生产环节分配给次一级供应商,即中小型企业,通过专业化分工与合作提高生产价值链的效率,优化成本结构。

意大利的产业集群多集聚在工业园区,各个企业都属于一个紧密有序的研发创新价值链系统,企业通过技术积累与研发创新提升的专业性,拥有核心竞争力;企业之间因为各有优势,通过合作实现互补;由于园区的特殊性,集群建有自上而下的互联网络,可使区内小型企业不受规模限制,进入更广阔的国内和国际市场。

这种新的集群化生产模式以价值链为基础构筑了新的生产网络,专业化生产替换了综合型生产,企业间的分工合作替换了原有的集中生产。这种由规模型生产转向生产环节的细分合作、基于专业化核心竞争力与产品特色的行业竞争模式很大程度上发挥了小型企业的优势,联合起来形成产业集群(中小企业体系)与大型工业企业形成抗衡。

意大利中小企业研发创新集群与意大利的传统优势产业和历史文化相结合,形成了独居特色的创新环境,使意大利能够在传统产业上至今保持竞争优势,无法被其他国家和地区的同类产业替代。

5 研发集群的知识溢出对区域创新的影响分析

知识溢出不仅是集聚的结果,也是集聚的关键原因。知识溢出正是通过引起集聚的扩大和加深,并且产生了区域内自惠的效果,最终使一个区域的企业在创新产出上具有明显更高的效率和影响力。

5.1 知识溢出对区域创新发展的影响

5.1.1 累积因果效应

高技术产业集聚产生知识溢出,而知识溢出进一步促进创新主体和创新资源的集聚。知识溢出为什么会引起企业和资源的集聚?

知识溢出就是知识的外部性。外部性是企业的创新成本降低、创新风险下降,提升了创新租金和生产者剩余,增强集群及区域整体的技术创新投入,形成规模经济。知识溢出形成的区域知识池(knowledge pool),促使创新要素的边际产出率相对较高。集群内富有效率的投入产出环境,既有利于吸引外部企业进入集聚群体,又促使新企业的不断衍生,从而使集聚区域内的企业规模不断扩大。

累积因果效应的直接结果就是区域创新的路径依赖特征。

路径依赖,就是区域创新一旦形成了一种稳定的模式,这个模式就会一直存在下去,无法改变扭转。这既有好的一面,也有消极的一面。模式的可持续性以及与社会发展的相互适应性就成为区域创新能否保持积极发展的关键。

累积因果效应与路径依赖也使一个地区的创新模式、创新环境无法被模仿和复制。每个地区只能结合自己的特点把握机会，在区域创新模式萌芽初期就尽量消除可能的不利因素。

5.1.2 规模经济与范围经济

MAR 知识溢出效应出现在集聚提升创新效率的情况下，而 Porter 知识溢出效应出现在市场结构对创新效率产生影响的情况下。MAR 效应关注同一产业内相同相近企业间的知识溢出，并强调垄断型市场结构对区域创新和经济增长的作用，认为市场垄断能够使知识生产者拥有更多的创新资源和独占创新成果。美国硅谷的芯片制造业是 MAR 外部性的典型代表，在 Intel 公司等技术绝对领先的创新主体的市场主导下，技术模仿和人员流动等知识溢出机制推动创新知识在同类型的相邻企业间迅速流动。Porter 外部性理论侧重分析知识在特定区域集聚的产业集群内溢出促进经济增长，但认为竞争型市场机构更能促进技术创新与成果转化。①

知识溢出带来的范围经济主要是通过 Jacobs 知识溢出效应产生。Jacobs 外部性是指由于集聚空间存在多样化的知识，激发了创新，带来了经济活力和产业的更迭。因此，Jacobs 知识溢出效应强调产业地理集聚的多样性与差异性促进企业的创新行为，而不是专业化的产业集聚促进区域创新。该理论提出，集聚在同一空间内的不同行业和各类人才会交融碰撞，主动寻找创新的方向，并整合创新资源，这就是多样化带来的知识溢出效应。这种外部性给地区的经济注入了活力，降低了创新成本，提高了研发效率。

技术密集型产业的集聚，推动了多学科技术的融合与协同。建立在多样化产业联系上的辐射带动作用，促进了知识溢出的效应，惠及本地区的相关行业。Jacobs 外部性理论所解释的多样化发展现象被 Williamson(1985)称为"入门效应"，即不同的相关产业在区域内集聚

---

① 周小明.高技术产业集群知识溢出及其对区域创新能力影响的实证研究[D].天津大学，2013.

可对各产业产生互惠的影响。因为通常不存在直接竞争,相关产业之间的知识外部性甚至还可能超越产业上下游关系中的知识外部性。在美国,全球领先的生物技术推动其在全球制药、医疗、转基因食品甚至新能源技术领域遥遥领先;先进的电子信息与通信技术、网络技术、材料技术则使其在航空航天、卫星遥感、国防军工等领域拥有技术优势。在德国,一个高端制造业的集聚通常伴随大量的高层次中介机构、服务机构和支撑组织的集聚,成为另一个集群。①

5.1.3 跨国公司全球研发网络下的区域创新案例

跨国公司正在构建形成的全球研发网络成为了其制造环节全球化之后的又一次全球资源的配置战略。而这一次的配置内容不是廉价的生产资料和劳动力资源,而是各个地区的知识技术创新的智力资源。跨国公司选择的研发机构所在地通常都是技术创新资源在某一领域有相对优势的地区,或者是重点目标市场。

以我国为例,广东省是跨国公司制造业基地,但是,跨国公司的研发中心并不在广东省内的制造业集聚地东莞、惠州等地区,而是在深圳这样的技术创新资源丰富的地区。跨国公司选择的创新集聚地区,客观上带动了当地的创新发展,这是知识溢出效应的结果。例如,江苏、北京等地区是外资研发机构集聚地,而这些地区的研发产出也明显高于全国其他地区或城市。

跨国公司建立全球研发网络已经受到众多研究者的关注并从企业区位选择的角度出发进行研究。本书以《工业企业科技活动统计资料(2015)》的数据作为分析的对象,对 2014 年外资企业包含外资及港澳台企业在中国大陆地区建立的研发机构所具有的产业集聚和地区集聚特征进行了分析。从统计数据看,规模以上外资企业的研发机构地区布局特点与相关的跨国公司在华研发中心区位选择的研究成果一致:外资企业的研发机构具有区域集聚和产业集聚的双重特征。

---

① 周小明.高技术产业集群知识溢出及其对区域创新能力影响的实证研究[D].天津大学,2013.

外资企业的研发机构集中在计算机、电气机械、通用设备、化学原料与化学制品、专用设备制造业、汽车制造业、纺织业、橡胶塑料、医药制造行业。而这些行业多属于高技术产业,因此,这与国内外知识溢出研究和全球研发网络的研究结论相一致。

规模以上外资企业研发机构的区位选择,从总量上看,研发机构明显地集中在江苏、浙江、广东、福建、山东等经济发达地区。北京、天津和上海作为单个城市,就研发机构总量来说,也是研发机构集聚的地区。

本书根据国家知识产权局的统计数据,对我国新能源汽车产业在发展中受跨国公司创新活动的知识溢出效应影响进行整理与分析,并对这种溢出效应进行总结和评价。

5.1.3.1 新能源汽车产业与国家创新战略

新能源汽车是相对于传统燃料汽车而言的,是指采用非常规的车用燃料作为动力(或使用常规的车用燃料,采用新型车载动力装置),综合车辆的动力控制和驱动方面的先进技术,形成的技术原理先进、具有新技术、新结构的汽车。新能源汽车的种类包括混合动力汽车(HEV)、纯电动汽车(BEV,包括太阳能汽车)、燃料电池电动汽车(FCEV)、氢发动机汽车、其他新能源(如高效储能器、二甲醚)汽车等各类别产品。①

可供新能源汽车使用的能源包括电力、蓄电池、燃料电池、代用燃料、乙醇、甲醇、生物柴油、压缩天然气(CNG)、液化石油气(LPG)、混合动力(使用两种及以上能源的汽车)等。

在当今提倡全球环保的前提下,新能源汽车产业已经在全球主要发达国家获得快速的发展,被认可为未来汽车产业发展的导向与目标。

我国的新能源汽车产业发展的布局始于"九五"计划期间,是"中国汽车技术赶超世界汽车强国的一次机遇,更是中国由汽车大国向汽车强国迈进的必由之路"。至"十二五"规划期结束,我国的新能源汽车产

---

① 李东卫.我国新能源汽车产业的挑战及对策[J].广东经济,2011(2):37-41.

业迈入到了一个快速发展的轨道。

5.1.3.2 知识溢出对新能源汽车研发集群发展的影响作用

1. 世界各国在目标市场国的专利布局——知识溢出的重要途径

新能源汽车产业的发展主要由发达国家推动。在掌握产业制高点上,跨国公司通常采用在目标市场国申请专利保护,来确保企业在该市场对某一技术的所有权和垄断权。图5-1为全球新能源汽车产业主要的技术创新国家在彼此目标市场的专利申请量。从数据可知,日本、中国和美国构成了被布局量的第一梯队,可见,日本、中国和美国已经成为了新能源汽车领域的重要市场。

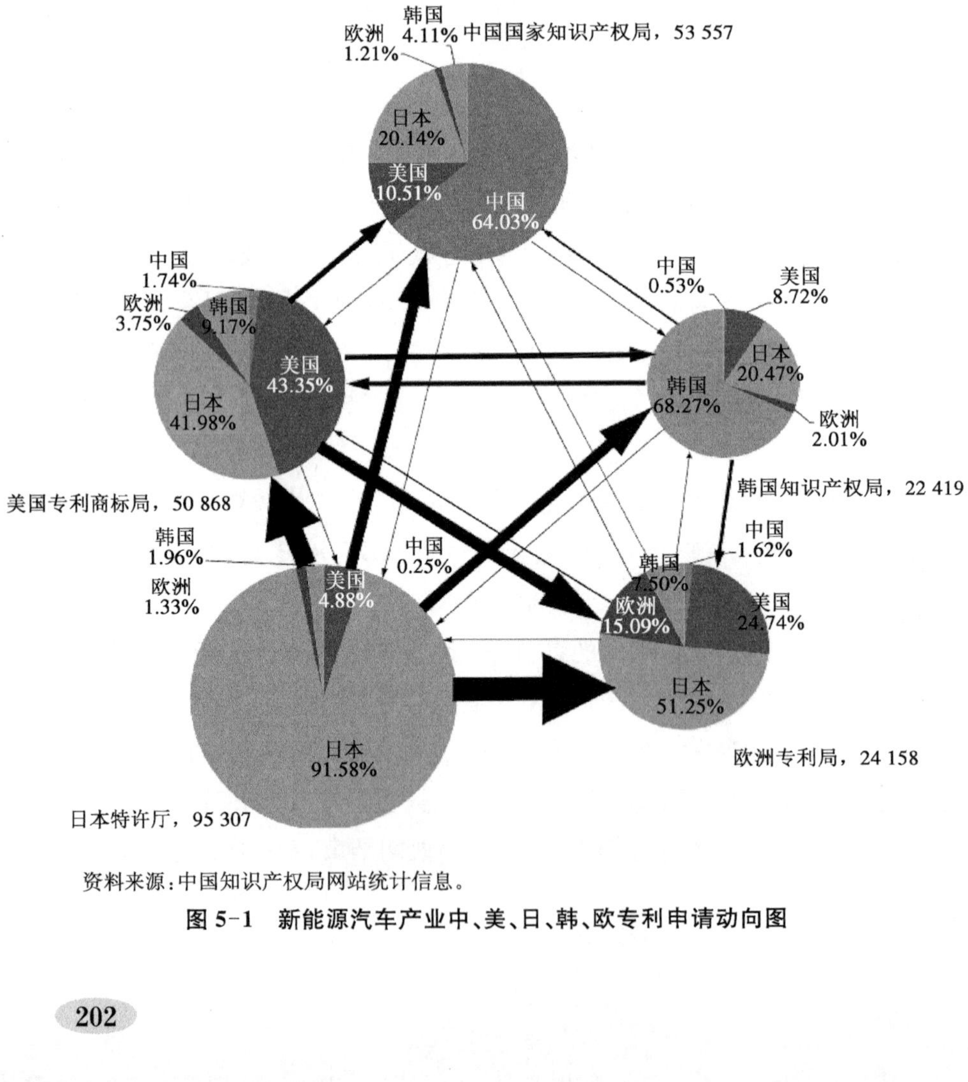

资料来源:中国知识产权局网站统计信息。

图5-1 新能源汽车产业中、美、日、韩、欧专利申请动向图

5 研发集群的知识溢出对区域创新的影响分析

日本最早开始新能源汽车领域的研究，技术发展比较成熟，也是创新规模最大、成果最多的国家。日本在欧洲的专利申请量已经达到欧洲本土总量的一半，在美国高达41.98%，在中国和韩国也均超过了20%。美国向其他四个国家（地区）的专利申请量仅次于日本对其他国家的专利申请量，这是其为本国的新能源汽车走向世界的重要技术战略部署。韩国、欧洲是传统汽车产业大国（地区），在新能源汽车产业发展中，虽然在创新总量方面不及日、美，而且现在也落后于中国，但是产业集群的整体竞争实力仍然保持全球领先地位。

在目标市场的专利布局，是跨国公司在目标市场国构筑技术壁垒的一个重要举措。一旦一项技术在目标国申请专利成功，那么其他竞争对手将不能在该市场使用这项技术。但是，从另一个方面来看，跨国公司技术专利申请在两个方面产生了知识溢出效应：①明确了产业发展的技术热点和研究重点领域；②激发目标市场国竞争对手的进一步创新意愿。

图5-2是1995年至2015年（数据不全）全球新能源汽车技术主要目标国家（地区）接受的专利布局量对比图。图5-3是新能源汽车技术主要原创国家（地区）的创新规模发展对比图。图中各国每年的创新规模量由圆圈面积表示，面积越大，规模越大。

图5-2清晰地标示了各国在1995年至2015年的20年里作为目标市场所接受的专利申请量。我国作为目标市场，是各国（地区）发展起步最晚的，但是目前已是全球与日本、美国同为最重要的目标市场国，各国在我国的专利申请量已经跃居第一。一方面，它说明各国在我国构筑了密集的技术壁垒；另一方面，它也激发了我国的创新意识，明确了创新领域和技术战略布局。

图5-2是作为目标国家，接受的全球专利申请量趋势发展统计。图5-3是各主要原创国家的技术创新规模的发展路径。两个统计图中，中国同样具有起步晚、追赶速度快的总体特征。无论是作为目标国还是研发创新原创国，中国目前的专利申请规模总量已经跃居全球前三。

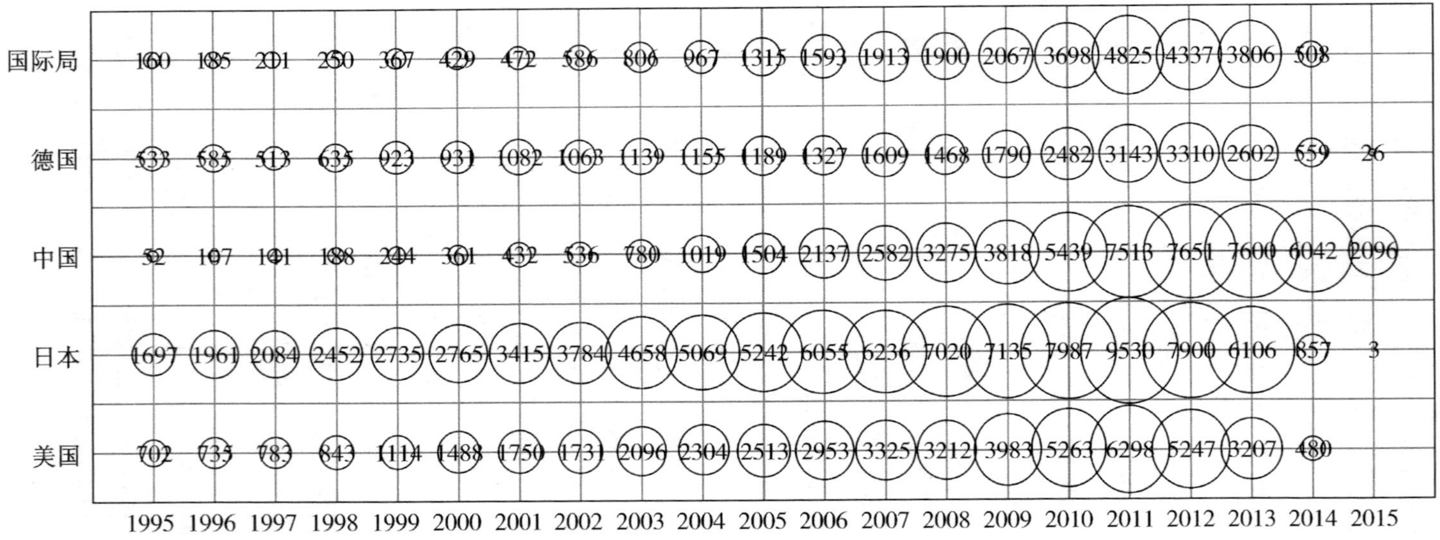

图 5-2 新能源汽车技术主要目标国家(地区)全球专利申请趋势图

资料来源：中国知识产权局网站统计信息。

5 研发集群的知识溢出对区域创新的影响分析

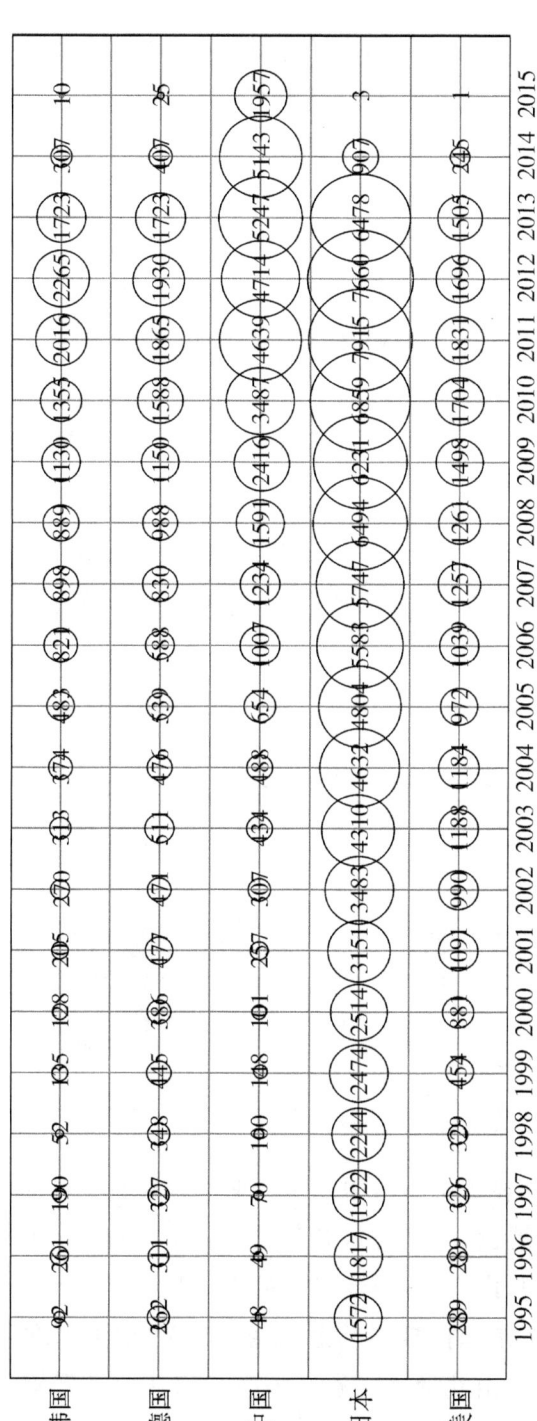

图 5-3 新能源汽车技术主要原创国家（地区）全球专利申请趋势图

资料来源：中国知识产权局网站统计信息。

对比图 5-2 与图 5-3，中国作为目标市场接受外国专利申请规模的提升略早于本国原创技术创新规模的提升。我国新能源汽车创新规模显著提升期出现在 2009 年前后，而外国将我国作为目标国加紧专利技术布局则明显从 2004 年开始提速，规模增长十分显著。这两个周期之间的差距（2004—2009 年），正是各产业发展领先国在我国知识溢出效应产生的时期。

2. 跨国公司本土研发机构的知识溢出效应对我国新能源汽车的区域创新发展的促进作用

我国新能源汽车的创新发展表现为突出的区域性，主要的创新区域总结如表 5-1 所示。

表 5-1　新能源汽车产业国内申请人中国专利申请区域分布表

排名	省(市)	申请量（件）	授权量（件）	发明申请量（件）	实用新型申请量（件）
1	江苏	3 970	2 356	2 037	1 933
2	广东	3 844	2 433	2 059	1 785
3	北京	3 368	1 912	2 108	1 260
4	浙江	3 224	2 319	1 275	1 949
5	上海	2 685	1 611	1 538	1 147
6	山东	2 175	1 464	925	1 250
7	安徽	2 017	1 144	1 250	767
8	河南	1 380	935	522	858
9	重庆	1 300	800	720	580
10	湖北	1 176	787	561	615

资料来源：中国知识产权局统计数据。

表 5-1 数据显示了新能源汽车产业国内申请人中国专利申请区域分布情况，可以看出，专利技术储备排名前十的省市分别是江苏、广东、北京、浙江、上海、山东、安徽、河南、重庆、湖北。

上述省市都是国内较早将新能源汽车产业作为重点扶持发展的新兴产业的省市，由此带动了省市内一批汽车企业及周边配套零部件企业的发展，例如，排名第一的江苏省在 2010 年出台了《江苏省新能源汽车产业发展专项规划纲要》，从政策和资金上为江苏新能源汽车产业的发展提供支持，由此带动了一批新能源汽车企业的发展，如南京汽车集团有限公司、扬州亚星客车股份有限公司等汽车企业都有成熟的新能源汽车产品出产。

广东省2010年出台了《广东省电动车发展行动计划》，在推动新能源汽车产业发展、完善应用环境等方面提出了一系列政策措施，形成了发展电动汽车的良好环境。比亚迪属于国内新能源汽车研发处于领先地位的汽车企业，尤其是比亚迪的电池技术在全球都具有技术优势；还有广汽集团，也将新能源汽车发展提高到集团发展的战略高度。

北京和上海除了分别拥有北汽集团和上汽集团，还集中了国内优质的大学和科研机构，其中，清华大学、北京理工大学、中国科学院以及上海交通大学等大学和科研机构获得了大量的国家级新能源汽车研发项目。

其他排名靠前的省市也都具有全国领先的汽车企业，如浙江的吉利、安徽的奇瑞以及湖北的东风汽车，都属于在新能源汽车领域研发能力突出的国内汽车企业。

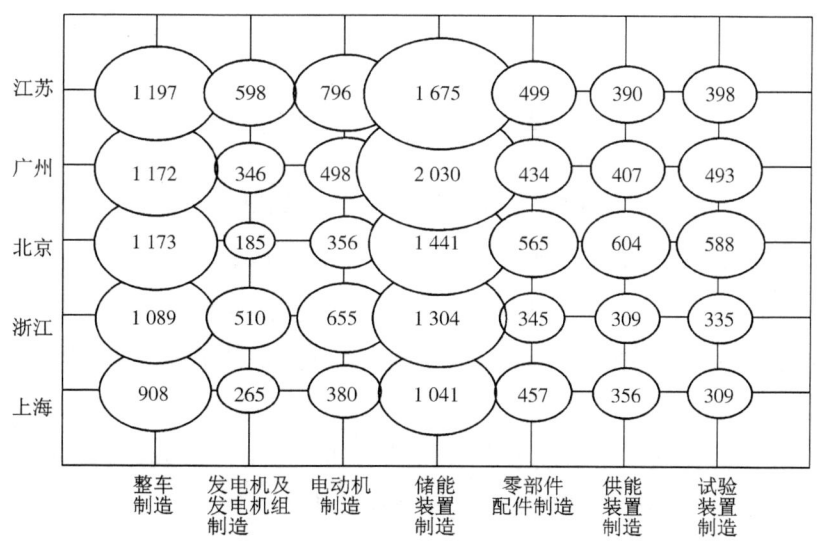

资料来源：中国知识产权局网站统计报告。

图5-4 我国新能源汽车产业主要省市技术分布图

图 5-4 显示了我国新能源汽车产业技术分布规模排名前五的省市情况,可以看出技术储备排名前五的省市研发热点均集中在新能源汽车整车制造和储能装置制造两个技术主题,究其原因,上述两个技术主题属于新能源汽车重要的核心技术,其中广东在储能装置制造上研究成果遥遥领先,江苏在整车制造上略微领先广东和北京;在其他技术主题各省市的研发投入较为均衡,也都有较大的发展。

技术创新热点领域的跟踪、跟进是实现产业整体超越的基础。图 5-5 统计了新能源汽车产业全球创新前六强(丰田、日产、本田、电装、现代、松下)跨国公司的技术创新分布。

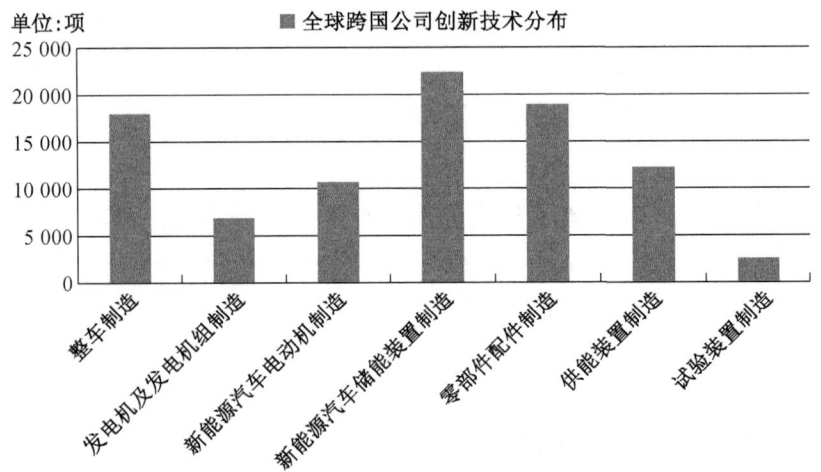

资料来源:中国知识产权局网站统计报告。

图 5-5 新能源汽车产业全球创新前六强跨国公司的创新技术分布

对比我国五省(市)的区域技术布局与全球领先跨国公司的技术布局,整车制造与储能技术是技术创新的重点领域。我国在这些领域已经能够有突出的创新表现,但是,在零部件、供能装置制造领域,我国仍然有薄弱点。

我国主要技术创新成果申请人既包括本土企业,也包括跨国公司。表 5-2 统计了根据申请量计算的我国主要申请人排名前 10 的企业。

跨国公司在我国持续增加的专利布局,是否对我国产业主要创新企业创新技术分布有溢出影响?

5 研发集群的知识溢出对区域创新的影响分析

表 5-2　新能源汽车产业中国主要申请人排名与申请量

排名	申请人	申请量（件）	发明（件）	实用新型（件）	占中国总申请量的比例
1	丰田自动车株式会社	2 948	2 945	3	5.50%
2	通用汽车环球科技运作有限责任公司	1 638	1 638	—	3.05%
3	比亚迪股份有限公司	759	477	282	1.42%
4	福特全球技术公司	751	738	13	1.40%
5	本田技研工业株式会社	724	723	1	1.35%
6	罗伯特·博世有限公司	707	705	2	1.32%
7	奇瑞汽车股份有限公司	689	603	86	1.29%
8	日产自动车株式会社	626	611	15	1.17%
9	现代自动车株式会社	614	614	—	1.15%
10	松下电器产业株式会社	527	527	—	0.98%

资料来源：中国知识产权局网站统计报告。

图 5-6 和图 5-7 是"十二五"规划期前和 2015 年本土企业与在华进行专利申请的跨国公司之间技术创新规模与热点的对比。

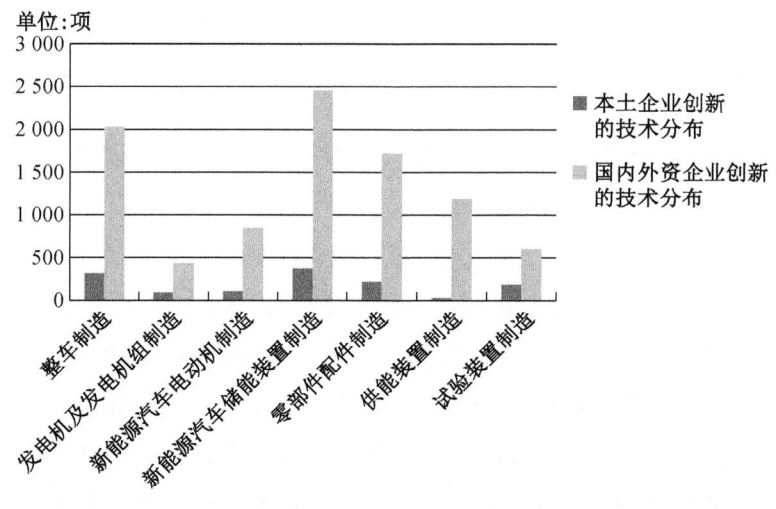

资料来源：中国知识产权局网站统计报告。

图 5-6　"十二五"规划期前本土企业创新的技术分布与外资企业创新的技术分布对比

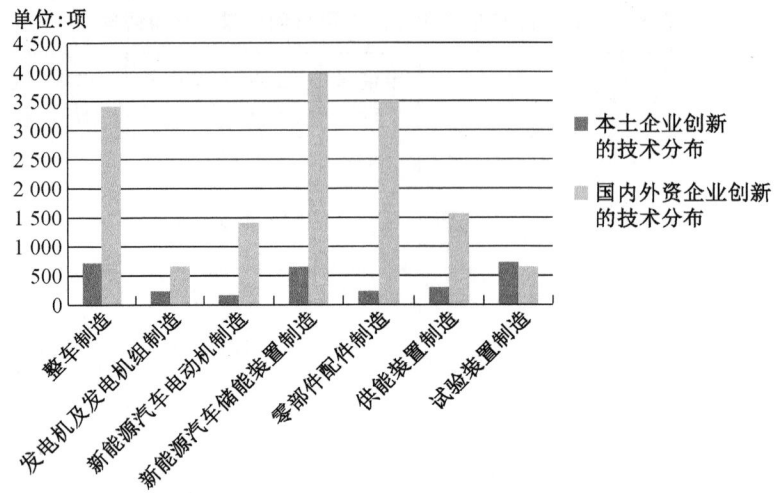

资料来源:中国知识产权局统计报告。

图5-7　2015年本土企业创新的技术分布与外资企业创新的技术分布对比

"十二五"规划期前,本土企业在所有核心技术领域的研发能力均十分有限,创新主要集中在整车制造、储能装置制造和试验装置制造。而外资企业的研发创新竞争力分布均匀,并且重点领域的技术控制力十分突出。

图5-7数据说明2015年我国在整车制造、储能装置制造和试验装置制造这三个技术领域的整体发展水平有所提高,但是,与外资企业的差距有拉大的趋势。唯有试验装置制造技术领域,我国已经超越了外资企业。其他的技术领域,我国的研发能力有所提高,如发电机及发电机组制造、供能装置制造领域。

总体而言,我国企业的技术创新在各个核心技术领域都有总量上的增加,特别是试验装置制造技术的创新。具体而言,整车制造、储能装置制造是中外企业共同关注的重点技术领域。而跨国公司在发电机制造上的创新明显有所增加,且优势更加突出,我国在发电机技术上的劣势显而易见。同时,作为新能源汽车产业集群化发展的重要纽带,零部件配件制造领域的创新明显落后于跨国公司的发展规模,也慢于跨国公司的发展速度。

5 研发集群的知识溢出对区域创新的影响分析

这两个薄弱技术领域与我国整体技术水平环境有关。发电机技术,不论是家庭用小汽车还是军工航天交通工具,都存在短板。而零部件配件上的技术创新,需要有一个成熟的集群作为基础。大部分新能源汽车生产厂家从资源上只能重点投入最具有战略发展意义的技术创新领域。一般而言,集群内专门从事配件开发生产的企业与整车企业共同合作开发零部件配件。但是,新能源汽车市场刚刚打开,销量是否能够"养活"零配件企业,能够提供持续的资金供零配件企业进行研发创新?因此,我国的新能源汽车就目前而言,在学习、跟进、追平跨国公司方面已经找到了关键所在,即热点技术领域的自主创新技术竞争。

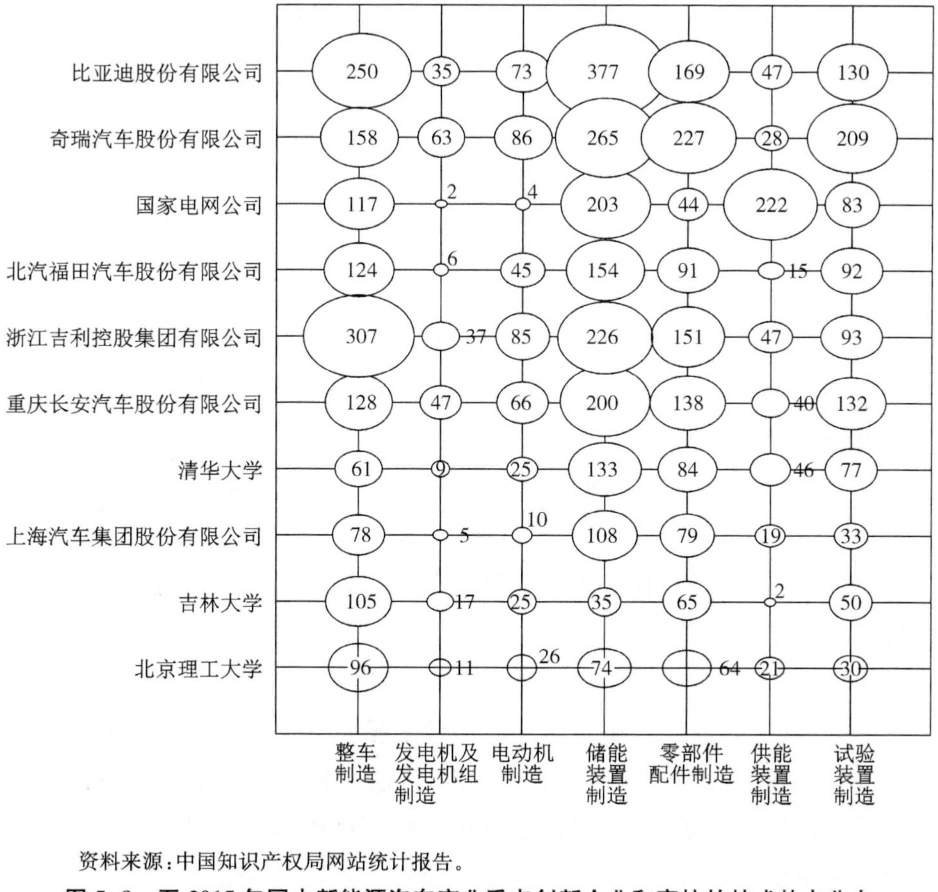

	整车制造	发电机及发电机组制造	电动机制造	储能装置制造	零部件配件制造	供能装置制造	试验装置制造
比亚迪股份有限公司	250	35	73	377	169	47	130
奇瑞汽车股份有限公司	158	63	86	265	227	28	209
国家电网公司	117	2	4	203	44	222	83
北汽福田汽车股份有限公司	124	6	45	154	91	15	92
浙江吉利控股集团有限公司	307	37	85	226	151	47	93
重庆长安汽车股份有限公司	128	47	66	200	138	40	132
清华大学	61	9	25	133	84	46	77
上海汽车集团股份有限公司	78	5	10	108	79	19	33
吉林大学	105	17	25	35	65	2	50
北京理工大学	96	11	26	74	64	21	30

资料来源:中国知识产权局网站统计报告。

图 5-8 至 2015 年国内新能源汽车产业重点创新企业和高校的技术热点分布

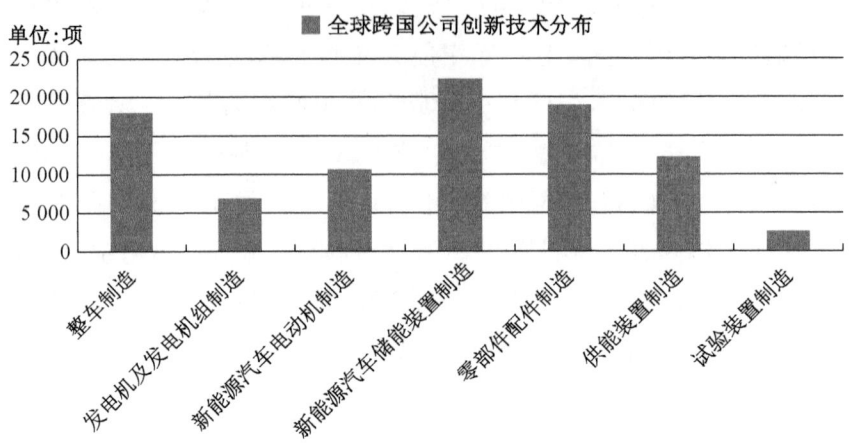

资料来源:中国知识产权局网站统计报告。

图 5-9   至 2015 年全球新能源汽车产业领导型跨国公司的创新技术热点分布

图 5-8 和图 5-9 分别是至 2015 年在新能源汽车产业我国本土企业和高校的创新研发技术热点分布,与跨国公司研发技术热点分布。对比可以清楚地看到我国的产业领导企业与跨国公司在技术开发重点领域上的差别。

5.1.3.3   我国新能源汽车产业发展现状特点总结

第一,跨国公司将我国视为新能源汽车的重要目标市场,通过技术专利申请设置技术壁垒。但是这样的战略客观上也产生了溢出效应,对我国的产业龙头企业和集群快速捕捉国际技术发展方向、研究重点等起到了一定的作用。

第二,就技术主题数据看,中国主要专利申请人排名前 10 的大部分是全球汽车行业的巨头企业。在中国专利申请量最多的是丰田自动车株式会社,其专利申请量遥遥领先于其他企业,可见,丰田自动车株式会社非常重视中国的新能源汽车市场,已经做好了相当周密的专利布局,在中国的新能源汽车上占据绝对的垄断地位。博世、通用汽车、本田以及国内的奇瑞和比亚迪也经常能在各技术主题的前 10 排名中占据一席之地。同时也应看到,除了实验装置制造技术主题,其他各技术主题排名前 10 的大部分是国外企业,表明中国新能源汽车技术主要还是掌握在国外企业手中,这些企业均想在中国新能源汽车市场占据份额,也都有了足够的技术资本。另外也可以看出,有多家国内大学也能够在各技术主题上进入排名前10,这些大学包括清华大学、山东理工大学和东南大学。这对于我国建立新能源汽车产业的创新体系,发挥大学的知识溢出效应十分有利。

第三,新能源汽车产业虽然与传统汽车产业有千丝万缕的联系,但是这个系统性技术体系在我国还有很多薄弱点甚至是空白点,这与我国汽车产业集群本身存在的技术缺陷和产业整体发展的高度有关。

因此,我国的新能源汽车产业在很长时间内,仍然可以得益于跨国公司的知识溢出,具体而言有两个途径:一是走出去,在海外的产业集群技术中心区域建立研发机构,追踪行业的最新发展方向和技术;二是通过集群政策、产业政策培育区域性的产业集群,发挥龙头企业和高校的知识溢出效应,带动整个集群的技术创新水平的提高。

5.2 研发集群的知识溢出效应测算

以高技术产业集群为典型代表的研发集群产生的知识溢出效应,主要包含 MAR 专业化溢出效应、Jacobs 多样化溢出效应、Porter 竞争溢出效应以及国际知识溢出效应。

在研发密集、知识密集型产业中,跨国公司的知识溢出对我国相关行业的发展影响突出。这与我国明确要在一些高新技术产业的发展上追赶达到国际水平的主导政策有重要的关系。

但是,研发密集、知识密集型产业对我国其他产业的溢出效应,对区域的整体创新发展的影响效果并不明显。换言之,跨国公司的全球研发网络和集聚对于当地的区域创新有重要的影响,但是本地企业对于当地其他产业或者同类企业的创新影响并不突出。

因此,如果要推动我国产业的整体创新活力和区域创新能力,跨国公司的技术热点引领与市场竞争压力对于本国龙头企业的创新有溢出效应。而本地企业之间、产业之间基于市场建立起来的价值链关联和价值链网络十分薄弱,通过价值链上的知识溢出也受到影响,这就阻断了我国知识与技术含量较低的产业通过参与技术知识密集型本地企业的商业网络获得升级的可能性。

知识溢出效应是指知识溢出的经济与社会价值,也就是推动技术创新和促进经济增长的各类影响。新增长理论与新经济地理学、集聚经济学等学科均认为,知识溢出与技术创新、产业集聚以及区域经济增长等具有相关性,对应产生各类技术经济效应。但是,知识溢出的微观机制与测度等方面存在客观的研究方法上的制约,所以研究者对知识溢出的效应存在争议。但是,大多数研究者都选择 MAR 知识溢出、Jacob 知识溢出和 Porter 知识溢出这三种知识溢出效应对各地区进行实证研究,因为产业结构、市场竞争结构对于微观组织的知识交流渠道和动机有重要的影响。

5.2.1 知识溢出效应

关于 MAR(Marshall-Arrow-Romer)知识溢出,是 Marshall(1920)最早提出了知识溢出在集聚和经济发展中的重要作用,并且认为知识溢出主要是在产业内的同类企业中进行,且集中在同一个区域。Arrow 和 Kenneth(1962)理论性地解释了溢出效应是如何作用于地区的增长。Romer(1986)、Lucas(1993)等则通过计量模型进行实证研究,通过量化指标来证明溢出对区域经济增长的作用。Lucas(1988)提出了引起产业空间集聚的原因是存在递增的生产要素边际收益,递增是因为区域知识溢出效应。

MAR 知识溢出是测算某地区某产业的集聚程度对当地创新产出的影响。该研究假设同一领域企业的空间集聚,促使该地区同行的交流,知识溢出效应增大,隐性知识得到积累、加强和扩散。因此,MAR 知识溢出就成为专业知识传播和扩散的指标。硅谷的集聚成为信息技术领域的全球领航地区,也是 MAR 知识溢出的典型例子。

MAR 知识溢出理论存在和有效的基础有三个:一是技术扩散具有行业选择性,即技术扩散仅仅存在于同行之间,并且受到空间约束,也就是说扩散是在同一地区的同一产业中的同类企业间发生。二是

5 研发集群的知识溢出对区域创新的影响分析

市场保持自由和竞争,即同一区域中企业生产的最终产品和中间产品,必须保证市场的竞争性,并且一个区域内形成的产业专业化的原因是同一区域内的企业间形成了一个劳动力市场,即劳动力池(labor pool),另外,同一区域内有一个稳定的中间品投入市场。三是企业间存在交流,这种交流有利于企业改进自己的生产函数。马歇尔提出的这些假设符合对实际现象的观察,但是,MAR知识溢出并不能解释所有的现象。

Jacobs知识溢出是Jane Jacobs在她1969年出版的专著中提出的一种地区产业演进观察的总结。底特律主导产业的演进是Jacobs的研究对象。相关研究均指出了产业之间存在联系,这是多样化发展的基础,也是区域间各个产业间存在知识溢出和技术扩散的原因。正是这种多样化的知识溢出,才使一个地区的产业具有活力和自我演进的内在动力,可以不断地在现有的产业基础上,发现新的产业发展机会,并且利用已有的技术,演进出符合时代需要的新技术和新产业。Jacobs研究的是底特律的支柱产业是如何从以面粉出口为主演变为以造船业为主,后来又因为研究船用发动机获得了技术,为后来的汽车产业奠定了基础。而这种产业演进的现象在很多城市都存在。

Jacobs知识溢出的基础条件:第一,技术扩散和溢出不受产业边界和空间边界的制约。一个产业的技术引起上游下游相关联产业的技术创新是现实的,这一过程的知识溢出能够促进创新水平的提升和产出的增加,也是多样化溢出产生的基础。第二,市场始终处于自由竞争状态。产品和生产要均在自由竞争的市场结构中,通过价格得到配置,是否进行创新完全取决于市场。以现实中的智能手机、电子产品的装配为例,作为价值链上附加值最小的装配环节,为了提高生产率降低成本,也在吸收来自上游产业智能化技术的应用,采用机器人等来减少人工,提高生产效率。这也就不难理解,Jacobs观察到的底特律为什么从面粉的出口,发现了运输方面的需求,带来了这个地区造船业的发达,后来又因为在造船发动机方面的技术积累,转而成为汽车产业的领航地区。

关于 Porter 知识溢出,波特认为产业内的知识溢出还受到竞争结构的影响,如果区域内存在垄断、缺乏竞争时,企业缺乏创新的动力,知识溢出效应减弱。而自由竞争的市场体制才能加强知识溢出的创新效应。

Porter 溢出指标则是从产业集聚体内存在的竞争结构出发,来判断知识溢出模式和效应。出现集聚,企业间必然存在竞争,核心公司倾向于增加垄断和市场控制,拥有知识产权的企业必然构筑技术壁垒防止其他企业进入该领域。集群内竞争与垄断总是同时存在,但是,竞争与垄断哪一个对知识溢出有利,对区域创新能够发挥更有效的促进作用,这需要具体问题具体分析。垄断与竞争均可以促进技术创新,也可以抑制区域创新。但是,竞争在长期的发展中,起到了更大的推动作用。合理的产业集聚和竞争模式能够推动企业的技术创新自由和动力。

集聚经济学、区域创新与知识溢出研究认为,企业在一个地区的集聚会带来三种知识溢出效应。第一种,由于集聚,同类企业之间的知识交流增加,在创新方面的启发和示范作用,会让当地同类企业整体创新能力提升,并在此基础上提高了产出率,这就是 MAR 专业化溢出效应。第二种,由于集聚,各类企业彼此之间的联系更加紧密,通过产业链上供应商、客户、替代品生产者、潜在进入者与企业之间的接触和商业活动,不同行业的企业从中受到启发,创新方面更加活跃,从而出现了各行各业蓬勃发展的局面,而且这个地区具有了产业多样化的发展基础,这就是 Jacobs 多样化溢出效应。第三种,Porter 竞争溢出效应。波特在其《竞争战略》《竞争优势》两本战略研究著作中提出了竞争垄断的市场结构对于企业的创新动机有影响,市场的竞争程度高,企业积极寻求创新的方向和信息,知识溢出效应也明显;反之,在垄断的市场结构中,企业消极创新,趋向封闭和保守,知识溢出效应弱,对于地区的创新发展不利。

5.2.2 四种知识溢出效应的测算

5.2.2.1 MAR 专业化溢出效应

本书采用 Glaeser 等(1992)的区位熵的测算方法来计算专业化溢

出效应指数。区位熵最早由 Hagget 提出,也叫专门化率,本书采用高技术产业的产出值来测算专业化溢出,测算公式为:

$$SPEL_{i,j} = MAX_i \left[\frac{REV_{t,j}}{REV_j} \bigg/ \frac{REV_{ti}}{REV} \right]$$

其中,SPEL(specializatioin)是专业化溢出,j 指地区,i 为产业。

本书采用高技术产业主营业务收入来计算高技术产业的专业化溢出,因此,REV(revenue from principle busiensses)即为全国高技术产业的主营业务收入,REV_{ji} 为 J 地区高技术产业中指标占比最大行业 i,REV_j 为 j 地区高技术产业总量;REV_i 为高技术产业占比值最大行业的全国指标总量,REV 为全国高技术产业的当年指标总量。SPEL 值越大,说明专业化集聚程度越高。

表 5-3　我国各地区高技术产业的专业化溢出效应指数

地区	2000 年	2004 年	2008 年	2012 年	2014 年
东部地区	1.073 6	1.031 8	1.051 0	1.069 9	1.099 7
中部地区	2.486 3	4.276 4	3.772 1	1.015 3	1.015 5
西部地区	1.842 8	2.993 4	0.734 9	0.590 1	2.028 2
北京	1.104 5	1.161 6	1.341 1	0.965 2	0.997 9
天津	1.365 8	1.601 1	1.550 5	1.417 6	1.200 6
河北	4.463 2	6.621 9	4.905 6	3.648 0	3.231 3
山西	3.989 9	6.174 7	1.065 8	1.381 5	1.411 7
内蒙古	0.756 8	1.198 8	1.039 1	3.946 7	3.929 1
辽宁	0.723 1	0.853 7	0.872 9	0.784 7	0.727 6
吉林	3.730 4	6.599 4	5.841 4	5.106 3	4.841 6
黑龙江	2.838 6	5.546 0	4.931 6	4.125 8	3.459 6
上海	0.880 6	1.661 2	1.797 8	2.413 8	2.622 2
江苏	1.266 4	0.945 8	1.006 9	1.051 0	1.030 9
浙江	1.717 7	1.867 7	0.845 4	0.972 4	1.095 3
安徽	1.746 7	2.729 0	0.884 5	0.994 0	0.804 6

(续表)

地区	2000年	2004年	2008年	2012年	2014年
福建	2.515 8	1.649 1	1.624 4	1.228 1	1.212 3
江西	2.100 6	5.039 8	3.877 6	2.426 6	2.146 3
山东	0.969 9	1.061 8	0.847 7	0.675 9	0.781 4
河南	0.461 7	0.210 7	0.218 6	0.278 5	0.364 1
湖北	2.516 1	3.044 7	0.639 1	1.065 4	1.018 7
湖南	0.721 4	0.910 9	3.419 9	1.034 3	1.085 6
广东	1.196 8	1.150 6	1.221 2	1.315 2	1.384 7
广西	4.206 4	6.445 7	3.801 9	0.779 5	2.089 0
海南	5.663 6	8.111 1	6.397 4	3.479 9	4.726 1
重庆	3.155 3	3.905 6	3.689 8	2.938 0	3.369 6
四川	1.042 2	1.013 7	1.004 2	0.772 1	2.328 0
贵州	2.165 3	3.708 4	3.748 4	2.938 6	2.866 1
云南	4.448 7	6.622 7	5.627 3	4.903 9	4.333 1
陕西	7.199 1	18.648 2	20.509 0	16.297 8	15.329 3
甘肃	2.553 1	4.086 1	4.750 2	3.792 9	3.479 3
青海	5.902 2	8.079 3	6.437 8	5.305 0	4.020 8
宁夏	3.248 7	4.836 5	5.607 0	3.957 7	4.011 4
新疆	5.749 0	1.235 0	1.245 7	5.585 3	4.926 0

如表5-3所示，高技术产业是研发创新密集的产业，在空间布局上具有突出的集聚特征。我国的相对MAR专业化溢出指数是各地区高技术产业中主营收入占比最大的行业与该行业的全国占比的相对值。相对MAR指数越高，说明该行业在一个地区的总影响力越大，地区对该行业的依赖性越大；相对MAR指数越小，说明该行业在一个地区的影响力越小，地区对该行业的依赖性越小。根据空间经济学理论，MAR指数呈现倒U型趋势。我国的MAR全国平均指数呈现倒U型[①]，符合规律。

---

① 相对MAR指数曲线见第5节。

5.2.2.2 Jacobs 多样化溢出效应

本书借鉴 Glasser(1992)，Hender(1995)的方法，采用 HHI 指数的倒数来计算多样化溢出指数。

产业多样化 DIV(Industrial Diversification)的测算公式如下：

$$\text{绝对多样化指数为 DIV} = 1/\sum_i S_{ji}^2$$

$$\text{相对多样化指数为 RDIV} = 1/\sum_i |S_{ji} - S_j|$$

对于地区 i，HHI 指数是地区所有部门的变量指标的平方和的加总：

$$S_{ji} = \frac{X_{ji}}{\sum_i X_{ji}}$$

其中 X_{ij} 为地区 j 中 i 产业的就业人数，S_{ji} 是地区 j 中 i 产业所选指标占所有产业所选指标项之和的比例。S_j 为该行业全国指标总量占全国高技术产业指标总量比值。

本书选择主营收入为测算所用数据，选择高技术产业的五大行业在 31 个省市所雇佣的主营收入，来测算高技术产业在各地的多样化知识溢出。DIV 值越低，说明多样化程度越低；RDIV 值越高，说明多样化程度越高。

表 5-4 我国各地区高技术产业相对多样化溢出效应指数

地区	2000 年	2004 年	2008 年	2012 年	2014 年
东部地区	7.014 631	11.128 652 7	8.747 572 6	8.030 365	8.429 964 392
中部地区	1.115 396	1.066 774 5	1.105 911 64	2.749 076	3.755 214 472
西部地区	1.774 228	1.141 761	1.237 384 37	2.108 683	1.665 388 814
北京	3.167 278	4.019 413 63	2.774 874 14	12.211 33	11.589 265 43
天津	2.218 604	1.676 198 51	1.846 498 37	1.881 37	2.284 997 271
河北	0.598 841	0.792 686 31	0.938 352 9	1.113 977	1.222 317 411
山西	0.634 302	0.772 824 43	1.645 159 92	2.338 516	2.034 223 724
内蒙古	1.376 439	1.317 728 75	1.373 941 16	1.001 408	0.931 112 633
辽宁	3.114 697	2.826 337 1	1.987 165 78	1.771 354	1.752 403 887
吉林	0.756 948	0.738 547 69	0.768 012 94	0.718 346	0.709 940 196
黑龙江	0.834 102	0.687 540 24	0.682 684 9	0.709 712	0.754 623 176
上海	5.498 722	2.290 497 21	2.116 997 78	1.640 881	1.670 618 793

(续表)

地区	2000年	2004年	2008年	2012年	2014年
江苏	6.564 596	5.684 966 55	6.653 311 37	6.041 508	5.957 475 363
浙江	1.817 244	2.082 934 33	3.002 054 93	3.056 3	2.985 758 144
安徽	2.380 144	1.506 067 5	1.514 244 27	2.807 874	4.076 006 237
福建	1.735 905	2.333 468 97	2.518 430 7	3.019 324	3.040 289 927
江西	1.008 616	0.765 056 9	1.001 546 9	1.699 641	2.365 993 833
山东	2.617 678	2.452 170 58	3.320 239 4	2.652 014	2.434 904 884
河南	1.287 047	1.030 531 23	0.849 298 51	2.415 834	2.735 161 087
湖北	1.190 164	1.771 887 77	2.351 554 72	2.474 929	3.387 889 748
湖南	2.068 387	1.478 680 13	1.023 919 02	2.760 085	3.208 766 208
广东	2.405 355	4.182 734 43	3.212 462 29	2.470 52	2.346 082 326
广西	0.655 318	0.816 242 02	1.330 085 42	3.341 486	1.949 477 211
海南	0.448 091	0.645 545 34	0.697 533 91	1.005 828	0.731 941 007
重庆	0.664 114	0.850 294 21	0.936 155 82	1.197 068	1.143 669 47
四川	3.734 331	1.649 237 17	1.879 585 59	2.971 863	1.744 413 706
贵州	1.004 422	0.826 457 65	0.758 580 51	0.813 849	0.942 659 419
云南	0.545 077	0.726 574 09	0.763 394 35	0.755 823	0.818 241 997
西藏	0.403 92	0.561 116 66	0.576 586 53	0.602 051	0.612 242 489
陕西	2.186 349	1.015 529 55	0.967 253 59	1.073 01	1.096 119 674
甘肃	1.172 716	1.160 672 22	0.867 575 04	0.972 185	1.041 879 359
青海	0.426 796	0.592 215 29	0.658 939 4	0.685 195	0.902 861 522
宁夏	0.529 173	0.646 948 56	0.618 402 17	0.753 466	0.701 244 247
新疆	0.439 907	1.436 689 33	1.545 693 98	0.643 302	0.694 682 931

RDIV指数说明,我国东部地区的高技术产业具有较高的多样化程度;西部地区多样化程度最低。从多样化发展过程看,各地的发展模式不同,有多样化持续下降的地区,如上海;也有多样化程度不断提高的地区,如北京;还有多样化程度波动发展的地区,如四川。多样化反映了地区高技术产业发展的不稳定性,这可能与各地区的产业政策变化有关。

5.2.2.3 Porter 竞争溢出效应

参考 Glasser(1992),Feldman(1999)的度量方法,Porter 溢出效

应的测算公式为:

$$COMP = (EP_{ij}/TP_{ij})/(EP_i/TP_i)$$

其中,$COMP$ 表示竞争与垄断环境下的知识溢出,也称为竞争指数,EP_{ij} 为地区 j 的 i 产业的企业数,TP_{ij} 为 j 地区 i 产业的主营收入,EP_i 为全国 i 产业的企业数,TP_i 为全国 i 产业的主营收入。

本书根据数据的效度、信度以及可获得性,选择高技术产业企业数和高技术产业主营收入计算 Porter 溢出效应,如表 5-5 所示。该指数值大于 1,说明该地区的产业竞争高于全国水平,指数越高,市场竞争越激烈;相反,指数值低于 1,则说明该地区的产业竞争低于全国水平,指数越低,说明地区市场趋近于垄断。

表 5-5 我国各地区高技术产业的 Porter 溢出效应指数

地 区	2000 年	2004 年	2008 年	2012 年	2014 年
北京	0.580 291	1.113 698	0.769 259	0.883 884	0.883 962
天津	0.767 507	0.627 368	0.852 395	0.691 008	0.620 679
河北	1.677 976	1.776 659	1.420 983	1.492 516	1.680 074
山西	4.495 301	4.484 396	1.956 645	0.908 523	0.769 732
内蒙古	2.912 156	1.351 975	1.144 418	1.474 647	1.225 403
辽宁	1.013 532	1.677 969	1.678 293	1.383 876	1.331 736
吉林	3.033 734	3.896 362	2.382 787	1.436 564	1.074 17
黑龙江	0.769 207	1.864 356	1.371 339	1.275 166	1.311 992
上海	0.705 865	0.551 073	0.548 95	0.606 44	0.647 942
江苏	0.945 211	0.844 349	0.810 308	0.834 953	0.847 027
浙江	1.797 162	2.153 161	2.365 069	2.237 255	2.318 192
安徽	2.270 883	2.997 753	3.207 322	2.115 719	1.864 514
福建	0.768 873	0.668 732	0.760 162	0.889 656	1.000 284
江西	1.784 772	2.234 169	1.810 554	1.346 148	1.382 358
山东	1.182 842	1.357 155	0.961 987	1.007 174	0.943 71
河南	2.546 55	2.423 499	1.885 526	1.080 71	0.919 838
湖北	1.746 294	2.329 131	1.857 45	1.406 943	1.422 661
湖南	1.983 065	3.059 665	2.264 643	1.739 581	1.447 543
广东	0.668 963	0.670 896	0.758 769	0.838 598	0.882 93
广西	3.676 497	4.549 405	3.299 56	1.467 709	0.967 796

(续表)

地 区	2000年	2004年	2008年	2012年	2014年
海南	2.845 201	3.801 793	2.682 416	1.366 628	1.695 489
重庆	1.968 603	1.874 471	2.016 06	0.694 394	0.610 73
四川	0.958 852	1.846 356	1.438 864	0.851 928	0.756 942
贵州	2.377 118	2.655 908	1.720 243	1.634 573	1.553 58
云南	2.929 685	3.843 406	2.848 695	2.133 138	2.162 015
西藏	8.033 248	6.600 409	3.915 851	3.235 18	2.578 691
陕西	1.088 762	1.236 786	1.138 699	1.271 032	1.202 214
甘肃	3.501 322	3.547 59	2.845 025	3.216 455	3.284 104
青海	4.385 925	5.600 919	4.673 1	2.896 615	2.871 346
宁夏	2.769 713	2.083 675	1.601 065	2.472 868	2.924 639
新疆	6.724 88	3.178 538	3.629 954	6.141 737	5.766 621

5.2.2.4 国际知识溢出效应

各国在实践中十分重视高技术产业、战略新兴产业等知识技术密集型产业的国际交流与合作,其中一个关键原因是这些交流合作活动的知识溢出效应对参与各方的创新都有促进作用。

创新的国际知识溢出有多个产生渠道,目前在实证方面采用最多的是进出口贸易数据。进出口产品本身是生产国技术与创新的客观体现,也是国际知识溢出的主要渠道。本书采用公式 EXP=地区进出口总值÷GDP,计算了 2000—2014 年各地区的国际知识溢出效应指数,该指数消除了地区的经济实力差距,客观地反映了各地区接受国际知识溢出效应的程度,数据如表 5-6 所示。

表 5-6   我国各地区国际知识溢出效应指数

地区	2000年	2004年	2008年	2012年	2014年
北京	98.878	98.758	153.996	143.801	122.722
天津	63.500	85.112	75.387	56.499	53.633
河北	6.543	10.051	15.117	11.987	12.822
山西	6.022	9.495	12.397	7.824	8.014
内蒙古	10.733	7.710	6.613	4.467	5.161

(续表)

地区	2000 年	2004 年	2008 年	2012 年	2014 年
辽宁	25.679	32.492	33.386	26.393	25.088
吉林	8.298	13.703	13.071	12.961	12.041
黑龙江	5.970	9.003	17.527	17.297	16.296
上海	72.238	124.871	144.205	136.287	124.676
江苏	33.612	71.739	79.766	63.860	54.547
浙江	28.553	46.082	61.975	56.775	55.678
安徽	7.265	9.546	14.365	14.379	14.860
福建	35.513	51.952	49.374	49.864	46.462
江西	5.108	6.430	12.307	16.257	17.131
山东	18.883	25.439	32.262	30.930	29.358
河南	2.846	4.875	6.111	11.012	11.716
湖北	5.727	7.567	11.514	9.050	9.903
湖南	4.456	6.078	6.841	6.242	7.184
广东	99.767	119.267	117.274	108.631	100.022
广西	6.160	7.848	11.877	14.250	16.299
海南	15.401	26.146	18.981	31.598	28.547
重庆	6.282	8.008	10.354	29.377	42.154
四川	4.082	6.781	11.056	15.608	15.499
贵州	4.037	5.684	5.954	6.097	7.323
云南	5.678	7.648	10.622	12.841	14.556
西藏	6.969	5.715	12.219	30.772	15.428
陕西	7.474	7.226	7.174	6.451	9.745
甘肃	3.408	6.579	12.126	9.924	7.962
青海	3.816	7.779	4.260	3.851	4.699
宁夏	9.458	10.653	9.835	5.965	12.442
新疆	10.460	16.069	33.460	21.128	18.799

国际知识溢出效应指数说明了一个地区接受来自国际市场具有竞争力产品和企业的溢出程度。产品及其生产者通过贸易将最新的理念、技术以及创新扩散到创新洼地地区。我国的沿海地区是对外开

放时间最久、程度最深的地区,也是接受国际知识溢出程度最大的地区,因此,东部地区的创新意识和创新方向都更加国际化。

5.2.2.5 四种溢出效应指数的特征描述

图 5-10 总结了四种知识溢出效应指数的总体特征。其中,MAR 专业化溢出指数呈现倒 U 型趋势,与相关研究的结论一致。新经济地理学倒 U 型曲线是指在区域经济一体化的进程中,随着一体化水平从低阶段向中阶段迈进,产业地区集中度是上升的;一体化述评从中阶段向高阶段迈进时,产业的地区集中度是下降的。而多样化溢出效应指数则呈现波浪式特征,说明我国整体上的高技术产业行业发展并不稳健,各地区的行业分布以及发展水平有起落和反复。无论是多样化程度较高的北京、辽宁、上海、江苏等地,还是多样化程度较低的贵州、云南、西藏、青海等地,随着时间推移,多样化指标波动较大。这可能与地区政府行为密切相关,在追求 GDP 的意愿驱动下,地方政府倾向于上新项目、发展新产业,但往往论证不够,可能造成新产业项目的失败,导致区域产业结构在多样化上出现偏离我国的创新政策、地区产业政策等的情况。①

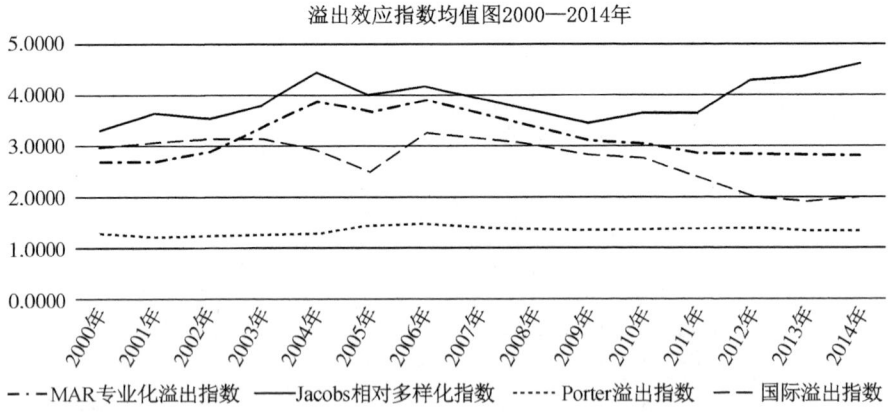

图 5-10 四种溢出效应指数特征图

---

① 洪群联,辜胜阻.产业集聚结构特征及其对区域创新绩效的影响——基于中国高技术产业数据的实证研究[J].社会科学战线,2016(1):51-57.

6 研发集群与知识溢出对区域创新发展影响作用的实证分析

第3章建立了"研发集群—知识溢出—区域创新"的理论分析框架。第4章与第5章分别对研发集群的区域创新影响效应、知识溢出对区域创新的影响效应进行了分析。本章将以上述各章的综合分析为前提,建立以分析框架为基础的实证分析的计量模型,并进行检验与分析。

6.1 计量模型说明

6.1.1 知识溢出的理论模型类型

跨国公司构建的全球研发网络下,各个创新地区仅是网络上的一个节点。而外资企业的研发机构以高技术产业居多,因此,选择高技术产业作为实证研究的样本来验证知识溢出对区域创新的影响作用。

知识溢出的众多研究者都承认了知识溢出在直接测量方面的困难,目前知识溢出的研究方法主要有:知识生产函数法、成本函数法、技术流量法、空间计量经济学模型、全要素生产率(TFP)及其他方法。不论是哪一种方法,都是一种间接的、替代性的实证方法,这主要是由知识本身的难以测量的特性决定的。

知识生产函数法(KPF):这是国内外研究旨在进行知识生产、知识溢出和技术创新的研究中普遍使用的模型。由于创新产出源自创新投入,研究者于是将知识生产变量纳入科布—道格拉斯生产函数进行实证检验。

Griliches(1979)在研究中基于知识产出源自知识投入的理论,改造了 C-D 函数,提出了知识生产函数:

$$I_i = ARD_i^\alpha HR_i^\beta \varepsilon_i$$

其中,I 为研发创新的产出,A 为常数项,RD 为研发经费投入,HR 为研发人力资本投入,i 为观测产业、企业,α 和 β 分别为经费与人力的系数,ε_i 为随机误差项。

Jaffe(1989)根据自己的研究内容,对 Griliches 的模型进行了改造,将投入要素的 C-D 函数拓展为:

$$I_{si} = ARD_{si}^\alpha UR_{si}^\beta (UR_{si} GC_{si})^\gamma \varepsilon_{si}$$

其中,I 为研发创新的产出,s 为研究区域,i 表示观测产业;RD 为企业的研发经费投入,UR 为大学的研究费用;GC 表示大学和企业研发的地理距离指数;α,β,γ 是弹性系数,三者均大于零表明知识溢出的存在。

Jaffe 的模型构造思路,获得了后来研究者的认可,成为知识溢出研究中最普遍使用的分析模型。

成本函数法:知识溢出在区域内、区域间两个层次存在效应差异。Bernstein 和 Nadirim(1988)通过将溢出变量引入企业的成本函数,研究知识溢出的成本削减效应,并率先发现产业间溢出模式的潜在差异,该函数模型为:

$$c = C(Y, W, S)$$

其中,c 表示生产成本;Y 为产量的向量;W 为要素价格的向量;S 为溢出变量的向量。

Bernstein 和 Nadirim(1988)将知识溢出分为产业内和产业间两种,并以多个座位溢出源的高科技产业为研究对象,发现产业内和产业间的知识溢出和成本变量具有相关性。知识溢出通过提高生产率而降低企业对生产要素的需求,进而降低生产成本,产生高于私人回报率的社会回报率。特别是成本函数可以有助于发现不同产业间的知识溢出的异质性,并在溢出的测度中通过溢出向量进行处理,解决了将不同产业间的溢出以单一变量进行测度的不足。

成本函数法使用灵活,既能反映知识溢出对总成本的影响,也能考虑其对生产要素和中间产品需求数量的影响。然而,函数模型中的投入品价格数据对不同企业而言是动态变化的,而且很难找到,造成实际研究中数据处理的不便。

技术流量法:技术流量法采用的主要分析工具是技术流动矩阵,该矩阵能够记录企业投入产出关系或产业前后向关联,因此,可以用来研究研发类企业向其相关企业的知识溢出。技术流量法的研究对象是纵向知识溢出,即知识溢出产业链或者价值链流动的路径。采用技术流量法研究知识溢出的研究者有 Terleckyj 和 Nestor(1980),Scherer (1982), Coe 和 Helpman (1995)。总体而言,技术流量法多用来研究知识溢出的渠道和知识溢出方和接收方获得的溢出效应。

空间计量经济学模型:空间计量在 1974 年由荷兰经济学家 Jean Paelinck 提出。对空间计量经济学发展起到关键作用的经济学家 Anselin, Lesage 等人也是知识溢出的重要研究者。因此,空间计量经济学与知识溢出研究的发展紧密相连。Anselin 等人为了弥补知识生产函数在测算知识溢出中存在的不足,将空间计量的产系数回归模型——空间滞后模型 Spatial Lag Model(SLM)①和空间误差模型 Spatial Error Model (SEM)与 Griliches-Jaffe 知识生产函数在知识溢出研究中进行了对比,以说明空间计量模型在知识溢出研究中的独特优势。

国内的知识溢出研究,在进行空间相关性实证分析时,大多采用 Moran I 指数来测算相邻地区之间是否在知识溢出上存在相互影响,即空间相关性。

6.1.2 计量模型的构建

本书的主题是研究研发集群的存在和其产生的知识溢出效应是

---

① Anselin 在论文中对 SLM 模型和 SEM 模型作了详细的说明。

否对整个地区的创新产生影响,是否影响到地区的创新发展。因此,本书采用 Griliches(1979) 和 Jaffe(1989) 的方法,通过构建知识生产函数来验证高技术产业的地区集聚产生的 MAR 溢出效应、Jacobs 溢出效应、Porter 溢出效应和国际知识溢出对地区创新产出的影响关系及程度。同时,模型也考虑到创新本身和知识溢出效应都受到当地制度环境和区域创新的累积因果效应等因素的影响,因此,将制度环境中最为核心的所有制制度环境(OWN)以及上一年的创新产出(Y_{t-1})作为控制变量。

本书以 Griliches 和 Jaffe 的知识生产函数为基础,根据研究的实际需要,对函数进行修正和扩展。具体步骤如下:

6.1.2.1 基本模型

$$INP_{it} = A \cdot RDE_{it}^{\alpha} \cdot RDH_{it}^{\beta} \varepsilon_{it}$$

其中,INP 为创新产出,RDE 为研发经费投入,RDH 为研发人力资本投入,ε 为随机扰动项,α、β 为研发经费投入和研发人力资本投入产出弹性,i 为地区,t 为时期。

6.1.2.2 模型的修正与扩展

Griliches-Jaffe 的模型是基于这样一个假设:一个地区的大学研究投入对同一地区的专利产出有正面显著影响,就显示出了大学研究对地区研究的知识溢出。由于区域创新绩效除了与研发的直接经费和人力投入有关外,还受到不同类型溢出因素的影响,这些因素可以促进创新的产出,加入这些反映溢出的解释变量客观上会增加模型的解释能力。因此,本书将 Griliches-Jaffe 模型加以扩展为:

$$INP_{it} = A \cdot RDE_{it}^{\alpha} \cdot RDH_{it}^{\beta} \cdot Z_{it}^{\gamma} \cdot \varepsilon_{it}$$

其中,Z 为对地区溢出有直接影响的其他主要因素,包括专业化溢出(SPE),多样化溢出(DIV),竞争垄断溢出(COM),以及地区的国际知识溢出(EXP),控制变量所有制制度环境(OWN)。

同时,根据空间经济学对区域创新特点的研究结论以及 Kaldor 的累积因果理论,模型引入被解释变量的滞后项 $INP_{i,t-1}^{q}$ 来反映创新产出的连续性。

因此，$Z_{it}^{\gamma} = SPE_{it}^{\gamma_1} \cdot DIV_{it}^{\gamma_2} \cdot COM_{it}^{\gamma_3} \cdot EXP_{it}^{\gamma_4} \cdot OWN_{it}^{\gamma_5}$

将 Z 及滞后项代入模型，得到以下方程：

$$INP_{it} = INP_{i,t-1}^{q} \cdot RDE_{it}^{\alpha} \cdot RDH_{it}^{\beta} \cdot SPE_{it}^{\gamma_1} \cdot DIV_{it}^{\gamma_2} \cdot COM_{it}^{\gamma_3} \cdot EXP_{it}^{\gamma_4} \cdot OWN_{it}^{\gamma_5} \cdot \varepsilon_{it}$$

为了减少变量间不同单位可能产生的实践序列误差和异方差，在实证分析时分别对各变量进行对数化处理，并构建如下动态面板数据模型：

$$\begin{aligned} LnINP_{it} = & a + \sigma Ln\, INP_{i,t-1} + \alpha LnRDE_{it} + \beta LnRDH_{it} \\ & + \gamma_1 LnSPE_{it} + \gamma_2 LnDIV_{it} + \gamma_3 LnCOM_{it} \\ & + \gamma_4 LnEXP_{it} + \gamma_5 LnOWN_{it} + u_i + \varepsilon_{it} \end{aligned}$$

其中，σ 是滞后项对当期变量的影响，γ_1、γ_2、γ_3、γ_4、γ_5 分别度量专业化、多样化、竞争垄断环境下的知识溢出、海外知识溢出以及产权制度环境对创新的影响。u_i 为个体效应，ε_{it} 为随机误差项。

6.2 变量的选取、数据来源及统计特性

被解释变量：本书要验证的问题是跨国公司研发机构设立规模最大的高技术产业的空间集聚是否对所在地的整体创新水平有影响。被解释变量为当地的创新产出(INP)，本书采用当地的专利申请量(Y)作为被解释变量。

解释变量：根据"集聚—知识溢出—创新"的理论框架，本书将检验高技术产业的区域集聚带来的：MAR 知识溢出效应(SPE)X_3、Jacobs 知识溢出效应(DIV)X_4、Porter 知识溢出效应(COM)X_5、对外开放度(EXP)X_6，是否对当地的创新产生影响。

同时，所有制制度环境(OWN)X_7 变量，作为控制变量，来考察当地环境是否对当地创新发展产生影响作用。所有制环境变量由当地国有企业在全部企业中的占比计算得出。

根据 Kaldor 的累积因果理论,本书同时将创新产出的滞后项,即前一年的专利量(INP-1)X_8 引入模型,检验地区创新的自我强化的特征。

对模型中涉及的变量总结如表 6-1 所示。

表 6-1　　　　　　　　　实证分析变量说明

变量类别	指标	变量及计算公式	变量符号	定义
被解释变量	创新能力	专利:区域专利申请量 Y	INP	专利申请量
解释变量	要素集聚	研发资本投入	资本投入:X_1 高技术产业研发经费内部支出	RDE	研发经费内部支出
		研发人力投入	人力资本投入:X_2 高技术产业研发人员全时当量	RDH	研发人员全时当量
	知识溢出(检验的核心自变量是 X_3,X_4 和 X_5)	专业化知识溢出效应	相对 MAR 溢出效应:X_3(地区高技术产业主营收入占比最大行业/地区工业企业主营收入)÷(该行业全国主营收入÷全国高技术产业主营收入)	SPE	高技术产业专业化指数
		多样化知识溢出效应	相对多样化 Jacobs 溢出效应:X_4 $$RDIV = 1 \div \sum_i |S_{ji} - S_j|$$	RDIV	高技术产业多样化指数
		波特竞争垄断知识溢出效应	Porter 溢出效应:X_5(省级区域 i 的高技术产业的企业数÷区域 i 的高技术产业主营业务收入)÷(全国高技术产业企业数÷全国高技主营业务收入)	COM	高技术产业竞争垄断指数
		国际溢出	X_6:地区进出口总值/GDP	EXP	进出口贸易总值
	环境因素	所有制制度环境	国有企业的份额 X_7=(规上国有控股企业的工业销售产值/规上国有企业工业销售产值)(现值)	OWN	各地产权制度指数
	累积因果效应	上一年的专利	X_8:Y-1 上一年的专利申请量	INP-1	上一年专利申请量

各指标对数化后的描述性统计量如表 6-2 所示。

表 6-2　　　　　　　　　　描述性统计

变量	Mean	Median	Maximum	Minimum	Std. Dev.	Observations
LNY	3.932 689	3.913 999	5.702 861	2.093 422	0.695 703	450
LNX1	4.659 64	4.775	6.86	1.57	0.989 58	444
LNX2	3.433 153	3.58	5.35	0.6	0.853 221	444
LNX3	3.426 314	0.349 088	1.311 944 8	−6.763 721	0.378 304	450
LNX4	1.633 110	0.142 284	1.086 763 07	−3.697 794 0	0.287 454	450
LNX5	0.222 617	0.225 098	0.923 345	−0.279 23	0.263 438	450
LNX6	−0.389 82	−0.33	−0.05	−0.98	0.233 577	450
LNX7	1.194 246	1.069 104	2.187 509	0.454 279	0.444 423	450
LNX8	3.850 919	3.818 543	5.702 861	2.093 422	0.685 272	450

6.3　关于数据选择的局限性说明与可行性解释

本书选取了我国 30 个省市（西藏由于部分数据不全，计算中予以剔除）的面板数据作为实证数据，数据涉及的年限为 2000 年至 2014 年 15 年间的数据。

本节将从三个方面对实证指标设计及数据选用进行说明与探讨：①知识溢出研究的相关指标选择；②区域样本空间尺度的选择与处理；③高技术产业的产业层面数据选择的解释与局限性说明。

6.3.1　知识溢出研究的相关指标选择

本书的研发集群与知识溢出对区域创新的影响研究，选用的指标主要参考了知识溢出部分经典研究。本书采用的知识（创新）生产投入和知识（创新）产出的指标选择及其实证方法如表 6-3 所示。

基于对以上相关研究和经典论文的借鉴参考，本书选择我国各省（自治区、直辖市）的专利申请量、各省（自治区、直辖市）规上企业新产品产值为被解释变量。选择高技术产业的研发经费投入、人力资本投入、MAR 溢出效应、Jacobs 溢出效应、Porter 溢出效应以及各省（自治区、直辖市）的国际溢出效应作为解释变量，同时考虑到环境因素影响的不可忽视，所有制制度环境（OWN）控制变量选择了国有企业在当地企业中的比重值加以观察。

表 6-3　　知识溢出研究的相关指标选用及其实证方法

研究者	指标及对应的数据选用(指标:数据说明)	实证方法
Zvi Griliches (1979)	知识产出:TFP 知识创新与生产投入(知识生产的资本投入):研发投资	知识生产函数:Cobb-Douglas 生产函数
Adam B Jaffe (1989,1992)	能够反映新知识经济价值的知识产出:企业专利申请量(选取了医药、化工(除医药)、机械产业的数据),企业的利润和企业的市值。 企业的研发投入:研发经费 高校的研究:研发经费(投入到医药、化工、机械专业领域的研发投资) (注:经费来源分为联邦政府、州政府、企业;大学分为公立大学、私立大学	模型采用 Griliches 1979 年论文中首次使用的知识生产函数(科布道格拉斯函数形式)并在模型中考虑了企业与高校之间互相的研发资助。主要实证思路:高校投入三大产业的研究费用对当地三大产业的企业专利的申请量是否存在影响,影响程度多大
David B Audretsch Maryann P Feldman	知识产出: ① 产量:产业增加值 ② 创新产出:统计的创新数量 知识创新与生产投入:产业的研发强度:研发经费/销售费用[Arrow(1962) 认为知识溢出在研发强度大的产业更加明显] 大学的研究:研发经费投入 人力资本投入:产业雇佣的专家、技工、管理人员	通过测算样本产业的空间基尼系数,用 OLS 检测其相关性来证实产业集聚的程度与知识溢出的存在相关。
Anselin (1997)	知识产出:专利或者创新统计数据 知识创新与生产投入:企业研发投入,大学研发经费投入	采用知识生产函数与空间相关性
王缉慈	知识产出:专利、新产品 知识创新与生产的投入:研发经费,研究人员全时当量	全要素生产率计算法
邬滋,郭嘉仪等	知识产出:专利、新产品	知识生产函数法
梁琦,吴玉鸣等	知识创新与生产的投入:研发经费,研究人员全时当量	空间计量经济学方法

6.3.2　区域样本空间尺度的选择与处理

知识溢出与区域创新研究的国内外实证研究都受到数据的限制。

关于知识溢出直接测量的不可行性问题在第2章已经进行了说明,这里主要对样本空间尺度的选择进行说明与解释。

知识溢出研究一直与"区域""空间"有关,如何界定知识溢出数据的来源区域或代表的空间范围,是该领域研究者从一开始就意识到的问题,因为"区域"或"空间"的选择对于研究结论的可信性和有效性有重要的影响。

国内外的相关研究在研发集群区位选择的空间尺度选择上并没有统一的标准和规定。虽然空间尺度的差异会对实证研究的结论产生影响,但是,各国的统计数据没有统一的标准,而且数据往往都采用省(中国)、州(美国)为空间尺度,因此,研究者考虑到数据的完整性和权威性,也采用了省或者州级别的数据。

Audretsch和Feldman以美国的州(state)作为观测的空间单位,这相当于以我国的省(自治区、直辖市)作为空间观测单位。选择州作为观察单位的理由是"州是政策制定的一个空间单元相关性最大的层次"。① 此后,Jaffe(1989) 等均采用州为空间观测单位。

Anselin (1997)等研究者在区域选择上,也根据数据的可获得性及与研究的相关度,选择州(state)数据,相当于省级区域数据;或者MSA (Metropolitan Statistical Area)数据,相当于城市级区域数据。

选择省一级数据的确存在局限性。因为研发集群的研究者们发现,研发集群在区位选择上有2个突出的共性:①选择经济发达的地区;②研发集群选择城市或者是城市里条件更优越的高技术园区作为集聚空间(杜德斌,2000,2015)。因此,理想的空间尺度应该是城市或者比城市更聚焦的研发集群区一级的范围。

但是,由于我国目前没有这一层级的全国性的、时间上连续多年的统计数据供研究者使用,因此退而求其次选择统计范围最为全面、

---

① AUDRETSCH D B, FELDMAN M P. R & D Spillovers and the Geography of Innovation and Production [J]. American Economic Review, 1996, 86(3): 630-640, 631: The state does have one obvious appeal——the most relevant unit of policy-making is at the level of the state.

统计时间也最长的省级数据进行实证检验。（何琼和王铮，2006；唐礼智，2007；黄平，2008 等；吴玉鸣，2007）

在进行实证检验的区域样本选择上，本书分别对全国、东部地区、中部地区、西部地区以及三大经济圈（长三角区域、珠三角区域、环渤海经济圈）进行检验分析。原因如下：东部、中部、西部地区的经济发展水平、产业结构、市场需求等各方面存在明显的差异。因此，全国的整体检验结果并不能反映出三大地区的差异，不利于分析研究各地区的创新发展模式。我国的长三角地区、珠三角地区和环渤海经济圈三大经济圈是我国的经济发达区域，也是产业发展水平、技术整体水平较高的区域。三大经济圈也是我国知识密集型产业的主要集聚地区。因此，本书专门将三大经济圈作为一类区域加以检验。

综上所述，本书在实证检验部分，对区域的划分与选择归纳如表6-4所示。

表 6-4　　　　　　　　　区域的划分

区域 *		包含的省（自治区、直辖市）
全国（30 省市）		北京、天津、河北、山西、内蒙古、黑龙江、吉林、辽宁、上海、江苏、浙江、福建、安徽、江西、河南、湖北、湖南、山东、广东、海南、广西、重庆、四川、贵州、云南、陕西、甘肃、青海、宁夏、新疆
东部地区（11 省市）		北京、天津、河北、辽宁、上海、江苏、浙江、福建、山东、广东、海南
中部地区（8 省市）		黑龙江、吉林、山西、安徽、江西、河南、湖北、湖南
西部地区（11 省市）		内蒙古、广西、重庆、四川、贵州、云南、陕西、甘肃、青海、宁夏、新疆
三大经济圈（12 省市）	长三角地区	上海、江苏、浙江、安徽
	珠三角地区	广东
	环渤海经济圈	辽宁、河北、山东、北京、天津、内蒙古、山西
非三大经济圈地区（18 省市）		福建、海南、黑龙江、吉林、江西、河南、湖北、湖南、广西、四川、重庆、贵州、云南、陕西、甘肃、青海、宁夏、新疆

注：由于西藏的统计数据不全，因此全国以及各区域均未包含西藏。

6.3.3 高技术产业的产业层面数据选择的解释与局限性说明

知识溢出研究中,研究者难以获得全国甚至是区域范围的企业层面的数据,这是国内外研究者面临的共同问题和局限性。因此,很多研究者转而采用高技术产业层面的数据。关于采用高技术产业及产品作为研发和技术创新产出指标的合理性、局限性与可行性,OECD 对其进行了系统的解释与说明①。

综合 OECD 与国内外知识溢出研究者对选择高技术产业层面数据的合理性与局限性,可以归纳为以下两点:

(1) 高技术产业是典型的知识密集型的产业,该产业对研发的依赖程度十分显著。因此,成立研发中心、构建研发网络,以及研发的空间集聚的特征十分明显。这些特征使很多知识溢出研究者认为,高技术产业层面的数据是比较好的研究样本的关键原因。也因为此,知识溢出的区域创新效应研究大多采用高技术产业的数据进行实证分析。

以我国的高技术产业产业层面的统计数据为例:①我国从 20 世纪 90 年代至今,对高技术产业进行了系统的、权威的、全国范围的数据统计。②我国在高技术企业的实际认定工作中要求:高新技术企业认定的必要条件之一就是研发部门或者研发中心的存在并且在高技术企业的发展中起到了重要的作用,这一规定对于本书的研究十分重要。③高技术企业一直是以在高新区或者科技园区集聚为空间区位特征。

由于统计数据是建立在地区所有企业的数据集合之上,而纳入高技术产业统计数据的企业一定都建立了有实际贡献的研发机构,因此,高技术产业数据是十分全面的产业层面研发集群的区域数据。这使我国的高技术产业层面的统计数据是目前能够获得的质量最好的研发集群和知识溢出对区域创新影响的数据。

因此,从对全国的区域创新研究目的出发,选择高技术产业层面

---

① OECD(2002b): Proposed Standard Practice for Surveys on Research and Experiment (Frascati Manual)[R]. ANNEX 7:205-206.

的数据是最接近本书研究主题的数据：①高技术企业一定是有研发中心；②高技术企业具有突出的空间集聚特征；③我国高技术产业经过近30年的发展，已经具备研发集群的特征：基于价值链的相互影响与关联。

（2）企业层面的全国范围的时序和面板数据难以获得。知识溢出对区域创新的研究在实证方面通常都是选择多个"区域"加以研究才能发现共性。而本书进行的研究，难以获得我国各省市研发集群内的企业层面数据。因此，在无法进行全国性的企业层面的数据收集的缺憾下，采用高技术产业层面的统计数据是从数据信度和效度考虑出发的最好选择。

6.4 实证结果的说明与分析

6.4.1 模型的检验

本章第1节里详细论述了用于实证分析的计量模型的构建基础与过程，并构建了如下动态面板数据模型：

$$LnINP_{it} = a + \sigma Ln\,INP_{i,t-1} + \alpha LnRDE_{it} + \beta LnRDH_{it} \\ + \gamma_1 LnSPE_{it} + \gamma_2 LnDIV_{it} + \gamma_3 LnCOM_{it} \\ + \gamma_4 LnEXP_{it} + \gamma_5 LnOWN_{it} + u_i + \varepsilon_{it} \qquad (6-1)$$

面板数据是指N个不同对象在不同时期t_n被观察到的数据。面板数据能够同时反映个体差异和时序变化情况，因此，有效地集中了截面数据和时间序列数据的优点。截面数据仅有一个时点，而面板数据包含了更多时期信息，因此可以用来分析所研究问题的动态关系；时序数据是个体数据累积，在研究中个体间的差异被模糊化，影响到估计结果，面板数据则通过截距项，保留了动态调整过程中的个体差异，较好地消除数据累加产生的偏误。

传统静态面板数据模型的估计方法（如 OLS 估计、固定效应方法等）会导致计量结果有偏差且估计量的非一致性。

由于区域创新的产出（专利和新产品）不仅仅依赖于当期的投入和溢出效应，还与前期的创新产出的基础有关，这就意味着被解释变量 Y_t 与 Y_{t-1} 之间有存在滞后效应的可能性，对此现象的解释就是累积因果理论。

因此，本书采用的是动态面板数据模型。

动态面板数据模型，是指在静态面板数据模型中引入被解释变量的滞后项，以此反映动态滞后效应。动态面板数据的被解释变量与随机误差组成部分中的个体效应有相关性，造成估计的内生性；同时，未观察到的时间与截面效应易导致估计结果有偏差和非一致性。因此，动态面板数据无法使用固定效应模型和随机效应模型估计。

本书借鉴 Arellano 和 Bond(1991)，Blundel 和 Bond (1998)提出的动态面板数据广义矩估计方法（Generalized Methods of Moment，GMM）。GMM 方法可以解决动态面板数据的变量内生性问题和异方差问题，即可消除内生性偏误，还可以达到解释变量系数一致性的估计。目前，比较常用的广义矩估计方法分为两种：一阶差分广义矩估计（First Differenced GMM，DIF-GMM）和系统广义矩估计（System GMM，SYS-GMM）。本书采用一阶差分广义矩估计方法，通过一阶差分方程来消除截面数据固有效应，怀特标准误差 & 协方差（white period standard errors & covariance）已进行差分纠正，选择滞后一期作为工具变量矫正内生性问题。

对公式(6-1)进行差分，得到模型如下：

$$\Delta LnINP_{it} = \sigma \Delta Ln\, INP_{i,t-1} + \alpha \Delta LnRDE_{it} + \beta \Delta LnRDH_{it} \\ + \gamma_1 \Delta LnSPE_{it} + \gamma_2 \Delta LnDIV_{it} + \gamma_3 \Delta LnCOM_{it} \\ + \gamma_4 \Delta LnEXP_{it} + \gamma_5 \Delta LnOWN_{it} + \Delta \varepsilon_{it} \quad (6-2)$$

其中，$\Delta \varepsilon_{it} = \varepsilon_{it} - \varepsilon_{i,t-1}$，其他差分变量亦有类似形式。

最后，本书对回归残差进行平稳性检验，也就是对回归残差的单位根检验,采用 NW automatic bandwidth selection 和 Bartlett Kernel 球检验,来确认模型的整体有效性。

6.4.2 检验结果

本书按照第一节所述方法与步骤,采用 Eviews 9.0 对动态面板数据进行检验。影响系数、T 统计量与显著性检验结果如表 6-5 所示。

为了确认模型的整体有效性,需对动态面板数据的估计参数进行平稳性检验,也就是对面板数据残差进行单位根检验。结果显示残差平稳性良好,具体如表 6-6 所示。

以上动态及残差的检验结果说明模型整体效果良好,能够反映自变量与因变量之间存在稳定的影响关系。

6.4.3 对检验结果的说明和解析

为了全面分析研发集群及其知识溢出效应对我国区域创新产出发展的影响作用,本书对我国全国、东部地区、中部地区、西部地区、三大经济圈、非三大经济圈分别进行了实证检验。实证检验结果说明:

6.4.3.1 研发集群对区域创新的促进作用及其知识溢出效应十分显著

从全国 30 个省(自治区、直辖市)(西藏因数据不全未考虑)整体实证检验结果看,研发集群及其知识溢出效应对我国的整体创新产出有显著的影响:

(1) 在 2000 年至 2014 年的 15 年里,我国区域创新的累积因果效应十分显著,影响程度为 0.77,即上一年的创新发展每增长 1 个百分点,对下一年的创新发展贡献 0.77 百分点,这符合研发创新活动的特点,创新本身难以用确定的时间来约束,创新需要积累,知识存量水平越高,创新能力越强。简言之,区域创新的发展是一个持续积累、厚积薄发的过程,非一朝一夕能够见效。

6 研发集群与知识溢出对区域创新发展影响作用的实证分析

表 6-5 实证检验的统计分析结果

因变量 Y(INP)

自变量	全国	东部地区	中部地区	西部地区	三大经济圈	非三大经济圈
$INP(-1)(X_8)$	0.787 000*** (26.198 02)	0.446 697 (1.482 013)	0.854 304*** (10.671 73)	0.905 365*** (15.718 66)	0.807 278*** (2.957 177)	0.707 652*** (5.431 327)
$RDE(X_1)$	0.049 487*** (2.970 316)	−0.071 489 (−0.208 587)	0.060 229 (1.438 457)	0.104 194** (2.323 582)	0.063 461 (0.239 464)	0.098 552** (2.092 781)
$RDH(X_2)$	0.079 821*** (6.500 313)	0.278 258 (0.859 500)	0.001 667 (0.024 994)	−0.002 551 (−0.074 314)	0.366 241* (1.879 419)	0.032 513 (1.102 502)
$SPE(X_3)$	−0.290 119*** (−3.132 991)	−0.435 209 (−0.582 816)	−0.040 124 (−0.731 585)	0.008 513 (0.122 801)	0.089 987 (0.317 144)	0.000 512 (0.002 744)
$DIV(X_4)$	0.071 699 (0.999 529)	−0.051 844 (−0.119 442)	0.043 964 (0.510 114)	0.029 289 (0.177 002)	1.186 092* (1.664 815)	0.666 708* (1.752 489)
$COM(X_5)$	0.308 401*** (4.781 510)	−0.252 882 (−1.019 254)	0.096 431 (0.544 454)	0.177 634*** (4.153 661)	−0.164 929 (−0.453 183)	0.339 005* (1.849 009)
$EXP(X_6)$	0.087 158*** (2.804 232)	0.115 457 (0.226 242)	0.153 423 (1.563 665)	0.066 054 (0.458 107)	0.053 911 (0.228 770)	0.015 600 (0.243 651)
$OWN(X_7)$	−0.494 351*** (−6.072 627)	−1.378 791** (−2.306 666)	−0.247 041* (−1.792 238)	−0.269 314 (−0.066 054)	0.100 149 (0.118 002)	−0.743 972*** (−2.625 072)

（续表）

因变量 Y(INP)

自变量	全国	东部地区	中部地区	西部地区	三大经济圈	非三大经济圈
观察值	380	143	104	133	156	224
截面	30	11	8	11	12	18
工具变量有效性检验的 J-statistic	27.383 60	3.202 755	89.313 00	93.399 7	4.333 550	14.055 75
P(J-statistic)	0.197 018	0.361 408	0.123 988	0.185 210	0.362 743	0.170 464

注释：*** 显著性小于 0.01，** 表示显著性水平小于 0.05，* 显著性水平小于 0.1。

表 6-6 平稳性检验的统计分析结果

检验项	LLC 检验			IPS 检验			LLC 检验			IPS 检验		
	(1)	(2)	(3)	(1)	(2)	(3)	(4)	(5)	(6)	(4)	(5)	(6)
Statisitic	-7.309 47	-6.974 81	-2.684 02	-7.242 15	-4.723 21	-3.581 82	-3.300 53	-5.283 59	-4.844 10	-4.429 96	-4.166 13	-4.939 89
Prob.	0.000 0	0.000 0	0.003 6	0.000 0	0.000 0	0.000 2	0.000 5	0.000 0	0.000 0	0.000 0	0.000 0	0.000 0
Sections	29	11	8	29	11	8	10	12	18	10	12	17
Obs	315	121	88	315	121	88	106	132	198	106	132	183

注：①为全国检验结果；②为东部地区检验结果；③为中部地区检验结果；④为西部地区检验结果；⑤为三大经济圈检验结果；⑥为非三大经济圈检验结果。

（2）研发集群带来的资本集聚、研发人力资本的集聚对区域创新有显著的促进作用。研发资本每增长1个百分点，区域创新发展提高0.1个百分点；人力资本要素每增长1个百分点，区域创新发展提高0.04个百分点。研发要素集聚对区域创新有促进作用说明我国的创新政策与创新环境有利于资本要素和人力资本要素发挥能力，这是我国重视创新，努力改善创新环境的结果。

（3）研发集群的四种知识溢出效应中，专业化溢出的正面促进效应较为显著，波特溢出也具有十分显著的正面效应；但是，国际贸易带来的知识溢出对区域创新发展没有明显影响，研发集群的产业多样化溢出效应也无明显作用。

这说明，在我国目前的区域创新发展阶段，研发集群整体规模上的增长对当地的创新有明显的促进作用，研发集群规模每增长1个百分点，当地创新产出增长0.14个百分点。在我国，研发集群从无到有，从小到大，既有市场推动的产业集群，也有国家扶持的国防军工高技术集群，无论是何性质，研发集群的整体壮大，带动了区域创新系统的发展。高校、科研机构和各类企业受研发集群的溢出效应影响，提高了创新积极性和产出水平。这是我国鼓励高技术产业发展，改善高技术企业和知识密集型企业的生存发展环境，鼓励企业进行研发创新的综合结果。

研发集群的Porter溢出效应是指地区的产业相对竞争程度。Porter溢出指数越小，说明该地区的竞争程度小于全国水平，且有向市场垄断，或者寡头垄断的市场结构发展的趋势；指数越大，说明该地区竞争程度高于全国水平，且有向垄断竞争或者完全竞争市场结构发展的趋势。Porter溢出指数与我国区域创新发展呈同向关系，说明高技术产业的竞争度越低，对区域创新发展越有利，有利程度为指数每增加1个百分点，区域创新发展提升0.311 9个百分点。Porter溢出效应的显著影响作用说明，在我国现阶段，市场竞争程度越激烈，反而不利于区域创新的发展；换言之，我国的区域创新在过去的发展中，企业经营规模越大，地区企业数量越少，竞争越少，越有利于研发主体的创新。这符合我国的现实状况。研发需要大量的投入,特别是我国研发创新的起点低,基础差,如果有条件的企业要应对市场竞争而无法将资源投入到耗时耗财的研发上,那么整个地区的研发创新就难以起步。因此,我国在这15年里的区域创新发展,竞争本身并不能产生积极的促进作用。

多样化溢出效应在2000年至2014年的15年间对区域创新并没有显著的促进作用。换言之,一个地区的高技术产业对地区的整体创新没有显著性贡献,说明我国在此期间的高技术产业的行业之间并没形成协同发展,也没有因为多样化就提升了区域整体创新水平。而国外,高技术产业的多样化正是当地创新活力的源泉,如硅谷的生物医药、信息技术等行业的蓬勃发展与地区的产业多样化环境有不可分割的关系。因此,我国的实际情况值得深思。

国际贸易带来的溢出效应也不显著,且影响程度微乎其微,仅为0.005。这既反映了我国以低技术附加值为主的出口贸易产品和服务结构,也反映了通过贸易渠道进口高技术产品并不能带动我国的创新能力,也就是说能买鱼并不代表就能学会钓鱼,这个实证结果恰恰说明我国区域创新发展的必要性和紧迫性。面对欧美等发达国家发动的新一轮"研发兴业,技术强国"的竞争理念,我国实施创新驱动战略,推动区域创新发展,设置建设科技创新中心的目标,才是面对国际竞争的正确举措。

(4)作为控制变量,所有制指数作为主要的创新环境因素,来检验其对区域创新的影响。检验结果说明,国有企业的占比越大,对区域创新的阻碍作用就越明显,其影响程度为$-0.501\ 709$,说明我国国有企业比例如果提高1个百分点,区域创新下降0.5个百分点。国有企业有资源占用上的优先性与资源利用的低效率的特点,在"集中力量办大事"方面有不可替代的作用,其作用在国家供给公共产品方面尤为突出和不可取代,例如,关系国防安全、国家核心利益的研发创新国有企业具有优势。但是,国有企业在适应市场化的高技术产业竞争领域并不具备优势。一些民用高技术产品领域的领先创新企业也是以外资企业和本土民营或者股份制企业为大多数,如新一代信息技术产业、新能源汽车产业。

6.4.3.2 研发集群的创新影响作用及其知识溢出效应存在区域差别

虽然从全国整体看,研发集群及其溢出效应对区域创新有显著的影响,但是如果将全国分为东部、中部、西部,或者将我国分为三大经济圈和非三大经济圈,我国的不同区域受研发集群及其溢出效应的影响呈现出二元化特征。

6.4.3.2.1 研发集群在东部地区及三大经济圈地区的区域创新发展中没有显著促进作用和溢出效应

研发集群及其溢出效应对我国的东部地区和三大经济圈区域的创新发展并无显著的影响作用。我国东部地区和三大经济圈区域是我国区域创新提高程度最大、速度最快的区域。但是,以高技术产业为主的研发集群及其溢出效应在创新发展中却没有起到促进作用,也就是说在这15年里促进我国东部地区和三大经济圈区域创新发展的关键因素不是研发集群的形成与发展,研发集群在这15年里不是地区创新的主要贡献力量。

这个特征既有积极的一面,也有存在的问题:

积极的一面是,东部地区的创新更多的是来自高技术产业以外的工业行业。这是一个积极的现象,说明东部地区和三大经济圈的创新主体范围更加广阔,涉及更多行业。这也意味着东部地区和三大经济圈已经具备了良好的创新环境,创新的参与者更多,创新意识更加普遍。

第一,由于东部地区开放时间早,开放程度深,企业的国际化程度在最近几年有了明显的推进,我国的跨公司也纷纷选择到海外技术创新中心建立研发机构。这些跨国公司直接受益于技术高地成熟研发集群的知识溢出,这是我国部分行业能够实现创新能力发展弯道超车、追赶国际先进水平的重要策略。

第二,我国的创新驱动政策对东部地区和三大经济圈区域的影响较大。该区域的政策解读和落实能力较强,能够较好地全面推进创新鼓励政策。

存在问题也值得思考和进一步研究:

第一,产业结构调整,东部地区退二进三的政策,使工业行业特别是制造业向中部地区、西部地区转移。东部地区经济对金融、房地产和现代服务业更加倚重。这使得工业、制造业的研发集群的溢出效应难以发挥,因为缺少构筑价值链系统的客观必要基础。

第二,我国发展高技术产业已经有20多年,但是在2000年至2014年的15年里,东部地区高技术产业集群却不能对区域创新带来显著的促进作用,说明高技术产业缺乏与其他产业的协同发展,高技术产业与本地的其他研发创新主体之间也没有建立起协同发展的关系,同时,自身的创新效率与地区的整体创新发展并不同步,这是值得思考和研究的。

第三,我国采取多种政策鼓励企业建立研发机构,希望通过先建立硬件条件,再拉动创新软实力发展。但是,高技术产业发展的20多年里一直享受优惠政策,却对东部地区快速提高的创新能力缺乏显著的贡献,说明仅仅靠财政税收优惠和政策性的硬件建设导向,并不能真正地培养和提高创新能力。在政策制定方面,还需再考虑采用其他更有效的政策。

第四,研发集群在我国还处于幼稚阶段,即便是发展了20多年的高技术产业集群,对东部地区的区域创新贡献仍然极为有限。但是,反观国外,主要发达国家的创新主要来自高技术产业为主要行业的研发集群,高技术产业的发展与其所有产业的发展息息相关。

对比之下,就需要深入研究哪些原因阻碍了我国高技术产业在东部地区以及三大经济圈的区域创新发展中发挥作用,国外高技术产业和其他产业的研发集群是如何在区域创新发展发挥作用的。

6.4.3.2.2 研发集群在中部以及西部地区有显著促进作用和溢出效应

研发集群及其溢出效应在我国的中部地区和西部地区,以及非三大经济圈区域有显著作用,说明高技术产业为代表的研发集群在这些地区的创新发展中起到了比较重要的作用,是这些地区创新发展的主要贡献者。从中、西部地区的区域创新发展角度,这个结果既有利,也有值得注意的地方。

积极意义：中西部地区自然资源丰富,但是整体经济水平落后于东部地区和三大经济圈区域,产业结构较为落后,整体创新环境保守,来自国际的先进技术知识溢出渠道极为有限。因此,高技术产业成为其主要的创新贡献者,成为地区十分重要的先进技术知识溢出来源。换言之,这些地区发展高技术产业、发展研发集群对区域创新发展是十分关键的。如果这些地区没有高技术产业,不发展研发集群,仅仅靠传统产业的自然发展,靠本地经济的自然推动,区域创新发展在很长时间里难以有起色。中西部创新发展的缓慢就会成为我国整体创新能力提升和改善产业结构发展中的制约。高技术产业和研发集群的存在和发展,对中西部地区保持创新动力,明确创新发展的方向起到了关键性的作用。

值得注意的问题：中西部地区的创新整体水平落后于东部地区,对研发集群存在一定的依赖性。而中西部地区高技术产业的发展主要得益于国家的鼓励政策,如何才能在中西部地区、非三大经济圈推进研发集群的广泛发展,以此来继续推进中西部地区的创新发展？如果研发集群发展受到限制,中西部地区的整体创新也就受到了限制。这会加剧我国区域创新发展的二元化特征。

7 研究结论与建议

7.1 研究总结

欧、美、日、韩等经济与技术创新发达地区形成了以研发集群及知识溢出为主要推动力的区域创新发展模式。欧美日韩等国的跨国公司已经构筑了全球研发网络,一些技术创新基础条件较好的地区成为这个网络上的节点地区。这些节点地区成为跨国公司研发机构集聚的创新中心。研发机构的集聚以及创业企业和衍生企业之间彼此影响,建立了价值链上的分工与合作,形成了研发集群。研发集群及其知识溢出效应吸引更多的研发型企业的集聚,最终使集群所在地区成为了对全球产业价值链有影响力的科技创新中心。简言之,发达国家成功的区域创新案例中,研发集群及其知识溢出效应发挥了重要的作用[①]。

我国部分省(直辖市、自治区)成为跨国公司研发网络上的节点地区。跨国公司在我国的研发网络布局是其海外研发投资战略的组成部分,其实质是知识全球化,是跨国公司主导的继生产制造全球化之后的新一轮竞争。生产制造全球化为我国推动和发展制造产业提供了良好的机会,但是实现我国产业升级、实现创新驱动仅仅依靠制造全球化会难以持续。跨国公司主导的知识全球化已经开始,这是我国推动创新发展、推进区域创新、建设科技创新中心、实现产业升级的又一次机遇。

---

① 相关研究及结论见第 2 章第 1 节第 1 部分中知识溢出研究综述。

7.1.1 研究分析具体结果

本书研究发现,以高技术产业为代表的研发集群对我国整体的创新发展起到了积极而且显著的影响作用,说明我国发展高技术产业对我国整体的创新水平提高产生了积极作用,我国政策性鼓励企业建立研发中心客观上推动了研发集群的形成和发展。

但是,研发集群及其知识溢出效应在我国的不同区域的影响作用程度不同。我国区域创新具有类似于二元结构的特征。在国家大力推进创新发展的政策下,东部地区和三大经济圈区域由于经济基础好、开放程度深,因此整体创新发展水平和发展速度远远超过中西部地区,且东部地区与中西部地区的差距不断拉大。

然而,研发集群及其知识溢出效应在我国的经济发达区域并未产生显著的促进作用:一方面,可能是我国经济发达的东部地区、三大经济圈区域目前出现的创新发展局面是因为原有创新基础过于薄弱,在较大力度的政策刺激下,东部地区出现了整体的创新水平的提高,个别产业的创新能力特别突出。另一方面,除了政策的普惠效果,造成这种整体水平提高的原因可能是与该地区企业普遍积极参与和实施国际化战略、受益于国际技术高地知识溢出效应有关。以市场为导向的非国有企业的增加,对该地区的整体创新有显著的促进作用,原因可能是非国有企业更需要有自己的核心竞争力。研发与创新能力是核心竞争力的重要支撑,因此,非国有企业的研发创新动机更强烈。

东部地区、三大经济圈区域的整体创新处于从低水平开始的抬升阶段。在竞争实力方面与发达国家创新区域的影响力有明显的差距。因此,研发集群的要素集聚作用和知识溢出效应对我国创新发展较好的地区的影响反而不显著。这也反映出我国的研发集群尚处于初步形成阶段,与全球科技创新中心的成熟研发集群相比较,我国的研发集群在价值链系统成熟度、分工合作效率等方面的薄弱,阻碍了研发集群对区域创新发展的促进作用。

我国的中西部地区对跨国公司研发机构的吸引力弱,企业"走出去"战略规模小,整体经济基础低于东部地区及三大经济圈区域,国家的创新政策难以产生规模效应,使得缓慢的区域创新发展主要依赖研发集群的创新贡献和溢出效应。

我国区域创新二元结构的形成是我国整体创新基础薄弱的结果,有先天不足的原因。此外,我国区域创新的二元结构还存在高技术产业等研发集群作为创新发展的发动机作用不突出,促进力度不够等问题。这种二元结构随着我国推进创新发展的深入和升级,其负面作用也会更加突出,对实现创新驱动发展以及建设科技创新中心的目标形成结构性的障碍。在累积因果效应、路径依赖效应的作用下,东部地区、中部地区,特别是西部地区会逐渐形成各自的创新发展模式,并且这种模式难以改变。这是否会影响东部地区在创新驱动发展上的可持续性,是否会拖累我国最终实现主要产业向全球价值链中高端转移的目标,都是需要注意的问题。

(1) 研发集群在东部地区、三大经济圈地区的溢出效应并不显著,且作用微弱。这与跨国公司研发机构集中在东部沿海地区和三大经济圈区域的客观现实对比鲜明,也与东部地区整体研发创新保持高速发展和规模性增长的事实对比鲜明。

这说明,一方面,跨国公司在我国的研发机构以及创新活动并非进行最高层次的技术型基础研究,而主要是从事较低层次的应用研究与试验开发,也就是现成技术的商业化应用和本土化适应。而跨国公司选择在我国技术创新资源最丰富的地区建立研发机构,却可以实地观察我国企业的技术最新发展步伐。因此,跨国公司在我国的研发投资并不能直接地提高我国的高层次技术创新水平,而主要是在技术应用与需求开发方面对我国产生溢出效应。

另一方面,我国的研发集群整体上的技术水平与国际水平有差距。与国际上成熟的研发集群相比,商业化能力方面存在短板,缺乏整合和协同地区资源的实力。东部很多地区实施制造业转移、推动"退二进三",产业结构的失衡让东部的研发集群创新缺乏着力点。从实证检验结果也可以看到,东部地区的研发产业即便带动了研发要素集聚,对区域的创新发展也没有显著的影响力。此外,一些中小型企业整合研发与生产制造的资源有限,阻碍了创新能力的提高和释放。因此,知识溢出效应十分有限,对地区整体的创新贡献不明显。

金融、房地产以及一些现代服务业在东部地区的发展也分流了一定的资源要素,客观上削弱了研发集群的整体发展。同时,要素市场的扭曲对高技术产业企业的创新效率也有抑制作用。[①]

那么,我国东部地区在此15年里的创新发展推动力来自哪里?创新主体是谁?

由于东部地区改革开放时间长,国际化步伐快,国际联系紧密,一大批企业已经实施"走出去"战略,学习国外跨国公司的做法,在全球布局研发网络。这些构建全球研发网络的本土企业是本行业的领导型企业,既有来自知识密集型行业的企业,也有传统产业的企业。"国际化"和"走出去"战略使他们直接受益于全球技术高地的知识溢出,将最先进的技术与管理引进本企业,进而快速提升了我国东部地区一些行业的创新水平,缩短了我国部分行业与国际水平的差距。

此外,我国推出的创新政策在东部地区这样市场需求大、经济发展水平较高的地区容易落实和推进,换言之,东部地区的创新环境相对较好,创新主体构成更加丰富,创新更具有普遍性,对于单一溢出渠道和产业的依赖性小。

(2) 中部地区和西部地区经济发展水平和规模低于东部地区或者三大经济圈区域。中、西部地区承接了东部地区一些产业的转移,制造业基础有所巩固和扩大,但是整体创新环境薄弱。

中西部地区的产业结构导致了在创新方面对研发集群存在依赖性。同时,实施"走出去"战略的企业规模和层次整体上低于东部地区,这也加深了中、西部地区对本地研发集群创新的依赖性。

7.1.2 分析总结

东部地区的研发集群创新能力与创新力度不够,这既是我国研发

---

① 戴魁早,刘友金. 要素市场扭曲与创新效率——对中国高技术产业发展的经验分析[J]. 经济研究,2016(7):72-86.

集群的发展不成熟的结果,也是东部地区缺乏协同创新、缺乏价值链分工合作系统的结果。这与国外研发集群是主要的创新主体和贡献力量的现实形成了鲜明的对比。

中、西部地区在现有的经济环境下,研发集群是重要的区域创新主体和区域创新发展的贡献力量,由于中西部地区本身技术创新水平低、基础差,因此发展并不成熟的研发集群还能够对其产生一定的溢出效应和促进作用。但是,这并不意味着中、西部地区的研发集群本身发展得更好更快,而是因为中、西部地区接受的知识溢出源十分有限,对研发集群产生了依赖。

但是,区域创新有着显著的累积因果效应和路径依赖。如果我国对现在的创新发展特征不做调整和干预,我国东部地区创新发展的核心动力将难以转交给研发集群,也就是说研发集群将会在我国的区域创新中被边缘化、次要化。而国外的创新驱动的核心动力却是各个行业的研发集群。我国的区域创新发展模式将有异于国外的成熟模式,这将增加我国的区域创新发展的不确定性。

而西部地区,在本已薄弱和迟缓的创新发展中,对尚处于发展初期阶段的研发集群的依赖性,说明其本身创新资源的匮乏和创新主体的有限。这样的发展模式可能会因为路径依赖特性而成为对西部地区创新能力发展的制约。

针对以上问题,本书认为,知识溢出效应对于创新发展能够起到杠杆或者加速器的作用,就如同蜜蜂传播花粉在自然界的作用一样。知识溢出机制的建立是知识溢出效应产生的基础,知识溢出效应促进研发集群的形成与发展,研发集群的知识溢出效应带动产业的创新发展,最终推动整个地区的创新发展。

7.2 研究建议

针对理论与实证的分析以及检验结果揭示的问题,本书从4个方面提出建议:①知识溢出机制的建立;②集群发展建议;③产业发展建议;④区域创新发展建议。这4个方面的建议主要围绕以下几个内容展开:①如何引导创新资源的集聚,使其能够更大程度地推动我国整体以及区域创新;②如何促进和发挥知识溢出效应,使其能够产生推动区域创新的杠杆作用和催化剂效果;③如何鼓励国有企业,促进更多民营企业积极地开展研发并进行创新。

第二次世界大战后至今的70年里,世界发达国家为了推进自身的工业化发展,分三次推动全球产业分工体系进行调整。第一次产业结构调整发生在20世纪50年代前后,由美国主导将钢铁、纺织等传统劳动密集型产业转移到日本、德国等国家,而美国则集中力量投入到半导体、通讯、计算机等技术密集型产业的发展。第二次世界大战后全球分工体系的第一次调整加速了日本以及当时西德的工业化进程。第二次产业结构调整发生在20世纪六七十年代,日本、西德等国家将劳动密集型产业向东南亚等地区转移,本国将电路、机械、精细化工、家电、汽车等附加值高的技术密集型产业作为发展重点,并成功发展了本国的出口导向型经济模式。第三次产业结构调整发生在20世纪80年代初期,美、日、德等发达的工业经济体开始经历质的变化,从工业化阶段向新经济模式发展,美国的制造业大量转移到中国、印度等国家,日本、德国的企业普遍实施全球化。伴随着发达经济体的第三次结构调整,发达国家迫切需要构筑技术高地来实现知识经济的巨大利益。于是,跨国公司在20世纪80年代前后便开始布局全球研发网络,构筑知识全球化的硬件基础。至今,全球研发网络已经成为跨国公司的"标配",成为其核心竞争力的保障。

跨国公司的全球研发网络战略推动了一批全球科技创新中心和创新城市的形成和发展。科创中心和创新城市集聚了引领全球产业技术发展方向的核心产业的研发集群,对世界产业格局和分工体系有决定性的影响作用。

我国的改革开放进程与全球的第三次产业结构调整周期同步,这个机遇加快了我国工业化发展的进程,经历了30多年的高速发展,我国正处在进入工业化成熟期的阶段,经济增长绝对值呈现下降的趋势,粗放式的发展模式已经被放弃,创新发展成为必然的战略选择。

而我国目前要面对的二元结构特征中的特殊性是我国的研发集群发展起步晚、基础弱,因此对创新环境较好的东部地区还没有发挥出推动作用。中西部地区又缺乏更有效的创新拉动力,缺乏创新要素,有些地区甚至是创新要素的流失区域,因此区域创新主要依赖发展并不成熟的研发集群。

跨国公司实施的全球研发网络战略本质上是知识全球化的落实,这是发达经济体进入新经济时代的必然举措。知识全球化为我国区域创新发展和科技创新中心建设提供了机遇。

我国将跨国公司研发海外投资及其结果作为客观存在,并将其转化为推动我国区域创新发展的机遇,需要从集群政策、产业政策、区域创新政策三个层次加以引导,将知识溢出效应作为撬动区域创新的杠杆,利用杠杆力量,加速我国区域创新的发展与质量。

7.2.1 研发集群建议

研发集群是带动区域创新的"星星之火"。知识溢出效应对研发集群的创新发展速度和发展规模有"杠杆"作用。研发集群的知识溢出分为集群内部的溢出、集群与区域内产业间的知识溢出。

发展研发集群分为两个部分:提高研发集群的数量与创新高度;促进研发集群的知识溢出效应的发挥。

7.2.1.1 提高研发集群的数量与创新高度

经济发达的东部地区和三大经济圈区域的研发集群发展重点在于提高已有研发集群的研发效率和创新能力。中西部地区的研发集群发展重点在于在更多产业内培育研发集群。区域不同,研发集群的发展重点有区别。东部地区需要的是真正具有创新领导能力的研发集群作为龙头,通过知识溢出效应的杠杆作用,带动地区各个产业的创新发展,最终实现区域创新发展;而西部地区则需要借助研发集群的数量来弥补其创新基础薄弱、创新主体有限的不利条件。简言之,东部地区需要的是有创新高度的研发集群;西部地区需要的是研发集群的普遍化。

提高研发集群的创新高度,一要扩大研发集群主体规模,提高研发集群主体的创新层次;二要提高研发集群的创新效率。

1. 扩大研发集群主体规模,提高研发集群主体的创新层次

吸引有实力的企业的研发机构是扩大研发集群规模的捷径。吸引有实力的企业的研发机构,需要有充分的政策优惠和充足而经济的创新资源。借鉴爱尔兰、纽约等成功区域创新案例中的政策设计和资源集聚策略,根据我国的实际情况,可以考虑从税收、资本市场运作、需求刺激政策等方面来实现。例如,对企业的研发投入和研发人力资本支出实施税收优惠;对认定的科学家、工程师等研发人员的研发工作所得工资及研发成果转化所得的资本收益进行所得税方面的优惠;为集群内达标企业的海内外上市提供绿色通道和全程辅导。

为集群内企业在创新成果转化方面所需的价值链环节(如生产制造、销售)的构建和管理提供保障平台,包括签署生产委托合同中的法律指导;法律纠纷产生的司法权规定;提供最新的信息帮助企业寻找和建立销售网络等。

鼓励创业型企业和衍生企业的发展也是研发集群发展的重要路径。创业型企业和衍生企业是海外研发集群成功的重要保障。创业型企业和衍生企业是大企业在非核心环节采用购买、合作和外包形式的重要交易对象,是研发集群创新活力的来源。我国目前的市场存在很多制约创业型企业发展的因素。而研发集群的一个特点是园区集聚。因此,可以通过针对性的集群政策来改善创业型企业的生存环境和发展基础。在园区的管理引导性的税收制度、基础设施、政府采购、法律自信、培训咨询等各个方面,都可以成为创业型企业和衍生企业发展的有利保障。

扩大研发集群的规模和层次提升,高校与科研机构是不可忽视的参与者。高校与科研机构在3个方向参与企业构建的知识创新价值链:①直接参与我国龙头企业的海外研发中心的工作;②与海外高校建立合作研究项目,参与前沿创新;③参与本土企业的研发创新项目。

高校的国际交流程度高,基础研究条件好,可以与我国龙头企业一起走出去参与海外研发。高校以及科研机构的优势主要体现在基础性研究领域,且有政府科研资金的支持,能够降低企业研发投资中的风险,且高校的基础研究是面向整个行业的,因此,企业寻求高校的科研创新支持,就是间接获得了政府的创新支持。同时,高校的科研人才池和源源不断的毕业生为企业的创新提供了优质的人力资本。企业的优势是资源的市场化运营,企业将自己的优势与高校的优势相结合,通过共建学科和专业、研发机构、技术转移中心、成果中试(转化)基地、科技园区、大型科技基础设施、仪器设备、科技文献、科学数据等形式赋予高校资源以市场活力,有利于科技创新资源共享体制机制进行改革。

2. 提高研发集群的创新效率

提高研发集群整体创新效率,简单地说就是实现 $1+1>2$ 的投入产出效应。可以从以下 3 个方面来实现:①释放研发集群内企业的创新潜力,鼓励企业发展专长技术,建立核心竞争力;②利用知识溢出效应的作用;③通过政策和法律来降低企业的交易成本。

研发集群首先是众多各有所长的企业因为可以彼此合作分工而聚集在一起。企业的培育是形成集群、扩大集群、加深企业间分工的重要基础。研发集群创新优于单个企业创新的重要原因在于企业之间的接触与分工合作。鼓励研发集群内的交流和接触,鼓励研发集群内企业提高自身的专业化能力,强调企业应该有自己的核心竞争力,引导企业之间分工合作,对提高研发集群的创新能力有重要的推动作用。改善研发集群所在地区的社会交流环境与基础设施,创造交流的氛围和条件,设计适合当地文化的集群内社交沟通的机制,有利于激法集群创新思想的活跃程度。企业之间建立分工协作,就涉及谈判与管理的问题。降低了企业合作中的交易成本,是提高集群创新能力的保障。

怎样能够让企业愿意将资源投入到研发创新领域?研发集群可以根据园区管理的特殊性,降低企业在非研发创新领域的投入成本。例如,帮助企业搭建接触市场需求的平台,降低企业的需求搜索成本;

通过导向型的政府采购、创新成果博览会、技术交易会等形式提高企业的创新成果转化效率;政策性地鼓励资本与研发人才在研发集群集聚,为研发集群提供丰富的资金和人才资源,进行人力资本的培训政策、建立信息中心、政策性的研发引导、鼓励性消费政策、研发奖励政策,这些都是降低研发企业在非核心领域成本投入的措施,同时也是政府提供公共产品优势的集中体现。通过降低企业在非核心环节的成本投入,鼓励企业将资源向研发等关键领域投资,最终实现研发集群创新效率的提高。

推动不同创新区域间以及创新主体间的协同创新,为研发集群建立、整合和管理价值链系统提供好的环境与机制,促进研发集群的发展与提升,保障企业能够高效地构建价值链、管理价值链、整合价值链。完善政府通过购买服务、资金补助、无偿资助、业务奖励等方式,鼓励支持技术创新、工业设计、质量检测、知识产权、信息网络、电子商务、中试孵化、企业融资、成果交易服务平台建设等体制。提高大众创业的空间网络信息平台建设,促进协同效应,鼓励创新与创业相结合、线上与线下相结合、孵化与投资相结合,为创新创业企业提供良好的工作空间、网络空间、社交空间和资源共享空间。实施科技创新制度,鼓励企业开展各类研发活动。

开发和培育国内的技术市场:①举办行业创新国际展览及交易会,为我国的创新型企业打开国际市场提供窗口。②我国企业存在巨大的技术升级需求,企业在推动技术升级和创新过程中,需要解决各种技术难题和创新,完全独立进行所有的研发创新,既不经济也不现实。③技术市场既包含技术交易,也包含技术合作。活跃的技术市场与释放的技术需求,刺激更多的主体参与创新,即提高了我国整体的创新水平,刺激更多的创新型企业的诞生,也缩短了技术购买方的技术升级周期。

7.2.1.2 研发集群的知识溢出效应的发挥

1. 交流机制

知识溢出是交流的正面结果。交流机制决定知识溢出效应的扩散程度和扩散水平。交流机制包括微观层面、区域层面和国际层面。微观层面的交流发生在人与人之间、企业之间、企业与高校及科研机构之间、企业与中介机构之间、企业与政府之间。微观层面的交流促进集群的创新活力以及集群之间的协同程度。区域层面的交流发生在不同地区之间,既有不同园区之间的交流,也有不同城市之间、同一城市不同地区之间的交流。国际层面的交流发生在国家之间,不同国家之间的学术交流、同行交流带动了国际的知识溢出。例如,我国以城市为单位与东京、伦敦、波士顿等世界级创新城市进行研发交流与合作,探索建立国际科技合作联盟、国际科技合作基地、国际科技产业合作园区,有效对接全球高端创新资源。深入推进我国部分高科技园区与芝加哥、光谷与硅谷的合作,推动与全球科技创新中心地区的创新资源共享,共建国际级研发中心和合作园区、互设合作分基地、成立联合创投基金等。

2. 企业的学习能力与吸收能力

知识溢出的效应受企业学习能力与吸收能力的影响。鼓励企业提高学习能力,引导企业培养吸收能力,提高知识溢出效应的作用。企业在社会网络中的位置,企业获取外部知识的渠道,企业与外界联系的频繁和密切程度,都影响企业的潜在吸收能力。另外,员工的学习强度和方法、企业的学习机制、企业开放的组织文化也起着重要的作用。企业实际知识吸收能力强调对内外部知识的整合和利用。良好的商务环境有利于企业建立社会资本,这有利于企业获得外部知识、提升实际吸收能力。企业与合作方之间的相互信任和真诚交流能提高外部知识吸收的效果,对有效整合利用外部知识具有重要影响。企业要整合利用外部知识,必须拥有丰富的内部知识积累,员工学习强度及方法、企业知识基础、研发活动强度对实际吸收能力的提高起着非常重要的作用。

我国企业自主创新能力薄弱、技术知识吸收能力不足,因此,企业应重视研发活动,设法结合自主研发与技术转移两种策略,提高研发创造新知识和吸收能力。发展学习型组织与重视学习的企业文化,促进知识在组织内扩散与分享,以增加企业知识基础的存量和广度。积极推动知识管理,做好知识积累工作。培育重视外部知识的开放式企业文化,重视与外部的知识交流,建构获取外部知识的网络关系,鼓励员工参与知识社群,将知识取得、分享、扩散、整合、创新紧密结合。

3. 人才流动

吸引人才的汇聚,是知识溢出效应产生的客观条件。人才机制的重点是人能够积极地投入到创新中。吸引人才的汇聚可以通过物质条件实现,但是,人来了以后干得好不好、能不能有更高的成果,这是创新环境的客观结果,也是知识溢出效应的重要影响因素。激励创新人才发挥能力、全身心投入到研发创新工作,需要设计符合创新型、知识型人才特征的机制。

4. 国际知识溢出

(1) 请进来:跨国公司目前仍然是全球产业发展的引领者和先进技术的掌握者。海外研发投资是跨国公司提升创新竞争力的重要战略。跨国公司布局研发机构的重要目的就是接近其他企业以获得知识溢出、掌握当地的创新动向、追踪前沿技术。跨国公司海外研发投资推动的知识全球化是我国发展研发集群和推动区域创新的重要机会。借鉴爱尔兰、纽约等国家和城市地区的吸引研发投资的做法,鼓励和提高跨国公司在我国研发网络的布局范围和研发层次,借此形成跨国公司的研发集聚,通过先研发落地、再发展本地化价值链,鼓励本土企业与高校和科研机构参与到跨国公司的研发创新分工,进而促进本地研发集群的形成发展,推动创新环境的优化。鼓励外资研发机构与本土企业、科研机构合作申请除涉及国家安全以外的科技项目,开展产业链核心技术攻关。

目前我国部分地区已经形成了具有一定竞争力的研发集群,且分布在多个行业,这些研发集群也是吸引跨国公司研发投资的重要原因。通过政策对核心研发集群的创新能力加以扶持和培育,强化提升研发集群的创新能力和层次,对跨国公司形成研发投资的吸引力。借助跨国公司的研发集聚以及知识溢出效应,带动本土研发集群的创新能力，推动区域创新发展。

（2）走出去：我国大型龙头企业直接参与研发全球化，到全球科技创新中心建设全球研发网络，进行逆向海外研发投资。通过到全球技术高地建立研发机构，或者建立研发联系，加入当地的研发集群，追踪和参与全球产业创新的前沿发展。企业可以在初级层面参与国际高层次科研协会、行业协会的研究交流，主动承办或牵头开展国际重大科学工程项目。尝试建立海外研发投资风险准备金制度，以政府搭建的平台为支点，保障企业能够深度开展国际化。通过专业的金融服务，促进境外并购重组和研发合作，支持龙头企业对外投资、成熟技术出口、标准和专利形成、在外设立研发中心、与国外一流研究机构和高校建立研发中心或实验室。

东部地区整体创新水平都在快速提升，但是，知识密集型产业如高技术产业的研发集群带来的知识溢出效应并不明显。东部地区的龙头企业"走出去"，到海外技术高地和本行业领导型研发集群的地区建立研发机构，是东部地区整体提升创新能力的战略性措施。从历史的角度看，日、韩等国的企业在发展过程中均有研发海外投资的过程。"走出去"，参与研发全球化，是我国研发集群在短时间内提升创新竞争力的重要途径之一。中西部地区的龙头企业，到东部地区建立研发机构、构建全国研发网络、设立海外研发机构，积极参与研发全球化。

对于中小型创新企业，参与研发全球化存在资源限制。发挥政府提供公共政策的优势，由政府出面在海外科创新中心设立科技创新园区，为中小企业提供到园区设立研发机构或者技术信息中心的落地优惠政策。

鼓励创新型企业"术业有专攻"，鼓励企业向专、精、尖发展。专业化是企业核心竞争力的基础，也是世界五百强企业的实践经验总结。通过研发创新提高企业在技术上的专业化、精深度和尖端性。鼓励企业之间建立优势互补的协同创新。深化研发集群的分工合作，提高创新效率。通过政府采购、研发支持等政策鼓励中小微创新型企业开发自己的核心技术。

推进核心企业引领型研发集群以及价值链分工合作系统型研发集群的实质性发展。发挥我国行业龙头企业的带动作用,通过政策及市场的机制,鼓励行业中小企业参与分工合作,推进真正意义上的研发集群的发展。创新型中小微企业"术业有专攻",已经获得国际实业与研究领域的共识。专业化水平的提高是分工合作的基础,也是价值链形成的根本纽带,因此,关键是企业"术业有专攻",才能有分工与合作。

7.2.2 产业发展建议

全球当前的分工体系更加复杂。第一个特点是产业内和产品内分工成为提升产业链效率的重要保障,服务贸易在全球分工体系中的比例不断增加,研发活动的产业内垂直分工的特征日益凸显。第二个特点是产业融合,三大产业之间不再能够分得那么清楚,农业也可以和电子商务相结合,工业与服务业相融合等已经成为现实。

研发集群作为所在产业的创新制高点,与其知识溢出效应一起带动整个产业以及相关产业的创新发展水平。而全球性的分工也已经将研发创新作为分工的资格和利益分配的依据。

结合产业融合的大趋势背景,产业的发展已经难以预测,难以预料哪一个产业确定能够产生持久的拉动经济发展的作用。如何借助研发集群的知识溢出效应,来战略性地实现对产业创新能力的促进作用,使我国的产业普遍能够参与基于创新的全球分工体系?

7.2.2.1 产业政策的转变

本书认为,传统的筛选指定型产业政策已经不能适应当前的发展需要了。政府通过项目申报、指导、财政补贴和金融优惠等政策手段人为设计市场,用少数人的选择标准来确定资源优先配置的产业,再通过扭曲价格等计划手段实现配置和经济财富的分配,这在由欧美发动的新一轮产业融合发展潮流中,已经承担了巨大的社会成本。产业政策应该强调功能型作用的发挥。功能型产业政策是通过提供高效的产业管理制度、建设高效的产业发展制度基础,为各种产业的发展提供良好的环境和市场,让各个产业各尽所能的发展。简言之,政府是裁判,是场馆,产业是运动员。产业发展的好坏是竞争的结果,优胜劣汰;政府的政策主旨在于提供最好的场馆设施,提供最好的裁判服务,提供最科学的设备设施。

7.2.2.2 知识溢出效应的发挥

1. 专业化与多样化溢出效应

实证检验结果说明,研发集群的知识溢出效应并不显著。从全国范围看,专业化溢出效应为负效应,即各地区研发集群所在产业的份额比重越大,地区的创新反而下降。这可能与我国在过去一直采用计划手段指定优先发展的产业有关。指定的产业在短时间内获得的发展是地区其他资源的大量投入的结果。这种投入反而降低了本地区其他产业所获得的资源。多样化溢出效应在全国范围和区域范围均没有显著的作用,说明地区内多样的产业之间并没有创新方面的相互促进,因此对整个地区也没有溢出效应。

专业化知识溢出效应与多样化知识溢出效应对于地区单一产业的创新竞争力以及地区的产业结构演进十分重要。这从研究者们重视Jacobs多样化知识溢出效应可以看出其在推动地区发展的重大意义。

提升单一产业对区域创新的知识溢出效应本质上与地区的产业结构有关。如果研发集群所在的产业与当地的其他产业之间、其他创新主体之间有密切的联系,知识溢出效应自然产生。如果单一产业与当地其他产业之间是隔绝的,那么溢出效应就会萎缩。

产业之间的联系,主要是产业之间存在分工合作或者属于某一产业链上下游环节的关系。这就需要探讨我国的地区产业结构和产业布局问题。

地区的产业结构在过去主要受到国家的产业战略影响。人为设计的成分大于市场自发形成的程度。这就造成了产业之间关联上的僵硬和部分经济效率的损失。总体上,在地区产业结构和产业布局上,产业政策和政府职能向市场环境打造、规则制定与维护、社会管理等有利于产业发展与健康竞争的施政理念上转变,是促进地区产业结构优化、促进地区产业间分工体系建立的关键。在彼此依赖、彼此需要关系上演进出的区域产业结构是知识溢出效应发挥杠杆作用、推动地区整体创新发展的根本所在。

2. 制度环境对溢出效应的影响

实证检验中的所有制因素对区域创新有明显的负面影响。国有资本对区域创新有制约作用是国有资本本身特性所致。从国有企业的产业布局结构看,国有企业重点布局在民航、电力、电信、邮政、石油天然气、铁路、市政公共事业等具有自然垄断性的行业。由于这些行业的整体价值链环节和关联产业均为国有控制,缺乏竞争,降低了经济效率。因此,从产业布局结构调整的角度出发,可以调整国有资本的产业布局,发挥国有资本在完善中心城市服务功能相关的基础设施、提供公共服务、发展重要前瞻性战略性产业、保护生态环境、支持科技进步、保障国家安全等领域的优势。

7.2.3 区域创新发展建议

区域创新政策层面,以建立更大范围的有利于研发创新资源配置的机制和环境为核心。研发集群的发展依靠企业之间建立分工合作参与的有序关系。这种网络化的关系能够有序、有效地协调各个企业的工作,并且能够可持续性地支持地区的创新,所以,需要有规范这种关系的创新环境做保障。

(1) 有利于知识溢出的社会网络基础条件的培育。研发集群内存在的网络化关系是基于分工建立起来的,也是一个价值分配体系。本质上与全球产业链上的分工与价值分配相同。研发集群内的分工,是因为企业无法将有限的资源投入到创新所需的全部领域里,只能选择企业的核心竞争力环节进行重点的配置。非核心的环节则通过市场化交易获得其他在该领域里有核心竞争力的企业的产品或服务。市场化交易包括兼并收购、合作创新、创新联盟、投资等各种方式,本质是企业间在某一创新环节上的分工。对分工关系和方式产生影响的是价值分配体系,而创新环境对价值分配体系的合理性和效率有关键性的影响。

具体措施有:保护创新的法治环境;加快创新薄弱环节和领域的立法进程,修改不符合创新导向的法规文件,废除制约创新的制度规定,构建综合配套精细化的法治保障体系;培育开放公平的市场环境;加快突破行业垄断和市场分割;强化需求侧创新政策的引导作用,建立符合国际规则的政府采购制度,利用首台套订购、普惠性财税和保险等政策手段,降低企业创新成本,扩大创新产品和服务的市场空间;推进要素价格形成机制的市场化改革,强化能源资源、生态环境等方面的刚性约束,提高科技和人才等创新要素在产品价格中的权重,让善于创新者获得更大的竞争优势。

(2)创新文化的缔造。营造崇尚创新的文化环境。大力宣传广大科技工作者爱国奉献、勇攀高峰的感人事迹和崇高精神,在全社会形成鼓励创造、追求卓越的创新文化,推动创新成为民族精神的重要内涵。倡导百家争鸣、尊重科学家个性的学术文化,增强敢为人先、勇于冒尖、大胆质疑的创新自信。重视科研试错探索价值,建立鼓励创新、宽容失败的容错纠错机制。营造宽松的科研氛围,保障科技人员的学术自由。加强科研诚信建设,引导广大科技工作者恪守学术道德,坚守社会责任。加强科学教育,丰富科学教育教学内容和形式,激发青少年的科技兴趣。加强科学技术普及,提高全民科学素养,在全社会塑造科学理性精神。

调整政策导向:我国出台的鼓励性政策主要是产出与研发投入导向型,即根据企业的创新产出规模和研发资金投入进行补贴、税费减免、奖励等。还需设计:①协同导向型政策:鼓励区域协同、高校与企业协同、鼓励产业间协同,通过各种合作联盟形式开发所需要的技术,释放出我国创新主体的创新能力,支持和刺激产学研合作,发挥高校科研机构在研发集群形成发展中的作用。②要素流向引导型政策:通过政策鼓励经济要素向创新和研发集群的集聚,鼓励企业投入更多的资源要素进行创新,鼓励社会改善创新环境商务环境,发展科技中介市

7 研究结论与建议

场,提高创新主体整合和管理价值链的效率。吸引国内外资本和专业运营商参与投资和管理,加快建设一批国际社区、国际医院、国际学校、国际体育文化和休闲娱乐设施,打造生态环境最美、基础设施最全、社会管理最优、最具国际品质的开放、创新、生态宜居环境,提高无线通信网络基础设施水平,为研发机构提供高效优质公共服务。

参 考 文 献

［1］ABRAMOVITZ M. Resource and Output Trends in the United States Since 1870 [J]. Nber Chapters, 1956, 46(2):5-23.

［2］ACS Z J, AUDRETSCH D B. Innovation and Small Firms [M]// Innovation and small firms. Cambridge: MIT Press, 1990: 288-293.

［3］ACS Z J, AUDRETSCH D B. Innovation in large and small firms [J]. American Economic Review, 1987, 23(1):109-112.

［4］ACS Z J, FELIX R FITZROY, IAN SMITH. High Technology Employment, Wages And University R&D Spillovers: Evidence From Us Cities [J]. Economics of Innovation & New Technology, 1994, 8(1-2):57-78.

［5］JAFFE A B, TRAJTENBERG M, HENDERSON R. Geographic Localization of Knowledge Spillovers as Evidenced by Patent Citations [J]. Quarterly Journal of Economics, 1993, 108(3): 577-598.

［6］JAFFE A B. Real Effects of Academic Research [J]. American Economic Review, 1989, 79(5):957-970.

［7］JAFFE A B. Technological Opportunity and Spillovers of R & D: Evidence from Firms' Patents, Profits, and Market Value [J]. American Economic Review, 1986, 26(5):1023-1046.

［8］ALFRED MARSHALL. Principles of Economy [M]. 8th ed. London: MacMillans, 1920.

［9］ANSELIN L. Geograghic Spillovers and University Research: A spatial econometric Approach[J]. Growth and Change, 2000, 31 (4): 501-515.

[10] ANSELIN L. Geographic and Sectoral Characteristics of Academic Knowledge Externalities [J]. Papers in Regional Science, 2000, 79 (4): 435-443.

[11] ANSELIN L, VARGA A, ACS Z J. Local Geographic Spillovers between University Research and High Technology Innovations [J]. Journal of Urban Economics, 1997, 42(3):422-448.

[12] ARNDT S W, KIERZKOWSKI H. Fragmentation: New Production Patterns in World Economy [J]. Oup Catalogue, 2001, 92 (17):171-801.

[13] AUDRETSCH D B, FELDMAN M P. R&D Spillovers and the Geography of Innovation and Production [J]. American Economic Review, 1996, 86(3):630-640.

[14] AUDRETSCH D B, FELDMAN M P. Knowledge spillovers and the geography of innovation [M]// Handbook of Regional and Urban Economics. Elsevier B. V. , 2004:2713-2739.

[15] XU B. Multinational enterprises, technology diffusion, and host country productivity growth [J]. Journal of Development Economics, 2000, 62(2):477-493.

[16] BAPTISTA. Geographical clusters and innovation diffusion [J]. Technological Forecasting and Social Change, 2001, 66(1):34-46.

[17] BARRO R J, SALA-I-MARTIN X. Technology Diffusion, Convergence and Growth [J]. Journal of Economic Growth, 1997, 2 (1):1-26.

[18] BLACK D, HENDERSON V. A Theory of Urban Growth [J]. Journal of Political Economy, 1999, 107(2):252-284.

[19] GIORDA C, BOEMI M, BORZÌ V, et al. Multinational Corporations and Spillovers [J]. Journal of Economic Surveys, 1998, 12 (3):247-277.

[20] CANTWELL J. The globalisation of technology: what remains of the product cycle model? [J]. Cambridge Journal of Economics, 1995, 19(1):155-174.

[21] CAVES R E. Multinational Firms, Competition, and Productivity in Host-Country Markets [J]. Economica, 1974, 41 (162): 176-193.

[22] BOLON D S. The Management of Multinational R&D: A Neglected Topic in International Business Research [J]. Journal of International Business Studies, 1993, 24(1):1-18.

[23] COE D T, HELPMAN E. International R&D spillovers [J]. European Economic Review, 1995,39: 859-887.

[24] COE D T, HOFFMAISTER A W. Are there international R&D spillovers among randomly matched trade patterns? A response to Keller [N]. IMF Working Paper. 1999, No. 18, Washington DC.

[25] COHEN W M, D A LEVINTHAL. Absorptive Capacity: A New Perspective on Learning and Innovation [J]. Administrative Science Quarterly, 1990,35(1):128-152.

[26] DALTON D, SERAPIO M. U. S. research facilities of foreign companies [R]. U. S. Department of Commerce, Technology Administration, Japan Technology Program. Washington D. C., 1993.

[27] D'ASPREMONT C, JACQUEMIN A. Cooperative and Noncooperative R & D in Duopoly with Spillovers [J]. American Economic Review, 1988, 78(78):1133-1137.

[28] DICKEN P, KELLY P, OIDS K, et al. Chains and Networks Territories and Scales Toward a Relational Framework for Analyzing the Global Economy [J]. Glboal Networks, 2001, 1(2).

[29] DORFMAN, NANCY S. Route 128: The development of a Regional High Technology Economy [J]. Research Policy, 1983(12): 299-316.

[30] E MALECKI. Technology and Economic Development. Longman Scientific and Technical [M]. Longdon, Essex, 1991.

[31] FELDMAN M P. The Geography of Innovation [M]. Springer Netherlands, 1994.

[32] FELDMAN M P. Knowledge Complementarity and Innvoation [J]. Samll Business Economic, 1994, 6(5): 363-372.

[33] FINDLAY R. Relative backwardness, direct foreign investment and transfer of technology [J]. Quarterly Journal of Economics, 1978(92): 1-16.

[34] FISCHER M M, VARGE A. Spatial knowledge spillovers and university research: Evidence from Austria [J]. The Annals of Regional Science, 2003, 37(2): 303-322.

[35] FREEMAN C, SOETE L. The economics of Industrial innovation [M]. Routledge, 1997.

[36] FUJITA M, THISSE J F. Agglomeration and growth with migration and knowledge externalities [D]. Kyoto: Kyoto University, Institute of Economic Research, 2002.

[37] FUJITA M. Towards the new economic geography in the brain power society [J]. Regional Science and Urban Economics, 2007, 37(4): 482-490.

[38] 藤田昌久, KRUGMAN P R, et al. The spatial economy: cities, regions, and international trade [M]. Cambridge: MIT Press, 2001.

[39] FUJITA M, THISSE J F. Economics of Agglomeration: Cities, Industrial Location, and Regional Growth [M]. Cambridge: Cambridge University Press, 2002.

[40] GENE M. Grossman and Elhanan Helpman, Innovation and growth in the global economy [M]. Cambridge: MIT Press, 1991.

[41] GEREFFI, KORZENIEWICZ M. Commodity Chains and Global Capitalism [M]. Westport: Praeger, 1994.

[42] GEREFFI. Global Production Systems and Third world Develop-

ment [M]. B Stallings (ed.). Global Change, Regional Response. New York: Cambridge University Press, 1995.

[43] GEREFFI G A. Commodity Chains Framework for Analysing Global Industries [C]. Working Paper for IDS, 1999.

[44] GLAESER, EDWARD, HEDI KALLAL, et al. Growth in Cities [J]. Journal of Political Economy, 1992(100): 1126-1153.

[45] GRANSTRAND O, HÅKANSON L, SJÖLANDER S. Internationalization of R&D—a survey of some recent research [J]. Research Policy, 1993, 22(5-6): 413-430.

[46] GRILICHES, ZVI. Issues in Assessing the Contribution of R&D to Productivity Growth [J]. Bell Journal of Economics, 1979(10): 92-116.

[47] GROSSMAN G M, HELPMAN E. Protection for Sale [J]. American Economic Review, 1992, 84(4): 833-850.

[48] HÅKANSON L, NOBEL R. Foreign research and development in Swedish multinationals [J]. Research Policy, 1993, 22(5-6): 373-396.

[49] HÅKANSON L, NOBEL R. Determinants of foreign R&D in Swedish multinationals [J]. Research Policy, 1993, 22(5-6): 397-411.

[50] HUMPHREY J, SCHMITZ H. Governance in Global Value Chains [J]. IDS Bulletin, 2001, 32(3): 19-29.

[51] WANG J Y, BLOMSTRÖM M. Foreign investment and technology transfer: A simple model [J]. European Economic Review, 1992, 36(1): 137-155.

[52] JACOBS J. The economy of cities [M]// The economy of cities. Random House, 1969: 1018-1020.

[53] JOHN HUMPHREY, HUBERT SCHMITZ. How does insertion in global value chains affect upgrading in industrial clusters? [J]. Regional Studies, 2002, 36(9): 1017-1027.

[54] KAPLINSKY R, MORRIS M. A Handbook for Value Chain [M]// Research prepared for the International Development Research Center (IDRC): Brighton, UK, 2001.

[55] ARROW K J. The Economic Implications of Learning by Doing [J]. Review of Economic Studies, 1962, 29(3):155-173.

[56] MEAGHER K, ROGERS M. Network density and R&D spillovers [J]. Journal of Economic Behavior & Organization, 2004, 53(2):237-260.

[57] KOGUT B. Designing Global Strategies: Comparative and Competitive Value Added Chains [J]. Sloan Management Review, 1985,26(4):15-28.

[58] KRUGMAN PAUL. Growing World Trade: Causes and Consequences [C]. Brookings Papers on Economic Activities I, 1995: 327-377.

[59] KRUGMAN, PAUL. Geography and Trade [M]. Cambridge: MIT Press,1991.

[60] KUEMMERLE W. Building effective R&D capabilities abroad [J]. Harvard Business Review,1997(3/4): 61-70.

[61] KUMAR N. Intellectual property protection, market orientation, and location of overseas R&D activities by multinational enterprises [J]. World Development, 1996,24(4):673-688.

[62] LALL S. International Allocation of Research activity by U. S. multinationals [J]. Oxford Bulletin of Economics and Statistics, 1979(41):313-331.

[63] LESAGE J P, FISCHER M M, SCHERNGELL T. Knowledge spillovers across Europe: Evidence from a Poisson spatial interaction model with spatial effects [J]. Papers in Regional Science, 2007, 86(3):393-421.

[64] LEVY N D. Problems identifying returns to R&D in and industry [J]. Managerial and Decision Economics, 1989 (Special issue):

43-49.

[65] LUCAS, ROBERT E J. On the Mechanics of Economic Development [J]. Journal of Monetary Econ, 1988(22):3-42.

[66] LUNDVALL, BENGT-ÅKE. National systems of innovation : towards a theory of innovation and interactive learning [J]. Pinter Publishers, 1992, 7(4):318-330.

[67] MANUEL G, SERAPIO. Globalization of industrial R&D: an examination of foreign direct investments in R&D in the United States [J]. Research Policy, 1999(28): 303-316.

[68] NELSON, RICHARD R. Institutions Supporting Technical Advance in Industry [J]. American Economic Review, 1986(76): 186-89.

[69] GALVIN P. A Morkel The effect of Product modularity on industry structure: the case of the world bicycle industry [J]. Industry & Innovation, 2001,8(1):31-47.

[70] DAVID P, ROSENBLOOM J. Marshallian factor market externalities and the dynamics of industrial localization [J]. Journal of Urban Economics, 1990(28) :349-370.

[71] PAUL M, ROMER. Increasing Returns and Long-Run Growth [J]. The Journal of Political Economy, 1986,94(5):1002-1037.

[72] PAUL M, ROMER. Endogenous Technological Change [J]. The Journal of Political Economy, 1990(98):72-102.

[73] PAUL M, ROMER. The Origins of endogenous growth [J]. Journal of Economic Perspectives, 1994(8):3-22.

[74] PEARCE R. The Internationalization of Research and Development by Multinational Enterprises [M]. New York: St Martin's Press, 1989.

[75] FLORAX R J G M. The university : a regional booster? : economic impacts of academic knowledge infrastructure [J]. Prof, 1992.

[76] JR R E L. On the mechanics of economic development [J]. Journal

of Monetary Economics, 1989, 22(1):3-42.

[77] SCHERER F M. Inter-Industry Technology Flows and Productivity Growth [J]. Review of Economics & Statistics, 1982, 64(4): 627-634.

[78] SERAPIO M, DALTON D, YOSHIDA P G. Globalization of R&D Enters New Stage as Firms Learn to Integrate Technology Operations on World Scale [J]. Research-Technology Management, 2000: 43.

[79] SHIMSHONI, DANIEL. Aspects of Scientific Entrepreneurship [D]. unpublished doctoral dissertation, Harvard University, Cambridge, 1986.

[80] KUZNETS S. Inventive Activity: Problems of Definition and Measurement [M]. National Bureau of Economic Research, Inc, 1962.

[81] SOLOW R M. Technical Change and the Aggregate Production Function [J]. Review of Economics & Statistics, 1957, 39(3):312-320.

[82] SOLOW R M. A Contribution to the Theory of Economic Growth [J]. Quarterly Journal of Economics, 1956, 70(1):65-94.

[83] HYMER, STEPHEN. The international operations of national firms: a study of direct foreign investment [J]. 1976.

[84] TEPLITZ P. Spin-Off Enterprises from a Large Government-sponsored Laboratory [D]. Unpublished doctoral dissertation, Sloan Schol, MIT, Cambridge, 1965.

[85] TERLECKYJ N E. What Do R & D Numbers Tell Us about Technological Change? [J]. American Economic Review, 1980, 70(2): 55-61.

[86] VENABLES A J. Equilibrium locations of vertically linked industries [J]. International Economic Review, 1996, 37(2): 341-359.

[87] WAINER, HERBERT A. The spin-off technology from Govern-

ment-sponsored Research laboratories: Lincoln Laboratory [D]. Unpublished doctoral dissertation, Sloan School, MIT, Cambridge, 1965.

[88] WILLIAMSON O E. The Economic Institutions of Capitalism. Firms, Markets, Relational Contracting [J]. American Political Science Association, 1987, 32(4):61-75.

[89] WRIGHT T P. Factors Affecting the Cost of Airplanes [J]. Journal of the Aeronautical Sciences, 1936(3):122-128.

[90] ZUCHER L G, DARBY M R, BREWER M B. Intellectual Human Capital and the Birth of U. S. Biotechnology Enterprises [J]. American Economic Review, 1998(88): 290-306.

[91] ZVI GRILLICHES. The search for R&D Spillovers [J]. Scandinavian Journal of Economics, 1998(94):29-47.

[92] 阿伦·拉奥,皮埃罗·斯加鲁菲,闫景立.硅谷百年史[M].侯爱华,译.北京:人民邮电出版社,2014.

[93] 保罗·克鲁格曼.地理与贸易[M].北京:北京大学出版社,中国人民大学出版社,2000.

[94] 代明,陈俊,姜寒.产业外移与研发集聚——工资成本上升及其"对冲"效应分析[J].财经论丛(浙江财经大学学报),2016(10):3-10.

[95] 杜德斌.全球科技创新中心——动力与模式[M].上海:上海人民出版社,2015.

[96] 盖文启,张辉,吕文栋.国际典型高技术产业集群的比较分析与经验启示[J].中国软科学,2004(2):102-109.

[97] 郭嘉仪,张庆霖.知识溢出与区域创新活动的空间集聚—基于空间面板计量方法的分析[J].研究与发展管理,2012,24(6):1-11.

[98] 韩伯棠,朱美光,徐春杰.基于知识溢出的高新区科技人才流动研究[J].科技进步与对策,2005,22(5):155-157.

[99] 洪群联,辜胜阻.产业集聚结构特征及其对区域创新绩效的影响[J].社会科学战线,2016(1):51-58.

[100] 侯爱军,夏恩君,李森.区域人才流动知识溢出效应的实证研究[J].

技术经济,2015,34(9):7-13.

[101] 金祥荣,叶建亮.知识溢出与企业网络组织的集聚效应[J].数量经济技术经济研究,2001,18(10):90-93.

[102] 李进兵.集群内部文化生态变迁与我国创新型产业集群发展[J].科技进步与对策,2016(3):73-79.

[103] 李琳,韩宝龙.地理与认知邻近对高技术产业集群创新影响——以我国软件产业集群为典型案例[J].地理研究,2011(9):1592-1605.

[104] 李明传.美国技术创新的历史考察[M].武汉:武汉大学出版社,2013.

[105] 李青.知识溢出:对研究脉络的基本回顾[J].数量经济技术经济研究,2007,24(6):153-160.

[106] 李习保.中国区域创新能力变迁的实证分析:基于创新系统的观点[J].管理世界,2007(12):18-30,171.

[107] 梁琦.分工、集聚与增长[M].北京:商务印书馆,2009.

[108] 梁琦.知识溢出的空间局限性与集聚[J].科学学研究,2004,22(1):76-81.

[109] 刘和东.国内市场规模与创新要素集聚的虹吸效应研究[J].科学与科学技术管理,2013,34(7):106-114.

[110] 刘恒江,陈继祥.国外产业集群政策研究综述[J].外国经济与管理,2004(11):36-41.

[111] 刘红丽,赵蕾,王夏洁.高技术产业集群隐性知识转移的影响因素研究[J].科技管理研究,2009(12):528-530.

[112] 刘华容,曹休宁.产业集群中集群企业的合作创新问题研究[J].科技进步与对策,2009,26(3):98-100.

[113] 刘玉敏,郑敏娜,任广乾.航空产业集群创新网络及其治理机制研究[J].河南工业大学学报(社科版),2016(3):35-42.

[114] 刘岳平,文余源.劳动力池效应、知识溢出效应对劳动收入份额的影响——基于马歇尔产业集聚理论[J].云南财经大学学报,2015(6):3-12.

[115] 刘长全.企业研发迁移机制及中国研发集聚研究[J].财经理论与实

践,2009,30(1):94-98.

[116] 迈克尔·波兰尼. 科学、信仰与社会[M]. 王靖华,译. 南京:南京大学出版社,2004.

[117] 迈克尔·波兰尼. 个人知识[M]. 许泽民,译. 贵州:贵州出版社,2000.

[118] 毛冠凤. 高技术产业集群人才流动模式研究[D]. 华中科技大学,2008.

[119] 苗长虹,魏也华. 分工深化、知识创造与产业集群成长——河南鄢陵县花木产业的案例研究[J]. 地理研究,2009,28(4):853-865.

[120] 牛冲槐,王聪,郭丽芳,等. 科技型人才聚集下的知识溢出效应研究[J]. 管理学报,2010,7(1):24-27.

[121] 牛冲槐,赵彩艳,王聪. 科技型人才聚集下信息共享效应与知识溢出效应关系研究[J]. 科技进步与对策,2009,26(19):142-146.

[122] 彭向,蒋传海. 产业集聚、知识溢出与地区创新——基于中国工业行业的实证检验[J]. 经济学(季刊),2011,10(3):913-934.

[123] 蒲勇健. 可持续发展经济增长方式的数量刻画与指数构造[M]. 重庆:重庆大学出版社,1997.

[124] 萨克森宁. 硅谷优势[M]. 曹蓬等,译. 上海:上海远东出版社,2000.

[125] 沈能. 局域知识溢出和生产性服务业空间集聚——基于中国城市数据的空间计量分析[J]. 科学与科学技术,2013,34(5):61-69.

[126] 舒元. 现代经济增长模型[M]. 上海:复旦大学出版社,1998.

[127] 孙文松,唐齐鸣,董汝婷. 知识溢出对中国本土高新技术企业创新绩效的影响——基于国际创新型人才流动的视角[J]. 技术经济,2012,31(12):7-12.

[128] 唐海燕,张会清. 中国在新型国际分工体系中的地位——基于价值链视角的分析[J]. 国际贸易问题,2009(2):20-28.

[129] 唐海燕,张会清. 产品内国际分工与发展中国家的价值链提升[J]. 经济研究,2009(9):81-93.

[130] 陶锋,李诗田. 全球价值链代工过程中的产品开发知识溢出和学习效应——基于东莞电子信息制造业的实证研究[J]. 管理世界,

2008,172(1):115-122.

[131] 藤田昌久.集聚经济学——城市、产业区位与全球化[M].石敏俊等,译.北京:格致出版社,2016.

[132] 藤田昌久,保罗.克鲁格曼,安东尼·J·维纳布尔斯.空间经济学——城市、区域与国际贸易[M].梁琦,译.北京:中国人民大学出版社,2005.

[133] 屠启宇,张剑涛.全球视野下的科技创新中心城市建设[M].上海:上海社会科学院,2015.

[134] 王缉慈.创新的空间——企业集群与区域发展[M].北京:北京大学出版社,2001.

[135] 王立平.我国高校R&D知识溢出的实证研究——以高技术产业为例[J].中国软科学,2005(12):54-59.

[136] 王伟光.创新论[M].北京:红旗出版社.2003.

[137] 王玉灵,张世英.技术创新成果溢出的分解研究[J].中国软科学,2001(8):53-56.

[138] 王铮,马翠芳,王莹,等.区域间知识溢出的空间认识[J].地理学报,2003,58(5):773-780.

[139] 魏江.小企业集群创新网络的知识溢出效应分析[J].科研管理,2003,24(4):54-60.

[140] 邬滋.集聚结构、知识溢出与区域创新绩效——基于空间计量的分析[J].山西财经大学学报,2010(3):15-22.

[141] 吴波.FDI知识溢出与本土集群企业成长:基于嘉善木业产业集群的实证研究[J].管理世界,2008(10):87-95.

[142] 吴玉鸣.官产学R&D合作、知识溢出与区域专利创新产出[J].科学研究,2009,27(10):1486-1494.

[143] 吴玉鸣.中国区域研发、知识溢出与创新的空间计量经济研究[M].北京:人民出版社,2007(12):269.

[144] 薛伟贤,陈小辉,张月华.高技术产业集群模式比较研究[J].科学与科学技术管理,2009(09):130-136.

[145] 杨惠馨,刘春玉.知识溢出效应与企业集聚定位决策[J].中国工业

经济,2005(12):41-48.

[146] 杨玉秀,杨安宁.合作创新中知识溢出的双向效应[J].工业技术经济,2008(8):107-110.

[147] 叶建亮.知识溢出与企业集群[J].经济科学,2001(3):23-30.

[148] 易明,王腾,吴超.外商直接投资、知识溢出影响区域创新水平的实证研究[J].宏观经济研究,2013(3):98-105.

[149] 袁诚,陆挺.外商直接投资与管理知识溢出效应:来自中国民营企业家的证据[J].经济研究,2005(3):69-79.

[150] 张二震,马野青,方勇,等.贸易投资一体化与中国的战略[M].北京:人民出版社,2004.

[151] 张仁开,肖刚.沪苏浙研发集群协同创新与联动发展对策研究[J].科学发展,2014(8):55-61.

[152] 张昕,李廉水.制造业聚集、知识溢出与区域创新绩效——以我国医药、电子及通讯设备制造业为例的实证研究[J].数量经济技术经济研究,2007,24(8):35-43.

[153] 张毅强.面向全球科技创新中心的政府创新管理机制变迁——基于东亚地区的比较研究[M].上海:上海财经大学出版社,2014.

[154] 赵勇,白永秀.知识溢出:一个文献综述[J].经济研究,2009,44(1):144-156.

[155] 郑江淮,高彦彦,胡小文.企业"扎堆"、技术升级与经济绩效——开发区集聚效应的实证分析[J].经济研究,2008(5):33-46.

[156] 朱秀梅.高技术产业集群创新路径与机理实证研究[J].中国工业经济,2008(2):66-75.

[157] 朱秀梅,蔡莉,张危宁.基于高技术产业集群的知识溢出传导机制研究[J].工业技术经济,2006(5):47-51.

[158] 朱勇.新增长理论[D].北京:中国人民大学,1998.

[159] 祝影.全球研发网络[M].北京:经济管理出版社,2007.

后 记

首先,感谢上海立信会计金融学院立项出版本书。

本书是以作者博士论文为基础的学术著作。我的导师葛伟民研究员对整个研究进行了认真耐心的启发和指导。在本书交付出版之际,我谨以最真挚的敬意感谢葛老师的付出。同时,也感谢上海社会科学院应用经济研究所的杨建文研究员、李湛教授、靖学青研究员的指导和启发,老师们严谨的治学态度、朴实的教育让我终身受益。

在我攻读博士学位及论文研究写作期间,我的领导和同事们也给予我各种关心、理解和帮助,在此,我深表感谢。

最后,向我的家人表达最深的感激。你们对我所付出的点点滴滴,是我努力的最大动力。

郭小婷

2018 年 8 月